〈編集〉大塚初重／白石太一郎／西谷 正／町田 章

考古学による日本歴史
6
戦争

雄山閣

1 渡来した武装農民

　日本列島における金属器の利用は武器から始まった。中国東北地方、朝鮮半島を本籍とする青銅器文化の末裔が対馬・壱岐をへて北部九州に上陸し、短期間のうちに列島の各地に分散した。かれらは農業を生業とする武装開拓団であり、青銅の剣・矛・戈とそれらを補完する石剣・丸木弓・石鏃・骨鏃などの武器と、木盾・木甲などの武具で攻撃し防備した。そして、弥生時代の前半期約200〜300年間に土着化し独特の農耕社会を形成した。

　弥生時代後半になると多くの青銅武器は姿を消し、鉄製武器が本流となるが、銅鏃だけは依然として青銅器であった。この時期には城塞を彷彿さす高地性集落が各地に建設され、「魏志倭人伝」が伝える倭国大乱の有力な証拠とされている。

○鞘付き銅剣　佐賀県柚比本村遺跡　弥生時代　前1世紀

2　東アジア世界の倭人

　鉄製農耕具の大幅な活用と温暖な自然風土への適合によって日本列島における農業生産が拡大し、資産形成が拡充する過程で、倭国最強の王が覇者として君臨し、各地の豪族を支配・統率する国家形態が古墳時代前半の3世紀から4世紀に樹立されたらしい。倭国はさらなる富を生み出す鉄素材の需要を満たすため、鉄産地である朝鮮半島南部の利権を維持拡大しようとして伽耶諸国と提携し、朝鮮三国（高句麗・百済・新羅）の間で熾烈な戦を繰り広げている領土獲得戦争に積極的に参入した。

　倭国が国際舞台で過酷な外交と軍事を遂行する過程で、少なくとも軍備は国際化せざるをえず騎士の軍団を揃え鉄の鎧で身を守る最新式の軍装備を積極的に採用し、正装する武人の姿が支配者の象徴となった。

○挂甲　大阪府長持山古墳　古墳時代　5世紀

3 鉄は力なり

　荒野の開拓、農業の生産性向上、武力闘争などの局面において鉄の威力には計り知れないものがあり、古墳時代の支配者にとって鉄の確保は何者にも代え難い羨望だった。伽耶諸国の支配者たちは自らの権力を死後世界で誇示するため多くの鉄製品とともに多数の鉄鋌を墓に副葬したが、この風習は倭国にも伝わった。4～5世紀の大型古墳に埋葬される権力者は身の回りに生前に集積した鉄製の武器・武具を惜しみなく配置して、武力を背景とする政治手腕で獲得した生前の権力が永遠に維持されることを願った。近畿地方の大型古墳では、鉄鋌や特製の鉄製明器（武器・工具）だけを収納する陪冢を付設し、あるいは遺体の周辺に鉄器を埋納する土坑を設けて王権の豊かな財力を誇示する。

①鉄刀剣の埋納　京都府恵解山古墳　古墳時代　5世紀
②鉄武器・武具の副葬　東京都野毛大塚古墳第1主体部　古墳時代　5世紀

①

②

4　兵站基地

　　西日本の豪族たちの子弟を中心にして構成する倭国軍は船団を仕立てて、朝鮮半島に渡り倭国の権益を擁護する。好太王碑文、あるいは韓国南部で発見される古墳に見られる倭式の墳丘や副葬品の存在は、少なくない倭人が彼の地で定住していたことを暗示している。軍隊の移動には食料を初めとする多くの物資の移動が不可欠であり、瀬戸内海や北部九州の沿岸地方には物資の供給基地が設けられていたらしく、和歌山県と大阪府で発見された大型倉庫群はまさに兵站基地の様相を呈している。

①大型倉庫群　和歌山県鳴滝遺跡倉庫　古墳時代　5世紀
②大型倉庫群　大阪府難波宮下層遺跡倉庫　古墳時代　5世紀

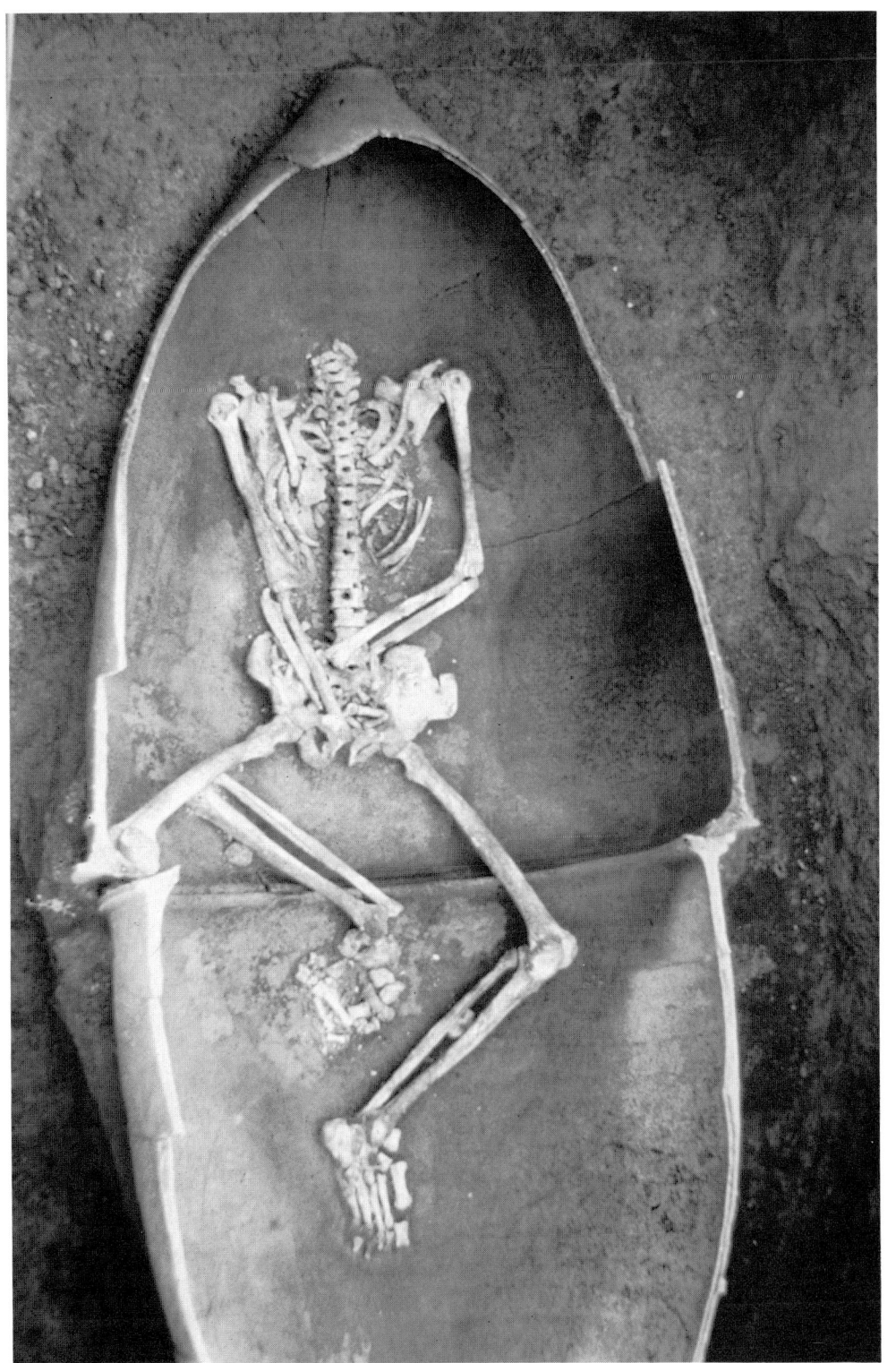

5 戦う弥生人　朝鮮半島から渡来した弥生人たちは侵略者の一面もそなえ、縄文人の生活圏に蚕食したのではないか。農業を生業とするムラ相互にも、耕地の領有、飢饉災害時の食糧争奪などムラとムラとの諍いの種が絶えず生じ、その解決策として武力に訴える場面も各所に見られたであろう。金属や石の利器で殺傷された埋葬人骨の例は次第に増加し、まれに馘首状態で埋葬された遺体もある。勝敗を予知する巫祝あるいは武勇に優れた武人が戦さのリーダであるとともに、ムラの指導者としての地位を確保したのであろう。
○首のない武人　佐賀県吉野ヶ里遺跡　弥生時代　前1世紀

①

6 要塞化する弥生集落

近年における韓国の調査例によると集落の外側に濠をめぐらす環濠集落はすでに無文土器時代から始まっており、弥生集落を特徴づける環濠も弥生人の生活様式の一環として初めから具備していた。福岡県板付遺跡、佐賀県吉野ヶ里遺跡、大阪府池上遺跡、奈良県唐古遺跡など地域の中核的な集落は時をへるに従って拡大膨張し、いくつかの小集落の上に君臨する拠点集落と呼ばれている。環濠は断面がV字型の薬研掘りで愛知県朝日遺跡のように逆茂木を立てて防御する例もあり、外敵の進入を防ぐためであったことは明らかである。

②

　集落を見下ろす急峻な丘陵にも空堀をめぐらした要塞的な集落を構築する。規模には大小があり、香川県紫雲出遺跡、大阪府観音寺山遺跡では石皿・擂り石が採取されており、大型集落では山上で穀物栽培を行った可能性がある。島根県田和山遺跡は規模が小さく山頂の小規模建物1棟を中心に斜面に3重の空堀をめぐらし、裾の斜面に竪穴式住居が発見されているとはいえ定住した可能性が希薄なので望楼としての機能が想定されている。
①濠で囲まれた大集落　佐賀県吉野ヶ里遺跡　弥生時代　前2～後1世紀
②丘陵上の城塞　島根県田和山遺跡　弥生時代　1世紀

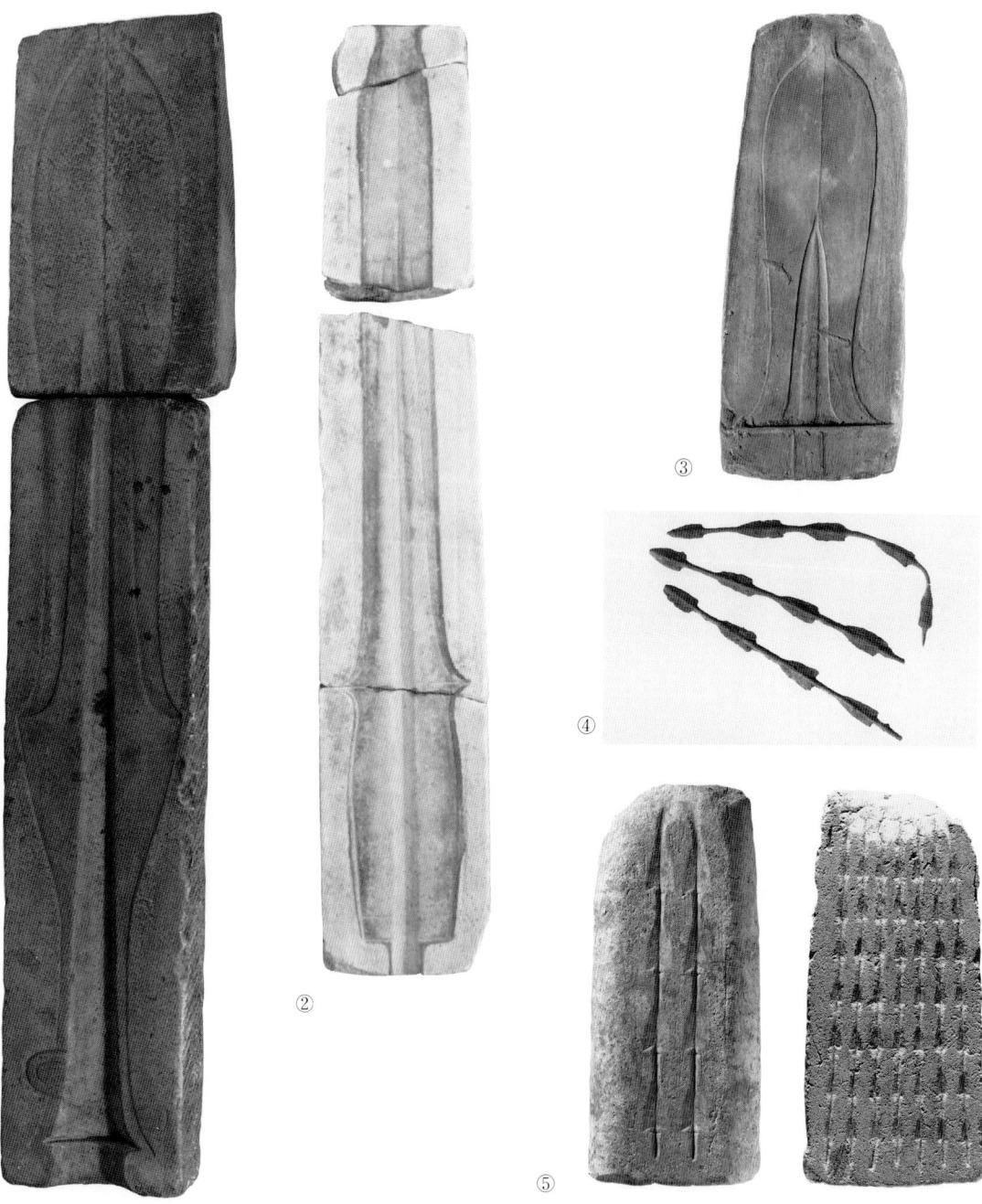

①　②　③　④　⑤

7　金属武器の製作

　弥生・古墳時代を通じて日本列島では銅鉱山の開発は行われなかったが、青銅器の製作技術はかなり発達している。おそらく大陸で生産された銅・錫・鉛のインゴットを基本とし、五銖銭・貨泉あるいは廃銅を混えて銅器を鋳造したようである。弥生時代前半では石の鋳型、後半では土の鋳型で銅器を製作した。前者は中国東北部から朝鮮半島にかけて古くから用いられている伝統的な技術であり、砂岩などに直接器物の形を彫りだし1笵から複数の製品を出すことができるが鋳笵の製作が難しい。後者は戦国時代から漢代にかけて広く行われた量産化を前提にする土笵の模倣形態で明らかに技術系統を異にしており、真土に器物の形を彫り込んだり母型を型押しするので鋳笵の製作が容易である。

　6世紀の鉄溶炉が各地で発見されているが、それらは金官伽耶が新羅に併呑され、倭国への鉄供給ルートが途絶してからのことであろう。弥生後期から古墳時代前半にかけての鉄器製作は鉄鋌と呼ばれるインゴットを素材にして鍛冶炉で目的の製品を鍛造したようだ。弥生時代の鋳銅工房跡は集落内にあり、鋳笵や鞴の羽口がしばしば発見されている。それ

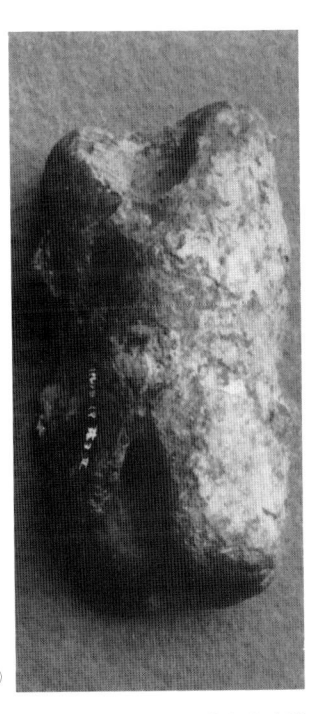

に対して弥生・古墳時代の鉄器の製作を裏付ける遺跡の発見はまれであり、ときおり古墳の副葬品として発見される鍛冶道具によって製作工程の一端をたどることができる。

　5～6世紀の奈良県布留遺跡では再生する鉄の刀身などを取り去って廃棄した刀剣類の外装具が多量に発見され、近くで鉄の武器生産が行われた可能性が指摘されている。つまり鉄器の製作は個々の集落で必要に応じて製作されたものではなく、鉄鋌の所持者が専属の工人を囲って製作したことを暗示する。最大の鉄鋌保持者である倭王朝では良質の技術集団を養成して鉄製品の製作工房を構えたことは十分に想定できることであり、倭王朝の武庫としての伝承をもつ石上神宮にちかい布留遺跡はまさに倭国の造兵廠である。

①広形銅矛鋳型　福岡県須久岡本　弥生時代　2世紀　②細形銅剣鋳型　福岡県八田遺跡　弥生時代　前2世紀　③広形銅戈鋳型　福岡県多田羅遺跡　弥生時代　1世紀　④連鋳式銅鏃　大阪府穂積遺跡　弥生時代　2世紀　⑤銅鏃鋳型　福岡県須久坂本遺跡　弥生時代　2世紀　⑥鉄鋌　滋賀県新開2号墳　古墳時代　5世紀　⑦鍛冶道具　奈良県五条猫塚古墳　古墳時代　5世紀　⑧鉄鎚　長崎県原の辻遺跡　弥生時代　1世紀

①

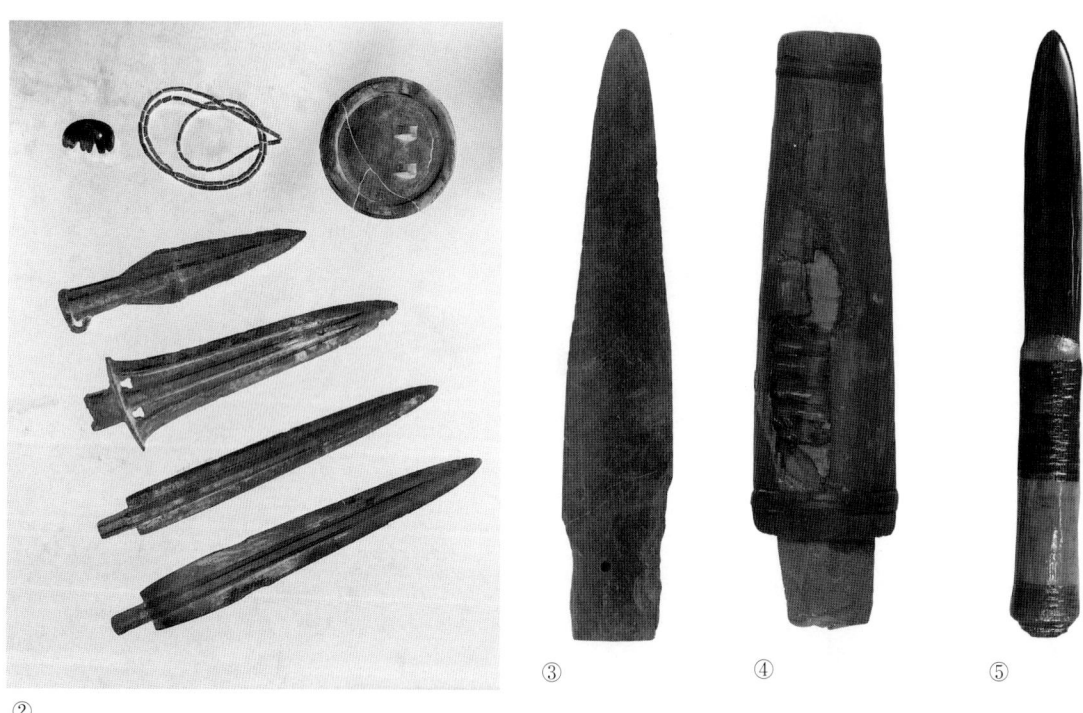

② ③ ④ ⑤

8 青銅と石の武器

弥生時代前半の武器は、青銅の剣・矛・戈・鏃、石の剣・矛・鏃であり、それに礫などが加わるのであろう。剣は武人のシンボル的な所持品で華美な装飾をほどこすが、個人戦以外の集団戦では威力に乏しい。実戦に際しては弓矢、礫などの飛び道具が一番効率が良く、次いで柄の長い矛・戈の類が威力を発揮するのであろう。実用的な青銅武器は九州に集中し、それ以外の地方では銅剣類の発見は少なく銅器をまねた磨製石剣や打製石剣などであり、石鏃も打製のものが圧倒的多数を占める。

①銅剣　佐賀県吉野ヶ里遺跡　弥生時代　前2〜前1世紀　②銅武器　福岡県吉武高木遺跡　弥生時代　前2世紀　③石剣　巨摩遺跡　弥生時代　前1世紀　④鞘入り石剣　奈良県唐古・鍵遺跡　弥生時代　前1世紀　⑤把付き磨製石剣　石川県八日市地方遺跡　弥生時代　前1世紀

① ②

③ ④ ⑤

9 鉄の武器

　弥生時代後半では、実用から離れて祭器に変化した武器型の青銅器を別にすると、基本的に鉄製武器に移行し石鏃すら姿を消してしまう。鉄器は錆びて腐朽するため発見例が銅器ほど多くないが、鉄器の中に楽浪郡の漢墓から出土する環頭大刀や槍先と同じ形態のものが含まれているとはいえ、剣・戈などは銅器の形態を引き継いでおり、大多数は弥生人が自ら鍛造したものであろう。鉄製農具の普及は、田畑の休耕期間を短縮させ、農地と灌漑用水路を整備拡大し、鉄製武器への転換と相まって集落を拡張する原動力となった。というのは殺傷力に富む鉄製武器が戦いの規模を拡大することになるからである。

①鉄刀剣　福岡県吉武樋渡遺跡　弥生時代　前1世紀　②鉄槍・剣・環頭大刀　佐賀県二塚山遺跡　弥生時代　1世紀　③鉄環大刀　佐賀県横田遺跡　弥生時代　1世紀　④鉄槍　福岡県道場山遺跡　弥生時代　1世紀　⑤鉄剣　福岡県門田遺跡　弥生時代　1世紀

10 木の武器と武具

　丸木弓、木短甲、木盾などは鉄製武器とともに実用した可能性がきわめて強く、実例を欠いてはいるが皮製の甲冑や盾の存在も容易に想像できる。珍しい戈柄が発見されているが、その形態は中国遼寧省で発見された夏家店上層文化の銅戈ときわめて類似している。装飾性の強い短甲は胴を前後左右の4分割してつくるものが多いようだが、それをさらに細分して綴じ合わせたものも発見されている。盾の多くは破損状況で発見され全形を識別できるものが少ないが、置き盾と手持ち盾の区別があった。木で剣・矛・戈などを象ったものが各地で発見されているが、加工に精粗があるとはいえ実戦用とはいえず、祭祀用の儀器か舞踏用の小道具とされている。木製の短甲や盾のなかにも舞踏用のものが含まれている可能性が大きい。

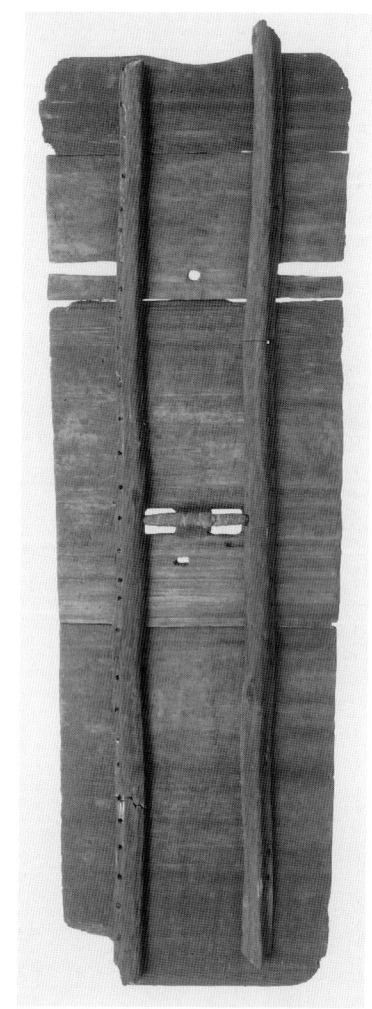

①

③

②

④

⑤

⑥

⑨

⑦

⑧

①木の盾　滋賀県下之郷遺跡　弥生時代　2世紀　②木の盾　福岡県雀居遺跡　弥生時代　2世紀　③武器形木器　山口県宮ケ久保遺跡　弥生時代　前1世紀　④戈の柄　岡山県南方遺跡　弥生時代　前1世紀　⑤同上細部　⑥木の甲　静岡県伊場遺跡　弥生時代　1世紀　⑦木の甲　福岡県惣川遺跡　弥生時代　1世紀　⑧木の甲　長崎県原の辻遺跡　弥生時代　1世紀　⑨木の甲　福岡県雀居遺跡　弥生時代　2世紀

11 スケッチされた弥生武人

　伝香川県出土銅鐸に描かれた弓矢を構えた人が猪をねらう画面は有名であり、豊作を願う予祝儀礼として動物儀礼を射殺する場面とされている。兵庫県神岡5号銅鐸には蛙を銜えた蛇を杖もしくは刀剣で追う人、杖もしくは刀剣で罪人に刑罰をくわえようとする人を描いた線画がある。それらは人と人との戦いを描いてはいないが、弥生人社会の中で武器を手にする優れた武人が巫祝であり刑の執行者であったことを暗示している。土器に箆描きする盾持ちの人、両手に戈と弓を持ち剣を帯びる人などは戦闘舞踊に想定されている。

①盾持ち武人　奈良県清水風遺跡　弥生時代　前1世紀
②盾持ち武人　大阪府平野遺跡　弥生時代　前1世紀　③戈を持つ武人　佐賀県川寄吉原遺跡　弥生時代　前1世紀　④蛙を打つ男　兵庫県神岡5号銅鐸　弥生時代　前1世紀　⑤刑を加える男　兵庫県神岡5号銅鐸　弥生時代　前1世紀

②

③

④

⑤

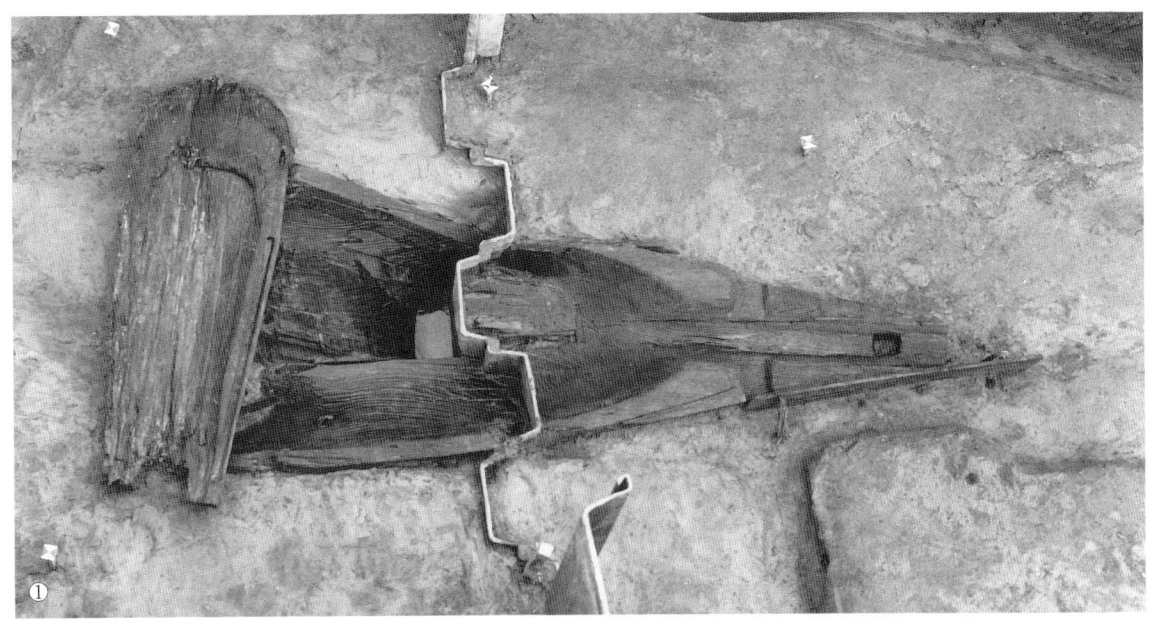

12 海洋の民

　北部九州から玄海灘・壱岐・対馬・対馬海峡をへて韓国の釜山地方に至る航路、日本海沿岸・瀬戸内海・太平洋沿岸などの航路が弥生時代前半に開かれていたことは、弥生土器をともなう稲作文化の北上前線が明瞭に物語っている。壱岐原の辻遺跡には舟の発着用に築いた2本の石積み突堤があり、大阪府久宝寺遺跡では丸木船に舷を取り付けた準構造船が発見されている。また銅鐸や土器などに箆描きする航海絵画があり、船に関する関心の高さを示すとともに、高度な航海技術を駆使したことを暗示している。

　「魏志倭人伝」には朝鮮半島で生産された鉄素材が倭人も加わって活発に交易された状況が描写されている。水上交通は物資の大量輸送に不可欠な手段であり、朝鮮半島からの鉄素材の移入、北部九州をへて列島各地への配送に大きな役割を果たしたことはいうまでもない。鉄の代価としては穀物・織物・奴隷（生口）などであり、必然的に農業生産の高い地域ほど多くの鉄素材を確保し農耕具や武器・武具の備蓄が増大するという農耕社会の不均衡を生じ、これが戦争を導く要因になる。

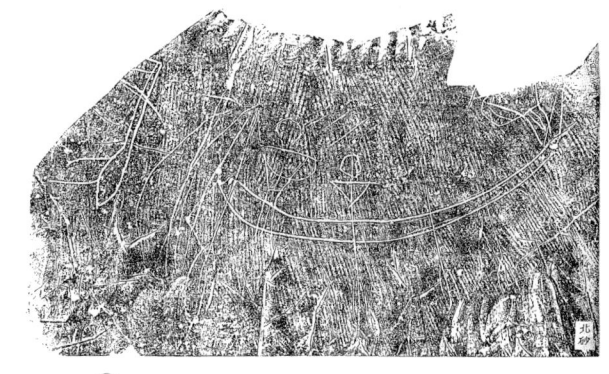

①木造準構造船　大阪府久宝寺南遺跡　弥生時代　2世紀　②船と櫂　福井県井向1号銅鐸　前2世紀　③船を漕ぐ　奈良県唐古遺跡　弥生時代　1世紀

13 武人群舞

有名な「狩猟文鏡」の構図は「戦の舞」を示しているのではないかという説が一般的であり、いろいろな解釈がある。設楽博己は、内区の壺をもつ人物など4人と4匹の鹿は農耕儀礼であり、外区の人物は両手をあげる1人が審判的な祭司であり盾と武器を持つ9人とは二手に分かれて戦う武人で祭祀における模擬戦を描写したのではないかと想定する。さらに、内区の人物を祖霊とし外区の人物を鳥に仮装した舞人ではないかともいう。両手を挙手する人を審判とすると残りの人数が内外区ともに奇数になり、これを2組に分けた模擬戦だとすればどちらかの一方の分が悪くなる。

絵画の解釈はともかく、4世紀代に当てられている銅鏡の描写表現が弥生絵画の延長線上にあって、盾と刀剣あるいは槍などの長兵で武装する武人が武器を持たない巫祝に統率された戦陣の様子を描いていることは確かであろう。つまり戦さには戦の気をうかがう巫祝の存在が不可欠だったのである。

○狩猟文鏡　伝群馬県高崎市　古墳時代　4世紀

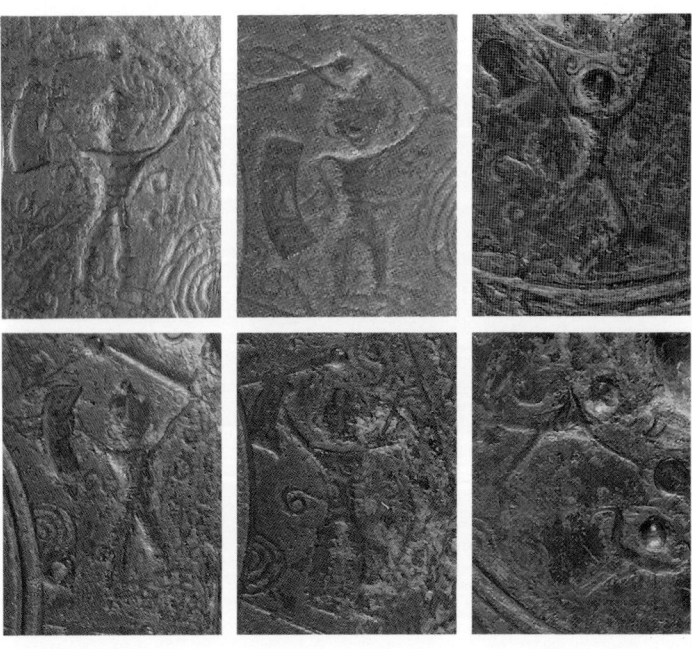

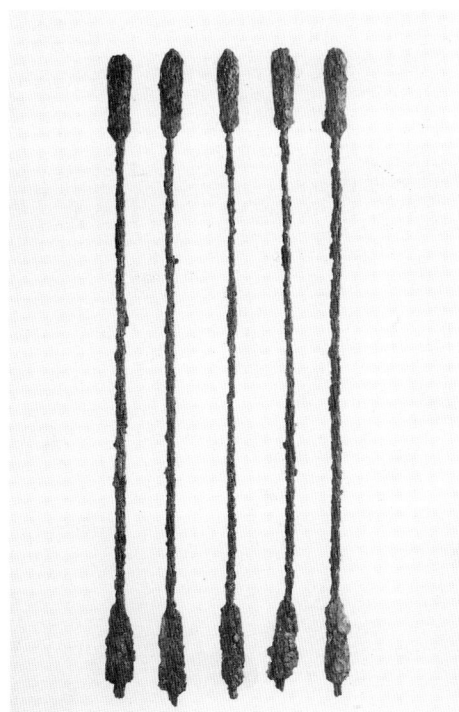

14 王者の武装

　4世紀の武人は碧玉・鹿角ないしは木装の短剣を権威の象徴として常時携帯し、漢式の環頭大刀を宝器として珍重した。しかし、実戦用の武器としては長剣・大刀が一般化しており、刀剣の外装は弥生時代の銅剣の伝統を引き継ぐ楔形の柄頭をつけた合口式の刀剣で直弧文の彫刻と漆塗りで装飾する。矛と戈は姿を消し倭風に変化した短剣形の槍身が普通である。長弓と三角形鏃は依然として基本的な飛び道具であり、柳葉形のほか鑿形など様々な鏃が出現する。集落から発見される木盾には手持ちの盾らしいものがあるが、古墳に副葬する皮盾や墳丘に樹立するのは大型の置き盾であり、石上神宮につたわる鋲留め鉄盾は伝世された鉄盾と考えられている。

①鉄の刀剣と槍　大阪府紫金山古墳　古墳時代　4世紀　②鉄の矢　奈良県メスリ山古墳　古墳時代　4世紀　③鉄の弓矢　奈良県メスリ山古墳　古墳時代　4世紀　④鉄の盾　奈良県石上神宮　4世紀か

①

②

15 倭式の甲冑　　3世紀に鉄製や骨製の甲冑があったことは韓国の出土例によって容易に想定できるが、今のところ存在が確認されていない。4世紀の甲冑は大小の小札を皮紐で綴じ合わせて胴の前後を守る札甲であり、全体を1枚に綴じて胸前で合わせる。冑も小札を半球形に綴じ合わせ、籠手を伴うこともある。鉄製の草摺りは残っておらず、藺草の組紐を螺旋形に巻いて弾力性をもたせたものである。この種の鉄製甲冑は漢代の遺例と共通するところがあり、中国製品をまねて倭国で製作したもののようである。しかし、鉄製甲冑は大型古墳で副葬されている場合が多く、まさに王者の正式武装というべきである。

①革綴鉄短甲　大阪府紫金山古墳　古墳時代　4世紀　②革綴鉄短甲　滋賀県安土瓢簞山古墳　古墳時代　4世紀　③鉄籠手　大阪府紫金山古墳　古墳時代　4世紀　④革綴鉄冑　三重県石山古墳　古墳時代　4世紀

①

②

③

④

16　量産化の武器

　5世紀になると倭国内で生産した鉄製武器が大量に出回る。胴を守る短甲は所定の形に加工した鉄板を鋲で綴じ合せ、後胴と2分した前胴とにわかれ、脇に付けた蝶番によって前胴と後胴をつないで胸前で紐結びする。冑は平面形が桃に似て先端が尖る衝角付き冑が一般形で、鉄板の鋲を伴う。格式が高い眉庇付き冑は半球形の前縁に半月形の庇を付け、頂上にワイングラス状の受鉢をつけ、鉄板の鋲を付ける。草摺には小札や鉄板を綴じたものもあるが藺草製が多かったらしい。また肩鎧・籠手・脛当などを揃えるものがある。鉄甲冑は時期によって形と製法が変わるが、ほぼ全国的に同一歩調で変化して地方色が認められないことから倭王朝の武庫で製作したものが地方に分散したと考えられ、韓国南部の古墳からも発見されている。

①金銅製鉄眉庇付き冑　奈良県五条猫塚古墳　古墳時代　5世紀　②鋲留め鉄短甲　福岡県塚堂古墳　古墳時代　5世紀　③鉄衝角付き冑と鋲留め短甲　大阪府豊中大塚古墳　古墳時代　5世紀　④鉄衝角付き冑と鋲留め短甲　静岡県安久路2号墳　古墳時代　5世紀

17 新兵器の登場

　5世紀になって新しい兵器が加わる。機動力に富む軍馬は朝鮮半島での武力衝突が熾烈化する過程で倭国軍の軍装に導入され、瞬くまに列島の各地に広がった。遺跡からもときおり木製馬具が発見され、古墳の副葬品として轡・鞍・鐙・雲珠・杏葉などの金属部品が残り、飾りのない実用一点張りのもの、金銀の飾りをほどこすもの、明らかに朝鮮三国ないしは中国でつくられたらしいものを含んでいる。馬具を付けた馬を殉葬する墓が次第に類例を増し、希な例であるが馬に着せた甲冑も発見され、中部山岳地方には馬を飼育した牧場に想定できる遺跡もあり、馬匹の生産が想像以上に意欲的に行われていることを示す。朝鮮での経験によって倭国の武人たちは列島内での戦でも騎馬で戦闘を指揮したのであろうが、平時においても金銀の馬具で飾り立てた馬が王者を引き立てる最高の乗り物として大いに珍重された。

①

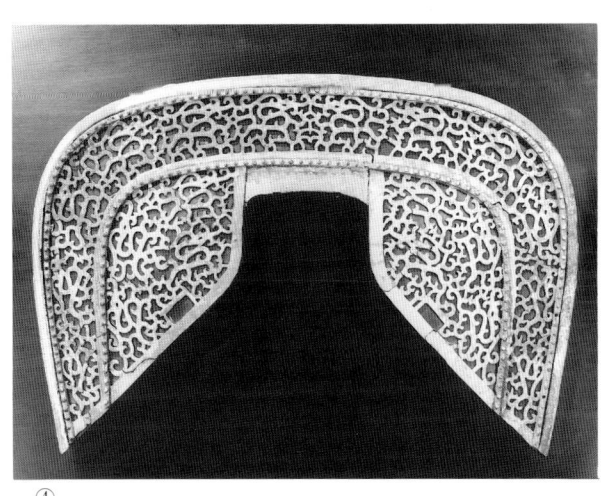

④

②

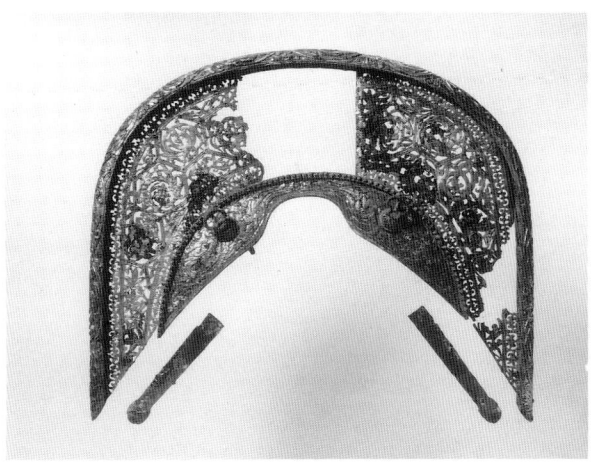

⑤

③

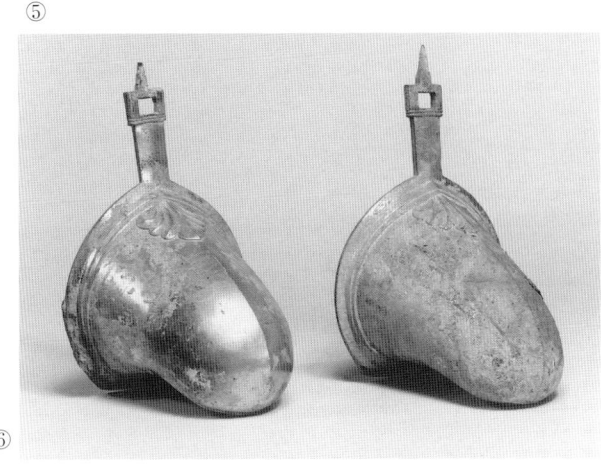

⑥

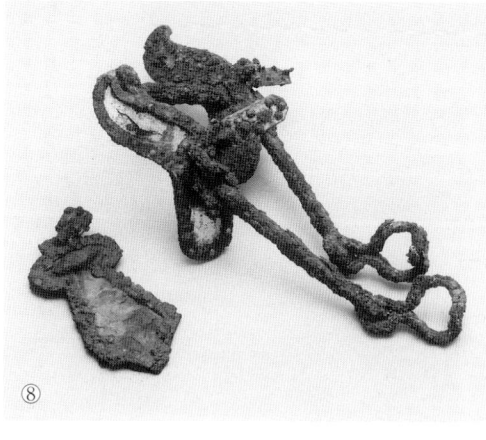
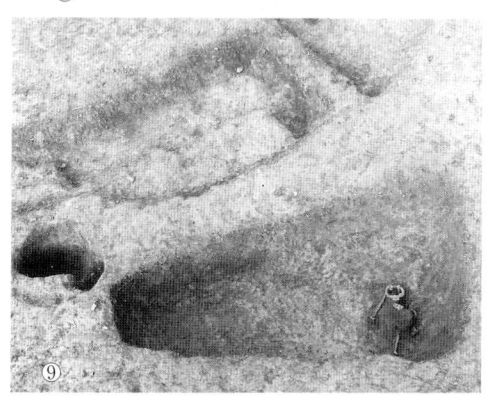
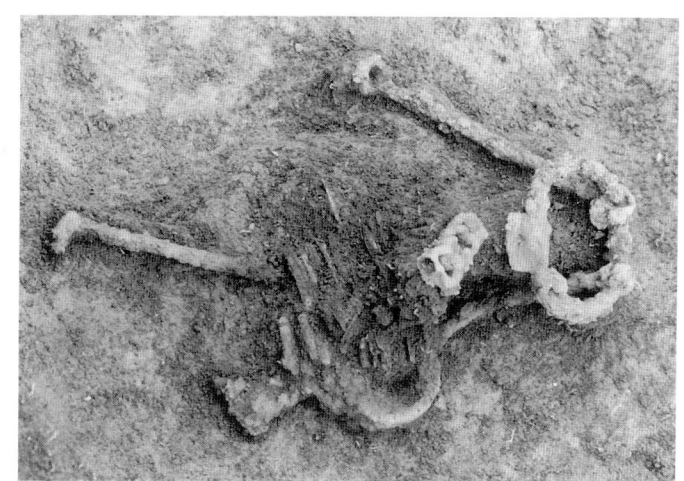

①金銅鏡板と鉄轡　熊本県江田船山古墳　古墳時代　6世紀　②鉄の馬冑　和歌山県大谷古墳　古墳時代　6世紀　③金銅杏葉　和歌山県大谷古墳　古墳時代　6世紀　④金銅鞍金具　大阪府丸山古墳　古墳時代　5世紀　⑤金銅鞍金具　奈良県藤ノ木古墳　古墳時代　6世紀　⑥金銅壺鐙　福岡県宮地嶽古墳　古墳時代　6世紀　⑦⑧馬の殉葬墓　長野県新井原4号土壙　古墳時代　5世紀　⑨⑩馬の殉葬墓　福岡県諸田仮塚遺跡　古墳時代　5世紀

　鉄の刀剣類は原則として倭風の楔頭大刀の外装を採用し長大化するが、柄から掌がはなれにくくするため柄の上下にベルトをとりつける。大刀が大きくなるのは騎馬による近接戦を想定してでのことであろうか。5世紀末から6世紀になると、大陸の新しい大刀が導入され、はじめは舶来の環頭大刀・円頭大刀などが主流であるが、次第に国産化の方向に進み、それにつれて楔頭大刀も金属で装飾するようになる。装飾をほどこした大刀は指揮刀ないしは儀杖用であり、実戦には向かない。6世紀後半に出現するカマス切っ先で鎬をつくる直刀は方頭のしっかりした外装を整えた実用品である。

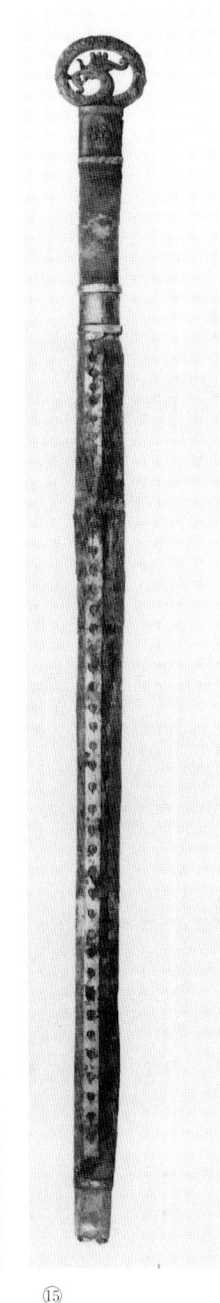

⑪刀剣の木柄　奈良県布留遺跡　古墳時代　5〜6世紀
⑫鹿角装鉄剣　奈良県塚山古墳　古墳時代　5世紀
⑬飾り金具付き鉄刀　奈良県石光山46号墳　古墳時代　6世紀　⑭銀装環頭大刀　奈良県池殿奥4号墳　古墳時代　5世紀　⑮銀装環頭大刀　千葉県山王山古墳　古墳時代　6世紀　⑯金銀装の楔頭大刀と短剣　奈良県藤ノ木古墳　6世紀

① ②　　　　　　　　　　　　　　　　　　③

④　　　　　　　　　　　⑤　　　　　　　　　　　⑥

18　武装する人物埴輪　5世紀の埴輪では短甲・冑・草摺・籠・大刀・盾などの武器を別々に彫塑しているが、6世紀になると武器・武具を着装した人馬が一般化する。眉庇付き冑をかぶり、肩鎧と籠手をともなう挂甲を楔頭大刀を吊す武人が上位に位置するならば、衝角冑をかぶり短甲を着ける武人がこれに次ぐらしい。ときには箙を背負い弓を手にすることもある。刀剣を着けるが平服で冠帽をかぶる人物が武人を統率する王者もしくはそれに準ずる貴人に想定されている。

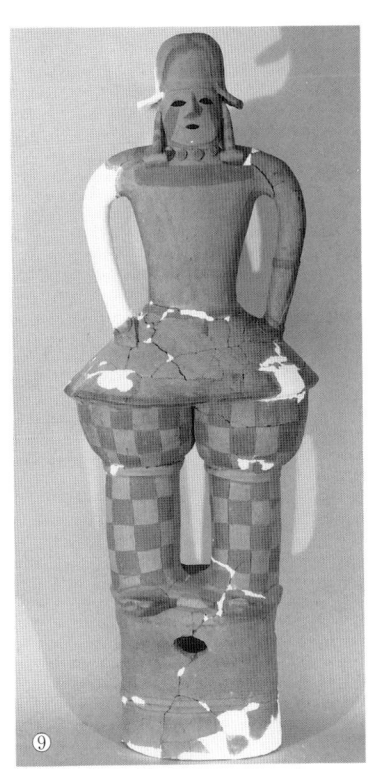

①②奈良県池田遺跡　古墳時代　6世紀　③大阪府蕃上山古墳　古墳時代　5世紀　④大阪府今城塚古墳　古墳時代　6世紀　⑤栃木県鶏塚古墳　古墳時代　6世紀　⑥群馬県飯塚古墳　古墳時代　6世紀　⑦群馬県八幡原町　古墳時代　6世紀　⑧群馬県塚廻り3号墳　古墳時代　6世紀　⑨埼玉県生出山塚窯跡　古墳時代　6世紀　⑩埼玉県生出山塚窯跡　古墳時代　6世紀　⑪群馬県綿貫観音山古墳　古墳時代　6世紀

①

②

③

19　海を渡る兵士

　原始古代の日本では船舶が大量輸送手段としてもっとも活用された。古墳には死者を海神の彼方もしくは天空に送り届ける埴輪船を飾る場合が少なくなく、箆描きの船も随所に残る。船の基本構造は大阪府久宝寺遺跡発見の弥生船と大きく変化しない準構造船である。ただし、積載トン数は大幅に増加した可能性がある。好太王碑文の407年の条に、倭軍の「斬殺・蕩尽し、穫るところの鎧鉀1万余領、軍資・器械は称げて数えるべからず」と記録されているように、伽耶との交流で兵員や馬あるいは食料・武器武具などを輸送するとき、弥生時代の渡航に比べて大幅に重装備になったであろう。航海に際しては船首と船尾に貴人の席を設け風見鳥をとまらせ旗がなびき、多くの櫓を揃えた状況が埴輪船から想像できよう。京都府黄金塚2号墳の箆描き人物像は異様な出で立ちであり、航行中の汚れと穢れを一身に集めて船舶に安全を招く持衰のような人物かもしれない。

①船形埴輪　三重県宝塚1号墳　古墳時代　5世紀　②円筒埴輪に描いた船　奈良県東殿塚古墳　古墳時代　4世紀　③盾形埴輪に描いた人物　京都府黄金塚2号墳　古墳時代　6世紀　④隼人の武人　宮崎県島内5号地下式横穴墓　古墳時代　5世紀　⑤〜⑧筑紫の武人　福岡県永浦4号墳　古墳時代　5世紀

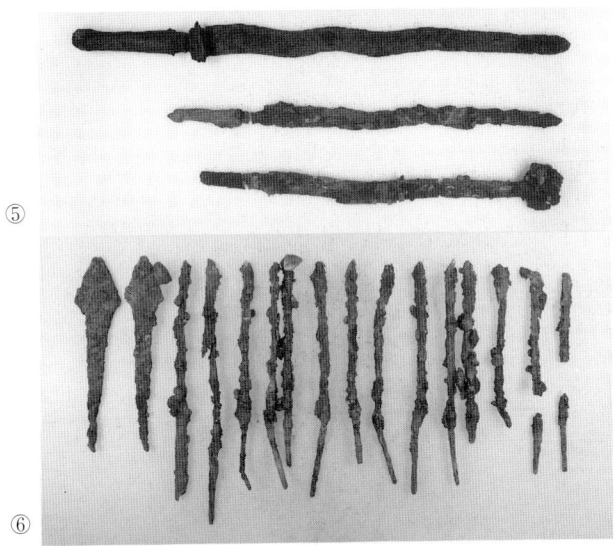

　朝鮮半島へ赴く兵員の多くは、地理的な条件から九州から徴発されたであろう。それを反映して5世紀の北九州地方をはじめとする西日本では、小型古墳にまで鉄製の武器・武具を副葬するようになる。同時期の南九州地方では地下式横穴墓・地下式板石積石室墓・立石墓という個性的な墳墓が構築され、それらは7世紀以降の文献に現れる「熊襲」「隼人」の墓と考えられている。5世紀に突如として宮崎県西都原古墳群で代表されるような前方後円墳が出現しており、倭王朝の前進基地としての役割が指摘されている。宮崎県下の地下式横穴墓では甲冑を初めとする鉄製武器の発見例が多く、武人的な性格が濃厚であり、前方後円墳を築いた豪族のもとに編成された倭国軍の一翼を構成したのであろう。

20　国土防衛の策略

663年に日本の援軍が400艘の水軍を失った白村江の敗戦によって、日本軍は朝鮮半島からの撤退を余儀なくされただけでなく、唐・新羅軍の追撃に対応する国土防衛の戦略を立てざるを得なくなった。政府は攻撃戦に備えて対馬・壱岐・北部九州・瀬戸内・大阪湾を結ぶ防衛線をめぐらすが、その際には大陸式の戦争形態を予想して山城を築き、防人を常備軍として配置した。

6世紀から横穴式石室を構築する技術をもっていても、大規模な石積み城壁を構築する技術は当時の日本に存在せず、亡命百済人の設計と築城技術に依存した公算が大きい。すなわち、山城にはここに拠って唐・新羅軍を殲滅し百済を再興したいとする百済人の夢が託されており、その故に朝鮮半島の山城に比べて何ら遜色がない。

①

②

③

④

⑤

①岡山県鬼ノ城角楼　飛鳥時代　7世紀
②熊本県鞠智城　飛鳥時代　7世紀　③福岡県大野城城門　飛鳥時代　7世紀　④⑤福岡県水城　飛鳥時代　7世紀

21 中央集権下の軍隊

　7世紀後半からの法整備によって、徴兵制による軍団が常備軍として各国に設置された。文官支配を前提とする律令制では兵部省が武官の人事権を掌握し、中央政府が直接地方の軍団を統率するのである。平城宮では壬生門内西側、朝集殿の前の好地に文官の人事を司る式部省と向かい合って設置されており、その重要性が伺える。平城宮内からは宮城を守備する兵衛・中衛府・衛士府・兵士などの勤務形態や人事考課に関する木簡が出土しており、大宰府や多賀城からも兵士の勤務状況を示す木簡が発見されている。

　戸籍をつくり天皇の国土を農民に班給する政策の遂行は容易でなかったらしい。これまで朝廷と比較的疎遠で隼人の国とされてきた南九州においては、700年頃から在地勢力と政府機関との間でたびたび衝突が起こり、政府軍が鎮圧する事態が生じた。将軍を派遣し要衝に城・柵を築いたことが記録されている。政府が陸奥国以北、出羽国への本格的な経営

①

②　肥後国第三益城軍団養老七年歴名帳（軸木口）

□掃進兵士四人依蓮池之格採数欠（表）
□状注以移　天平十年（裏）

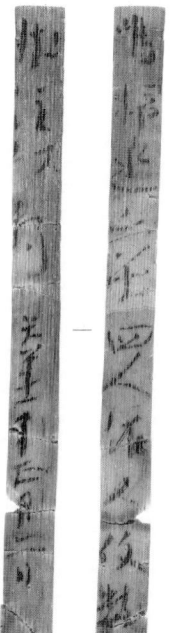
島掃進兵士四人依人役数欠（表）
□状注以移　天平十一年正月二日（裏）

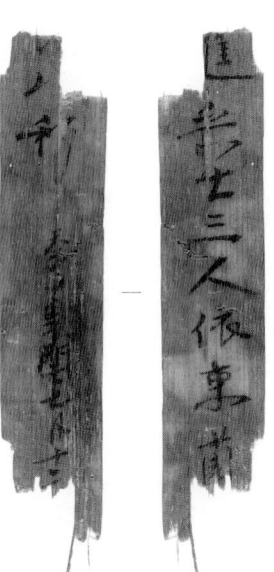
□進兵士三人依東薗□（表）
□以移　天平十年閏七月十二□（裏）

に乗り出すのは730年代からであり、蝦夷の地を版図に加え新郡を設置することを目的にしたので、柵・城と呼ばれた支配拠点は軍事的な城塞としてよりも民政を目的とする行政単位としての性格が強かったとされている。ここでも政府の造籍班田に反対する蝦夷の抵抗が根強く8世紀後半から9世紀まで長期に及ぶ戦いが繰り返された。

①兵部省の敷地　奈良県平城宮跡　奈良時代　8世紀　②兵士関係の木簡　奈良県平城宮跡　奈良時代　8世紀　③多賀城政庁の復原　東北歴史博物館　奈良時代　8世紀　④払田柵南門の復原　秋田県払田柵跡　平安時代　9世紀

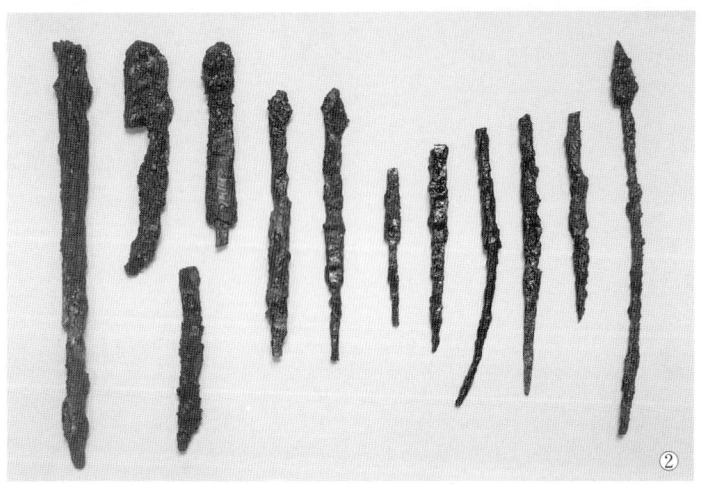

22 軍備拡張

　律令制のもとでは諸国の軍団は自ら兵器を製造し備蓄しなければならなかった。茨城県鹿子C遺跡では官庁建物、工人の竪穴住居、鍛冶工房などが規則的にかつ密集して配置されていた。鉄製の武器の製造を裏付ける鞴の羽口・砥石とともに武器を含む多数の鉄製品、漆紙文書が出土したことから国衙工房に想定されており、さらに遺跡の存続時期が8世紀後半から9世紀初頭に及ぶ桓武朝の蝦夷征討と一致していることが注目された。つまり、常陸国の軍団を含む蝦夷征討軍の造兵廠としての役割を担っていたのではないか、と考えるのである。多賀城の南方に展開する街区においても鍛冶関係の遺物が発見されており、各地の城柵でも刀・鏃などの基本的な武器を製作修繕したようである。

①～④東国の兵器生産拠点　茨城県鹿子遺跡　奈良・平安時代　8〜9世紀　⑤銅製の弩機　宮城県伊治城跡　平安時代　9世紀　⑥〜⑧各種の鉄刀　秋田県岩野山1号墳　平安時代　9世紀　⑨鉄小札　千葉県国府台遺跡　平安時代　9世紀　⑩⑪鉄製の馬具　茨城県成田3号墳　9世紀　⑫鉄製の鐙　宮城県多賀城街区跡　9世紀　⑬鉄製の小刀　宮城県多賀城街区跡　9世紀

23　戦争の時代

　荘園の自警団として出発する武士は、律令制の軍隊が壊滅した後に自然発生的に編成された暴力集団、私兵としての性格を秘めていた。朝廷を武力で屈服させて樹立した鎌倉幕府が、いきなり国際舞台の矢面に立たされたのが1274・1281年の2度にわたる蒙古襲来である。博多湾沿いに石塁を築き、九州の武士団に警護を命じたが軍船転覆による蒙古軍の自滅がなければ自ずと勝敗はきまっていたであろう。元寇は暴力に依存する武士の本能を覚醒する役割を果たし、その後約200年間は各地で政治力・経済力を培養した武士団がしのぎを削り覇権を競い、半ば無政府状態の後半期には自衛する大小の山城が各地に林立する。これが中世山城である。他方では、船を駆って朝鮮半島沿岸や東シナ海に進出しゲリラ的な略奪を生業とする倭寇が跳梁して、大きな国際問題となった。

①

②

③

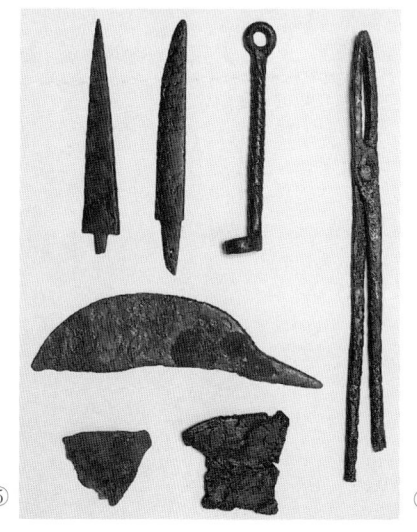

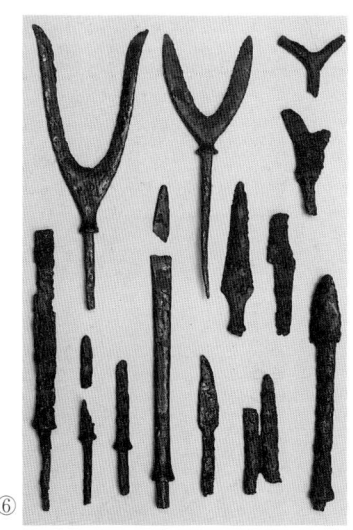

貴族や高級武士が所持する美術品としての武器は京・鎌倉の著名な工匠によって注文生産されたが、一般の武士が常備する武器・武具は量産品を武器商人から購入するとともに在地でも製作しており、各地で小規模な鍛冶工房跡や鉄製武器・武具が発見されている。

①元寇防塁　福岡県元寇防塁跡　鎌倉時代　13世紀
②元寇関係の遺物　木碇　鎌倉時代　13世紀　③管軍総把印　鷹島海底　④製鉄炉の復原　茨城県尾崎前山遺跡　鎌倉時代　13世紀　⑤⑥豪族の武器製作　神奈川県西ノ谷遺跡　鎌倉時代　13世紀　⑦集団埋葬　神奈川県由比ヶ浜南遺跡　鎌倉時代　13世紀

24　進化する山城

　鉄砲と大砲で象徴される火器の伝来は戦争の形態を大きく変え、城は濠を深くし曲輪を複雑にして急峻な石垣を築いて防衛機能を徹底する。国土が統一に向かう安土桃山時代になると、城は領国支配の拠点としての性格を強め、屋根に瓦をのせ天守閣を初めとする櫓に装飾性が加わる。城主が住居する城と家臣・職人・商人・神社仏閣などを包括する城下とを有機的に結合させ、自給自足的な都市空間を備えた城下町へと進化する。近年の発掘調査では山岳の自然地形を巧みに利用した中世山城から、丘陵を人工的に改造して石垣を多用する安土桃山時代の城郭へと変貌する様子が次第に明らかになり、江戸時代の改造や修築状況も明らかになってきた。

①大坂城天守石垣　大阪府大坂城跡　安土桃山時代　16世紀　②大坂城の新旧石垣　大阪府大坂城跡　江戸時代　17世紀　③青葉城の新旧石垣　宮城県青葉城跡　江戸時代　17〜18世紀

目　次

口絵　構成・解説／町田章

1　総論—戦争／町田章 ―――― 7
戦争の概念——7　　武器・武具——8　　防御施設——12　　運搬と交通——17　　戦いの理由——18

2　倭国大乱の考古学／酒井龍一 ―――― 25
第一次・第二次大乱・狗奴国戦——25　　弥生時代〜古墳時代の時間枠組——26　　社会変成過程における倭国大乱——28　　倭国大乱と古墳時代——29　　倭国大乱の考古学——30　　弥生戦争のキーワード——31

3　朝鮮三国と倭国／東潮 ―――― 37
無文土器（青銅器）時代の戦争——38　　原三国（高句麗・三韓）時代の戦争——39　　三国時代の戦争—広開土王の「征服」と任那——43　　鉄資源と戦争—倭の五王と朝貢・冊封と鉄資源問題——47　　白江（白村江）の戦い——49

4　軍団と防人／工藤雅樹 ―――― 57
都の防備——57　　百済の役——63　　内乱——70　　隼人と蝦夷——72

5　中世前期の戦争と考古学／河野眞知郎 ―――― 85
はじめに—武器・武具はめったに出土しない——85　　文献史学が語る中世前期の武力と戦争——86　　考古学が語りうることの検証——87　　鎌倉における戦争関係の遺構・遺物の出土例——91　　おわりに——99

6　城郭防御の発達／千田嘉博 ―――― 103
はじめに——103　　防御遺構検討の視点——104　　南北朝期の城郭——106　　室町期の城郭——107　　戦国期の城郭——109

〈特論〉

青銅製武器の伝播と展開／下條信行 ───── 117

朝鮮半島南部の武器形青銅器の諸段階と性格──117　列島の初期武器形青銅器の性格──120　武器形青銅器の序列化とその入手および供給──121　瀬戸内の青銅器と北部九州──123　北部九州の青銅器生産体制の再編成と賦与──124　武器形青銅祭器の終焉──126

元寇の遺構と遺物／柳田純孝 ───── 127

元寇防塁の構造と築造法──127　元寇と居館址──129　元寇に関する遺物──132

城の石垣／森田克行 ───── 135

はじめに──135　城石垣の成り立ち──135　城石垣の発生──137　城石垣の展開──138　今後の城石垣研究にむけて──142

倭城／沈奉謹 ───── 151

はじめに──151　分布状態──151　倭城の位置選定──157

名護屋城の調査／西田和己 ───── 157

文禄・慶長の役と名護屋城──159　名護屋城跡の調査──160　陣跡の調査──165　おわりに──166

五稜郭／田原良信 ───── 168

五稜郭の位置──168　構造・規模──168　五稜郭の沿革──169　郭内建物跡の概要──171　付設遺構──173　箱館戦争関係と推定される遺構──175　出土遺物──175　五稜郭の性格──176

御台場／武藤康弘 ───── 182

はじめに──182　江戸幕府海防計画の沿革──182　品川台場──183　廃用後の品川台場──185　おわりに──186

世界の戦争考古学／佐原真 ───── 187

はじめに──187　戦争定住起源説──188　ヨーロッパ中石器文化の定住採集民の集団暴力──191　北アメリカの先史採集民の戦争──192　ヨーロッパ新石器文化農民の戦争──192　おわりに──193

〈コラム〉

出土品からみた甲冑／福尾正彦————————————52

蕨手刀／高橋信雄————————————79

鉄砲と弾／松岡史————————————147

松前藩の北海道の砦の遺跡／前田正憲————————————178

執筆者紹介／口絵写真提供者・機関一覧

戦　　争

1 総論―戦　　争

町 田　章

[1]　戦争の概念

　戦争の本質には「暴力による自らの意志の貫徹」にあり,「集団的,意図的かつ組織的な一つの闘争」であるという定義がある。しかし戦争の理解については,立場や見方によって異なるし,社会の発展段階によって解釈が異なる。近現代史の立場からすれば,戦争は国家が行なう合法的な武力行使である,とも規定される。人を殺し文明を破壊する戦争は,おそらくその開始から平和と安定を乱す悪の概念として,戦争の当事者を含めて指弾されてきた。19世紀から始まる資本制社会においては,人は戦争をなくするための戦争を行ない,戦争を遂行するための科学技術が高度な産業社会を生み出し,仮想敵国を想定し戦争を前提とする国家総動員体制を準備するまでにエスカレートする。

　現在もなお戦争に終止符が打たれていないことは紛れもない事実であり,おそらく人類が存在する限り戦争は消滅することはなく,負の財産として形を変えながら執拗につきまとうであろう。そして,依然として激しさを増す民族戦争,宗教戦争はとどまることを知らず,交通戦争,環境汚染,環境ホルモン問題など加害者を特定できない新型の戦争に直面しているのが,21世紀における人類を拘束する厳しい実情である。

　国家の成立以前に武力行使をともなった「人間同士の戦い」がなかったわけではなく,個人ではなく集団として共同体間の矛盾を武力行為によって解決しようとして,武闘があり殺人が行なわれたとき,戦いが始まる。考古学では旧石器時代の戦争は想定されておらず,新石器時代から戦争が出現すると考えられており,農耕・牧畜などの生産形態が成立したことが引き金になったとされている。これは未開社会を題材とする民族学者からの「最も古い文化段階では攻撃的な闘争はない。おそらく戦争はまったくなかったであろう」という提案に大きく影響されているからである。そして,氏族や部族間の陰謀や殺戮抗争のなかで,大が小を強が弱を吸収す

ることによって国家が誕生すると考えるのである。こうした部族社会における戦いについては「原始的な戦争」と呼んで，国家成立以後の大規模な戦争と一線を画して考える場合が多い。

　国家の第一歩として祭政一致の神権政治が行なわれるようになると，戦争の目的も多様化し，例えばかつて原始共同体の間で生産力を増強するために行なわれた女性を収奪する目的だけの戦いだけでは止まらなくなった。土地や奴隷の獲得という経済的目的，さらには，生贄の確保や族長の権力強化といった宗教的，政治的動機も戦争を遂行するための大義名分に加わり，一般の部族民が戦闘時に戦士となる状況から，武力行為を専らにする武力集団が芽生えた。

　戦争の一部を構成する概念として，私闘・争議・内乱・反乱・革命があるが，それらはいずれも文明を共有する国内や民族内部の武闘と深く関わっており，条件によっては戦争に移行する。もう一つの概念は，文明を異にする異民族間の戦争として，宗教戦争・民族戦争・征服戦争などがあげられ，その目的は信仰・言語・権力・労働力・生産物・領土などの争奪を前提にする。こうした戦争の根源的な動機を動物として人類がそなえる闘争本能に求め，人類の学習行動によって蓄積した知識を駆使することによって，戦争形態が時をへるに従って先鋭化するという考え方もある。

　以上，戦争に関する一般的な概念を列挙したのであるが，日本歴史のなかで考古学的な観点から戦争行為を実証することは必ずしも容易でなく，基本的には傍証と推測の域を脱することはできない。しかしながら，文献史料ではとらえがたい物質的な遺跡・遺物を通じて，戦争の実体をより視覚的に理解することは可能である。「魏志倭人伝」からはじまり，多くの戦争体験が歴史書に記載されているが，それらに対して考古学の側からどのような発言がなしうるか，ということが本巻の課題である。

[2]　武器・武具

狩猟用具と武器　墓から発見される縄文人骨には，明らかに射殺や撲殺の痕跡を見いだすことができるものがある。この現象を解釈するとき，個人間の喧嘩・殺人祭祀・共同体間の闘争など社会活動のどの部類に当てるかによって，意見が分かれるところである。近年，縄文時代の大型集落とそれを構成する巨大な木造施設などが発見され，すでに原始的な都市が成立していたのではないかという意見が出るほどであるから，生活圏や交易をめぐる共同体間の闘争を想定することも可能であろう。

　しかし，「戦い」「原始的な戦争」を暗示する武器としては，木工用の石斧や狩猟用の弓矢・槍などしか存在しておらず，防御や攻撃的な施設が見いだされていないこともまた事実である。殺人用の凶器は特別のものでなくとも身の回りにある刃物で実行可能であり，動物を殺傷

する威力のある狩猟具ならば十分殺人が可能であり，武器専用の道具がないことを理由にして戦争がなかったとは言い切れない。しかし，それはあくまでも狩猟の合間の戦いであり，殺人専用の武器による戦いとは質的に異なる。今のところ縄文時代の戦争の有無については深く立ち入らないことにして，弥生時代の戦争に目を転じてみよう。

武器・武具の登場 弥生時代には人を殺傷するために作られた武器・武具類が確実に存在しており，前半期には青銅の短剣・矛・戈，磨製石器の短剣・戈，打製石器の鏃や短剣があり，後半期には鉄製の短剣・戈・大刀・槍，青銅の鏃などがある。これらの武器は縄文時代から伝承され発達して生成したものではなく，弥生時代の始まりとともに完成された姿で存在している。このほかに木製の剣や槍，あるいは木製の短甲（前胴と後胴の2枚構成のものと，小札を綴じ合わせたものがある）や盾などの武具類もあり，球形の川原石を利用した投弾（礫）の存在も予測できる。一方，金属製の武器である剣や矛などを祭祀具として木で作ったものが各地で出土しており，形代として刃物による厄払い，武器類を奉献する祭祀，あるいは戦闘舞踊が既に成立していることが伺われる。

青銅短剣には，柄頭に珍奇な石飾りを付けたり，柄や鞘を青銅で飾ったり，ガラス玉を鞘に象嵌するものなど特別の装飾を施したものがあり，銅鐸や土器などの線刻画には，剣・矛・盾をもって戦舞する戦士が描かれ，武装集団を統率する武人の存在が想定できる。また，共同墓地のなかでは，武器類を含む一般成員とは隔絶した特別の宝物をもつ大型の墓が存在する。このことから，集落内の男子成員が優れた武人である首長に統率されていたことが予測されている。

本格的な鉄製武器 弥生時代後期では石器がまったく影をひそめ，鉄製の農耕具・木工具・武器・武具が中心となる。石器から鉄器への完全な移行，あるいは従来は石范で行なわれてきた銅器の鋳造が土范に変化するなどの現象は，まさに生産技術革新ともいうべきもので，列島における農業生産を飛躍的に拡大させ，余剰生産の確保を容易にするとともに，社会の階級的な側面を先鋭化する役割を果たした。

武器では鉄製の大刀とともに甲冑の存在も予測できるが，それらは弥生中期からの武器を改良した形態ではなく，この時期になって新たに朝鮮半島から移植されたもので，当然のことながら農法のみならず武器や戦術に大きな改革があったことを暗示している。その震源地としては前108年に漢武帝が朝鮮半島に設置した楽浪郡が有力である。すなわち，漢帝国の植民地で行なわれた生産技術のなかから漢式農法や鋳銅・鉄器製作技術，あるいは階級的な統治形態の片鱗が南部の韓族社会，および日本列島の倭人社会に伝達されたのであろう。この過程で特定個人のために築造した墳墓が出現しており，時代区分としては弥生時代とするよりも，古墳時代に属すべき時代様相を帯びている。

倭風武器の誕生 4世紀の古墳から発見される武器・武具の原型は，3世紀に導入された楽

浪・帯方郡時代の漢式武装にもとづくものであろうが，著しく土着化している。例えば，後漢代から歩兵の基本的な武器である漢式大刀は柄の先端で茎を輪状に延ばした環頭大刀であり，画像石や壁画では兵士が抜き身を肩に担いで走る姿が描かれており，実用品では鞘や柄木を付けなかったようである。この状況は，中国東北地方から朝鮮半島北部に残る4〜5世紀代の古墳壁画に描かれた兵士の姿からも確認できる。ところが伽耶と倭では，環頭大刀もあるが大多数は環頭を付けない直刀と呼ばれているものが一般的で，装具からいえば木製の鞘と柄を着装する楔形柄頭大刀として分類すべきものであり，原型は弥生時代の青銅短剣の装具に遡り，倭国内で変遷の過程を立証することができる。

　弥生時代から引きつづいて存在する鉄剣は実用から乖離して，徐々に儀器化の方向をたどるが，その鞘や柄の形には青銅短剣の片鱗を留める。弓矢の弓は丸木の長弓で，弥生時代の茎がつく扁平な銅鏃は儀仗品として洗練された形にかわり，実用では鉄製のものが一般化している。銅矛は姿を消し，茎を木柄に挟み込み短剣に似た形に作る鉄槍となる。皮に刺繡を施した漆塗り盾と籠も倭独特の文様をほどこし，鉄製の札甲や冑の存在も確認されている。とはいえ，漢代の武器を特徴づける戈・戟，あるいは弩や短弓の類は倭国に移入されておらず，ましてや騎兵の兵器や馬具，ましてや馬車に関連する道具は発見されていない。

新式武器の大量生産　5世紀から6世紀にかけての鉄製の武器・武具は，中国・朝鮮半島の諸国と同一歩調をたどり，刀剣・槍・弓矢と籠・甲冑・馬具・馬甲など形態や分布状況からして最新鋭の兵器を倭王を中核とする倭国軍が常備している様子がうかがえる。軍事装備の大陸的な変革は同時に軍事組織の国際化をもうながし，将軍を頂点とする戦時体制が要求されたのであろう。倭国の軍隊を構成し地方軍の指揮を担当したであろう地域を代表する大型古墳の被葬者は，中国の胡族が常用した戦闘服（褶袴）を着用し，特別の装飾を施した環頭大刀をはじめとする冠帽・錦威の挂甲・帯金具・飾履などの金銅の装身具を身にまとい，金銅の金具で飾った馬具をもつ。それに対して下位の墓の被葬者は実用的一点張りの鉄製の武器・武具・馬具をもち，さらなる下位に位置する武人の墓では一，二の武器を副葬するにとどまる。このような状況は軍隊の指揮系統および身分の上下関係を反映しているのであろうが，対外的な外交・軍事面での身分関係が倭国内の政治社会のなかに徐々に浸透していく状況を示しているのである。

　国際的な共通規格からはみ出た倭国固有の武装も明らかに存在しており，たとえば倭国の古墳から一般的に発見される鉄製の短甲や衝角付冑などは，倭国の工房で共通の規格によって大量生産されているが，朝鮮半島の古墳からはほとんど出土せず，まれに朝鮮半島で発見される類例は倭国から持ち込んだものとして理解されている。また，弥生時代以来の木製短甲・漆皮甲・藺草を編んだ草摺，あるいは弥生時代の銅剣葬具から始まる楔形柄頭大刀などが依然として製作されており，軍隊のすべてが新式の武装でそろえられていたとはいえない。

金銀象嵌などの高級な加工技術を駆使する舶来品を別にすれば，5世紀後半から倭国にもたらされた大量の鉄素材によって，鉄製武器の国産化は著しく促進され実用品としてほぼ自弁できたようである。

隋唐式兵制の採用　6世紀末ないしは7世紀はじめ頃になると環頭大刀や楔形柄頭大刀などは，儀仗用として醜く肥大化して継承されているが，この時期から直刀で切刃造りの刀身に円頭・圭頭の柄に横佩き用の吊り手をつける実用的な大刀が出現する。こうした状況は中国北朝・隋代の刀剣をまねた結果であり，金銅製品や木製品の壺鐙も以前になかった形である。6世紀から7世紀にかけて武器に多少の変化が想定できるが，基本的には6世紀後半の兵器構成が根強く存在していると見てよかろう。663年に日本軍が百済復興軍を支援して唐・新羅連合軍と戦い壊滅的に敗北した「白村江の戦い」での敗因の一つとして，6世紀後半の武器と兵制で戦った日本軍の装備が唐軍にくらべて旧式になっていたことがあげられるのではなかろうか。

日本では7世紀から，唐の府兵制にならって徴兵制による軍団を国ごとに組織した。一般の兵士が確保すべき武器類として，「軍防令」はつぎのように規定している。

　　50人ごとに：火鑽（ヒキリ）1具。熟草（モグサ）1斤。手鋸1具（いずれも官給品）。
　　火（5人編成）ごとに：紺布幕1口，裏着き（野営用のテント）。銅の盆（深皿）と釜2セット。鍬1具。杵と碓1具。斧1具。小斧1具。鑿1具。鎌2張。鉗（ペンチ）1具（いずれも官給品）。
　　人ごとに：弓1張。弓絃袋1口。副弓絃2条。征箭50隻。胡籙1具。大刀1口。刀子1口。礪石1枚。蘭帽1枚。飯袋1口。水桶1口。塩桶1口。脛巾1具。鞋1両（いずれも自弁）。

以上の他に弩と軍馬とを配備する。弩（オオユミ）はこの時期に採用された唐式の兵器であり，隊（50人編成）ごとに壮強の弩手をえらんで特別に訓練したようであり，いうまでもなく官給品である。文献ではしばしば登場する弩の遺品についてはこれまでまったく実物が見られなかったが，最近になって宮城県伊治城跡から8世紀後半の弩機が出土したことによって確かに実戦配置されていたことがわかった。馬術についてはとくに規定はないが，一般の兵士ではなく豪族の子弟などが騎馬隊を構成していたのであろう。

7世紀以降，古代武器の遺例は極端に乏しく，正倉院宝物や東北地方の墓などからの出土品に限られる。これは武器の私物化をできるだけ排除し，国ごとに配置する軍団の公器として集中させたことに原因の一つがある。正倉院では実物と「東大寺献納物目録」によって兵器の名称が確認できる。正倉院の刀剣は変化にとみ，唐大刀・唐様大刀・高麗大刀，黒作大刀・黒作横刀があり，先の3者は天皇や貴族が佩用する華麗な装飾を施した儀仗用品である。後の2者は質素な実用品であり，黒作横刀は蕨手刀ともよばれ柄と身を共作りする刀身が短い刀で，日本だけに見られる独特の形をとる。各地の8・9世紀の遺跡から発見され，とくに東北地方で集中的に発見され北海道まで及んでいる。鉾は身に袋を作り柄を挿入する形をとるが，戟のよ

に下部に鉤をつけるものは新式である。梓弓，鏑矢，靫，胡籙，鞆は古墳時代のものと基本的には変わっていない。鞍・鐙は唐式に変化している。短甲（冑・行縢，覆臂を伴う）と挂甲は実物が失われているが，辛うじて残った挂甲の小札や東北地方で発見されている8・9世紀の類例からすると古墳時代と大きな隔たりはないようである。

　奈良時代には，とくに唐から武器の見本を取り寄せた記録があり（『続日本紀』天平宝字5年），新式武器の研究につとめ，翌年には「東海・南海・西海等の道の節度使の料もて，綿襖冑二万二百五十具を大宰府に造らしむ。其の製一に唐国の新様の如くす」という記事がある。綿襖冑の形を知る由もないが，文字だけから想定すると綿入れの防空頭巾のようなものであろう。だが，唐代の武具を代表し彫刻・絵画の仏像に克明に描かれている明光鎧が日本において実用化された痕跡はない。

和様化の促進　正倉院宝物で代表される古代の武器は，古代から中世に移行する平安時代から鎌倉時代にかけて日本列島で純粋の進化を遂げ，東アジアの他国に例のない和様化への道をたどる。蕨手刀から日本刀の祖形とされる毛抜形大刀が生まれ，茎で装着する槍，長刀が出現する。弓は矧ぎ合わせの伏竹弓に変化するが長弓であることには変わりない。馬具では金属製の飾金具が減退し，壺鐙から舌長鐙へと変化する。挂甲は唐式の裲襠鎧をへて装飾性の強い大鎧に変化し，冑には鍬形と呼ばれる独特の飾りがつく。和様化は中世を通じて部分的に促進されるが，周知のように中世末にヨーロッパからもたらされた鉄砲・大砲など火器の登場によって，在来の兵器は根本的に再編成されることになる。

[3]　防御施設

拠点集落　弥生時代の集落がきわめて防御性を意識している点については，佐賀県吉野ヶ里遺跡を代表例とする環濠集落によって喧伝されているところである。それは特定地域に形成される複数集落の中心となり，特大の拠点集落ともよばれている。丘陵や河川の自然堤防に形成された集落全体を取り巻く大規模な環濠をめぐらせ，要所要所に物見櫓を配置し，ときには濠の中に逆茂木を立て，城塞的な雰囲気を濃厚に漂わせている。一方，弥生時代中期以降の九州から中部地方にかけて多数分布する高地性集落は，険しい丘陵の山頂を開拓して建設した防御施設であり，後世の山城にくらべても遜色がない。山腹に大規模な断面V字形の濠を巡らして，山麓から迫りくる敵の攻撃を防ぐのである。

　北部九州では拠点集落を中心にして，周辺に複数の小集落がめぐる範囲が「魏志倭人伝」が記録する小国にあてられており，それ以外の地方でも拠点集落を中核とする群小の国が想定されている。そうした小国家を統率するのが邪馬台国であり，中国的な描写によって潤色されて

いるとはいえ,「宮室・楼観・城柵」を設けたと記録されている女王卑弥呼の王宮がきわめて防御性に富んでいたことが予想できる。

倭王朝の展開　4世紀段階になると,大規模な集落や弥生時代の高地性集落のような戦争を予測さす城塞的な遺跡は,今のところ発見されていない。それにかわって,地方豪族の居館とされている遺跡が各地で発見されている。集会所らしい大型の掘立柱建物を中心に居室・倉庫・工房などの建物を配置し,石垣を積んだ濠で敷地のまわりを囲み,そのうちに木塀をもうけ所々に櫓を配置したようであり,中世の絵巻に見る豪族の館を彷彿させる。しかしながら館を取り巻く周濠は大規模な攻防戦には対応できないものであり,防御施設というよりも,同時代の前方後円墳をめぐる濠と同じように居住者の神秘性をかもし出す聖域を演出している可能性が高い。

『日本書紀』に記されている日本建尊の東征・西征伝承や,東国へ四道将軍を派遣させる伝承は,倭政権の絶大な武力を背景にして大王の分身を地方に派遣し,在地勢力を武力で屈服させて倭政権を確立する過程を物語るものであって,雄略天皇の上表文には諸国を征服した武功を誇示しており,武力による日本列島の統合がなかったとは言い切れない。しかし,古墳時代の遺跡のなかに規模の大きい城塞的な記念物が見いだせないのも事実である。この点を重視すれば,この時代は列島開発の途上にあって,倭政権を始めとする列島における政治勢力の眼が朝鮮半島の利権に集中し,各個撃破の戦いはあったにせよ列島を縦断する大規模な戦争へ導く導火線が存在しなかったのかもしれない。必ずしも防御施設とはいえないが,大阪市難波宮下層遺跡や和歌山県鳴神遺跡で発見されている5世紀の大型倉庫群は,渡海出兵に備えた兵站基地に設けた穀物倉庫である可能性が極めて高い。

要するに,古墳時代になって始まる倭政権によるクニの統合促進は弥生時代後半に確立した地方豪族の利権を認めながら,祭祀や婚姻を絆として政治統合を強化し再編成したのではあるまいか。ではなぜこれまで以上に大きな国家が必要とするのであろうか。理由の一つとして,ごく通俗的な解釈ではあるが,ひとえに朝鮮半島に産出する鉄素材を安定的に供給し,しかも大量に確保することがあげられよう。鉄素材の確保は列島内における諸国の豪族に共通する願望であるから,朝鮮三国と対向するため倭国の統合に反対する理由は少ない。かくして,倭国は百済・伽耶諸国との友好関係を維持しながら,高句麗と新羅に敵対するのであるが,両国が対馬海峡を渡って対馬まで追跡することは想定していなかったようである。

兵部省　8世紀の律令では,武官の名籍・考課・選択などの人事,および兵士の差発・兵器・儀仗・城隍・烽火など軍事一般を兵部省が管轄した。平城宮跡では兵部省が奈良時代後半の朝堂院前で,文官の人事考課をつかさどる式部省と向かい合って発見されている。省内の構造は政務を行なう正殿とその前の広場を挟んで向かい合う脇殿の一郭と後方の小建物群の区画とに

わかれる。式部省と対置していることや宮城の正面に位置していることからすれば，ここが人事と儀仗を重視しながら，軍事政策を立案する文官中心の官署であったことが想定できる。藤原宮・平城宮では宮城の周りに濠と木塀ないしは築地塀をめぐらして一応の防備体制を整え，宮城と天皇の警護は衛門府・左右衛士府・左右兵衛・中衛府が担当する。彼らの勤務状況を伝える木簡などが発見されているが，官司内の構造については不明である。

　7世紀の飛鳥の諸宮や藤原京，あるいは8世紀の平城京には城壁などの特別な防御設備を設けていない。防備といえば都城の所在する奈良盆地自体が大きな要塞であり，外域から盆地に通ずる四方の幹道を確実に守備することによって，首都の守りが貫徹できると考えたのかもしれない。天智朝の大津京遷都も，同様な思考により都城を瀬戸内から隔絶する琵琶湖畔に設定することにより大陸からの侵攻を防備できると考えたのかもしれない。さらにいえば，この段階において中央集権の天皇政府を脅かす強力な地方勢力が畿外に存在しなかったことが最も大きな理由であり，『日本書紀』によれば畿内の政権内部の権力争奪による内紛が武力を伴った場合に内乱や叛乱が起こる。

古代の山城　7世紀の日本政府は，唐・新羅連合軍の渡海による侵攻を真剣に受け止めた。白村江の戦いに敗れた百済・日本軍は，敗戦の663年から極めて短期間の内に，対馬・北部九州・瀬戸内をへて畿内に至るまで，百済人の指導によって朝鮮式山城を急遽建設した。とくに本土上陸が予想される博多湾沿岸部では大宰府を守る水城・大野城を中心にする防御網を密にして周辺の峰々に山城を展開している。山城は険峻な丘陵を石積みの城壁で囲い要所要所に望楼・倉庫・城門などの施設を配置する巨大な土木建造物であり，巨石の運搬やその構築法が6世紀から7世紀にかけての横穴式石室古墳に築造技術が見られるとはいえ，どの山城を見てもかつての日本には存在しなかった大土木技術であり，朝鮮半島の山城にくらべても遜色のない仕上がりである。

　山城の存在は当然のことながら，この防御施設を維持管理し一旦緩急あらば即座に戦時体制に移行できる常備軍を維持しなければならない。つまり，8世紀の法律で規定されている防人や軍団の組織が準備されていなければ，山城は機能しないのである。唐，とくに新羅との緊張関係は，8世紀を通じて存在しており，その間に山城は修理と整備を繰り返し，莫大な国費を投入しながら，防人が廃止される795年，あるいは大宰府兵が廃止される826年頃までは存続したものと思われる。しかしながら，これまでの調査範囲では兵士が常時屯衛したことを示す密度の高い生活痕跡はなく，出土遺物もきわめて希薄なので，平時は閉鎖されていた可能性が強く，いうまでもなく実戦に利用した記録もない。

城　柵　日本の勢力が朝鮮半島からはじき出された7世紀前半，日本政府は蝦夷が住む本州の東北方面，つまり太平洋側では宮城県北部から岩手県，日本海側では秋田県以北で，領土の拡

張に勢力を注ぐ。斉明朝に阿倍比羅夫が船団を組んで探検した日本海側での遠征は，最終的に粛慎の住む渡嶋まで達し，北方進出への足がかりをしるした。

西日本の山城は逃げ城ともよばれ，籠城を前提にして攻防する防御施設であるのに対して，城柵は領土拡大の前進基地であった。7世紀後半から9世紀に及ぶ時期の城柵は20カ所確認されており，その占地や構造はそれぞれ異なっているものの，原則として丘陵や台地を選んで中心区画を設けて方形にめぐらす築地塀で囲み，正殿と脇殿からなる大型の掘立柱建物で構成する政庁をもうけて内郭とする。その外側に広い範囲を設定して築地塀で囲む外郭とし，そこに兵舎や工房の竪穴式住居がある。政庁区の建物配置は，国庁や郡衙と共通しており，行政の拠点としての性格を備えている。外郭の状況は，軍事基地としての性格が強く必ず築地（あるいは木塀）をめぐらし，ときには大規模な濠をめぐらすこともある。外郭で発掘される遺構では武器の製作工房や兵士の住居などが顕著であり，城柵を維持し租税を取り立てる文武官人のほか，東国から移住してきた柵戸・兵士・役夫などの居住空間である。

城柵の建設が本格化する8世紀には，日本海側と太平洋側の二手に分かれてこの事業が推進されている。日本海側では越後国の北に出羽国を設立し，大河川の河口に建設し秋田城が最北となる。太平洋側では陸奥国と北方に拡張し，宮城県北部から北上川をさかのぼる地域に建設し志波城が最北となる。また陸奥国と出羽国をむすぶ横手盆地に城柵を増置した。多くの城柵のなかで多賀城が中核的な役割を担い，陸奥按察使・鎮守将軍が駐在し時には陸奥守を兼ねることがあった。日本海側では，秋田城が重要拠点の役割を担った。

城柵の支配地内で生活する蝦夷を俘囚とか夷俘とよび，たびかさなる彼らの激しい抵抗と城兵による鎮圧は史書に記録され，蝦夷の集落も発掘されている。8世紀段階では城塞的な構えをとる蝦夷の集落は存在せず，墓地の発掘では蕨手大刀・和同開珎・帯金具など日本側との交流をしのばせる副葬品をもつ墓を発見しているとはいえ，墓地のなかで規模が格段に大きくて豊富な副葬品を持つ墓は存在していないという。ところが，9世紀になると丘陵を利用して設置する城塞的な集落が各地で見られるようになり，工藤雅樹はそれを次の4タイプに分類する。

1. 台地状の集落の周囲に環濠，または環濠と土塁・柵などをめぐらすもの。
2. 周囲の平地は湖水面から急峻な崖で隔てられる高地に位置するもの。
3. 比高差200〜300mの山地に所在するもの。
4. 平地との比高差30〜40m程度の比較的低いもの。

第1のタイプが定住性の強い集落であるのに対して，その他はいずれも集落の規模が小さく，長期間の居住痕跡を欠くので戦時体制下の施設であろうが，いずれにせよ要害の地を占拠して政府軍に対して徹底抗戦する蝦夷の果敢な形勢がうかがわれる。他方,「蝦夷は生まれながらに弓馬の戦闘に優れており，その騎射は政府軍の十人が一人にもかなわない」という記録が

あり，本来的に蝦夷には騎馬の習俗がないのであるから，東国から移住した和人たちが蝦夷と結束して政府に抵抗する状況も想定できるのである。

中世山城　古代末の反乱として著名な「平将門の乱」「藤原純友の乱」では，すでに瓦解に瀕している律令政府には常備軍を維持する力がなく，地方の軍事貴族とそれに追随する武力集団が政府軍に代行するというかたちをとって鎮圧せざるをえない状況であった。律令政府の間隙をぬって次第に勢力を増強してくる武士団の台頭は，その勢力圏をめぐってしばしば私闘を繰り返し，その際には領主の館とそれに従属する「与力の小宅」や「伴類の舎宅」を襲撃し掠奪・放火する戦法が取られたという。領主の館は方形居館として濠や土塁で囲む屋敷跡が発掘された例も少なくないが，基本的には領主間の私闘に備えるためであり，大規模な合戦を前提にする施設とはいえない。

国土を二分した源平の合戦は基本的には野戦と海戦であり，攻城戦はない。源頼朝の平泉攻略や新田義貞の鎌倉攻撃にしても，防衛の側は自然地形の要害に依拠して臨時的な防御施設を設けるにとどまり，難攻不落を意図した恒久的な城郭を建設して長期戦に備えたという記録はない。

モンゴル襲来に備えて鎌倉幕府が1276年に構築し1342年頃まで「異国警護役番」によって修理・警備されてきた元寇防塁（石築地）は，博多湾沿岸で約20kmにわたって建設した永久的な石の城壁である。これは日本人が外国からの侵略に対応した2回目の防衛線であり，本格的な侵略戦争に備えた数少ない中世の戦争記念物といえよう。

国土を二分して覇権を競い合った南北朝時代では，全国の武士団は自らの存続をはかるため，日常的に戦備を整え防御に専心して長期化する戦争に備えた。その間に足利幕府は安定するが，国人領主を巻き込みながら守護級の有力武将間における抗争が激化し，小規模な城塞が次第に守護大名の本城へと成長を遂げ，最後には戦国大名の居城へと移行する。この過程において，城が臨時施設から常設の施設へと移行したと考えられている。中世の城は曲輪・柵・塀・櫓などをもうけた恒常的な軍事施設であり，戦乱の落とし子として雨後の竹の子のように全国的に蔓延した。中世城郭は周囲に濠をめぐらした館から発達する平城と山地の自然地形を利用した山城とに大別されているが，これまで中世城郭の調査は表層的な地形観察を中心に行なわれてきた。しかし，近年では発掘調査例も次第に増加し，城郭ごとの詳細な検討が可能になりつつある。

肥大化する山城は，戦国時代になると居城（本城）を中核にして，その外縁に地理条件に見合った機能を付与するところの支城を多数配置することによって領域の防衛網をより確実なものにしていく。このような状況は，弥生時代以降途絶えていた丘陵・山岳の大々的な開発を全国規模で遂行する結果になったのである。初期の中世山城には巨石の石垣などを設けておら

ず，また山岳の立体的な起伏を重視して縄張りすることなどから，古代山城と直接の関係はなく，武士集団の長期にわたる戦争体験のなかから創造し発達させた日本独自の防御施設であると考えられている。

[4] 運搬と交通

　運搬と交通の問題は，人々の生活全般に関わるもので戦争固有の道具や施設ではないが，それらは戦時体制の下で戦局に計り知れない影響をおよぼす。ここでは原始古代に限って考古学的な側面から「運搬と交通」に関連する遺跡遺物の事例を列挙しておく。

船　舶　各地の縄文時代遺跡から発見される丸木の1木を割り抜いた丸木船が，日本における原始古代船の基本となり，弥生時代の絵画資料に見られる櫂でこぐゴンドラ式の船も丸木船であったと想定されている。古墳時代になると，埴輪・埴輪に描かれた絵画・実物の一部などによって，丸木船を船底湾曲部の部材としてその上部に舷棚を取り付けた準構造船を作ったことが，ほぼ確実視されている。絵画には船上に矢倉のような建物や帆柱などが見られ，古墳の壁画には多数の馬を乗船させている情景も描かれている。7世紀の白村江の戦いに前後して170隻の船舶，10,000人におよぶ兵員を派遣していることから，かなり大型の船舶が存在したものと思われる。さらに8世紀の遣唐使船では普通240〜250人の人員を4隻の船で運んでいることからして，1隻当たり100人程度が乗船しうる大型船を作って東シナ海を渡ったことになる。

家　畜　馬は機動力のある兵器として，5世紀の倭国では騎馬による装備が急速に進行する。いうまでもなく騎馬の風習は倭国に存在せず，この時期に意欲的に朝鮮半島から移入し，短期間の内に全国規模で拡散している。良馬を得るために近畿を中心に牧を設けたことは文献にも見えるが，長野県伊那地方では馬を殉葬する5世紀の古墳がいくつか発見されており，近くに牧場が想定されている。騎馬の存在は貨物を転送する駄馬の存在をも暗示しており，8世紀の律令制では主要な運送手段として位置づけられている。

　牛はおそらく馬と同時に移入されたであろうが，存在が確認できるのは6世紀からである。牛形埴輪やカラスキ・マグワ・軛など木製農具によって農耕用の役畜として使われたことがわかる。中国の南北朝時代には荷車や乗用車にもっぱら牛が用いられ，高句麗の古墳壁画や新羅の土器に牛車や車を表現する例がある。日本列島では，5・6世紀に荷車や乗用車を使用した痕跡を発見していないが，平城宮の土地造成に際して残された轍の痕跡によって7世紀には荷車が使用されていることが確認でき，また車輪の部品も発見されている。おそらく7世紀になって，隋唐の牛車が導入されたのであろう。

道路と運河　6世紀以前に遡る道路の発見例もあるが，本格的な道路は7世紀以降に属する。

飛鳥の諸宮を結ぶ道路，藤原京・平城京・長岡京・平安京など都会の条坊制道路，諸国の国庁・郡衙を結ぶ幹線官道で確かめられている。道路はその左右側溝を設けることによって認定でき，条件がよければ盛り土や舗装用のバラスを留めることがある。律令制の下では幹線官道には駅舎を設けることになっているが，駅舎に想定できる遺構も発見されている。斉明朝の656年に，奈良県天理市の石上山から飛鳥にいたる運河を開き石材を運んだと伝えられる「狂心の渠」らしい川の痕跡が飛鳥池遺跡で発見されている。人々が集住する京域には洪水から宅地を守るために自然の河道を整備したり，人工的な堀川を開削しているが，これは排水だけではなく物資を運搬する運河としての機能をも担ったようで，平城京では東西2本の堀川に接して二つの市が設定されている。

筏 古墳時代では石棺や石室の材料として，九州の阿蘇系砂岩や兵庫県の竜山石という凝灰岩が畿内地方に転送されて大型古墳に利用されている。事実，7世紀の藤原宮造営瓦が瀬戸内の香川県で製作されていること，あるいは7・8世紀に奈良盆地に建設した宮殿・寺院の建築用材が筏で運ばれている状況からすると，輸送手段として船舶だけでなく筏の利用も想定できる。

[5] 戦いの理由

渡来人 埴原和郎は「弥生時代の渡来民（北九州型）の起源は中国の中南部ではなく，中国北部や蒙古地方をも含む北東アジアという可能性が強い」といい「渡来人の数は"無視しうる程度"どころでなく，想像以上に多かったと考えなければ説明がつかない」とのべており，この説は多くの人たちに支持されている。とはいえ，渡来人の特徴を備えていない縄文人の子孫も，九州では西北九州型として存在している。

韓国における近年の考古調査によれば，弥生人が日本列島に定着させた稲作りの農業経営・集落形態・墓制などの社会現象が，原三国時代の朝鮮半島に展開した社会生活のコピーであることはいっそう確実性を増しており，金属製の武器を使って交戦する戦闘形態も例外ではない。さらに源流を遡ると，原三国時代を特色付けている青銅器や巨石で構築する積石塚・支石墓あるいは丘陵上に形成する城塞的な集落などの原風景は，中国の遼寧・内蒙古地方に形成された夏家店上層文化に見いだすことができる。とはいえ，遼寧地方から日本列島に至る間に伝達されない文化要素（例えば火葬の習俗）もあり，民族の内容も同一とは言い難い側面もあるが，弥生人の胎内に宿る東北アジア農耕民の遺伝子が日本列島において結実したことは間違いあるまい。であるから，原三国時代と弥生時代の青銅器には中国遼寧地方の要素を色濃くとどめているのであり，今では知る手がかりがないが戦争形態にも共通する部分が少なくなかったであ

ろう。

　渡海した韓族を祖とする弥生人と列島に先住する縄文人との間で，上手く住み分けができたであろうか。弥生時代初期の遺跡からは在地の縄文土器が弥生土器と混在しており，弥生人と縄文人とが急速に同化していく過程が推測されるとともに，縄文人の生業も稲作りへの転換が余儀なくされたと見るべきである。このような事態の中では，先進的な生産体制を金属製武器で守る弥生人が縄文人に比べて有利であり，土地を占有したり労働力（生口―奴隷）を確保するため新来の弥生人が縄文人を武力で威嚇したことは想像に難くない。

　こうしたことから，この時代の戦争には，縄文人に対する征服戦争，拠点集落と傘下の小集落で構成されるクニ内部の戦争，隣接するクニとの間で行なわれる勢力圏拡大の戦争が予測される。当然のことながら時をへるごとに戦いの規模が拡大し，最終的には高地性集落で象徴される「倭国大乱」に至るのであろう。

　大陸系の農耕文化を移植した弥生文化が極めて短期間に日本列島の沿岸を駆け抜け，それぞれの地域で定着し土着化する現象を容易に認めることができる。だから，北部九州で起こった異文化間のあつれきが，列島の各地で再現されたと見て大過あるまい。渡海した韓族が在来の縄文人と混血した人間集団は新しい土壌で固有の文化をはぐくみ，おそらく前1世紀段階では，漢人の眼で韓文化と区別でき似て非なる文化を創造した人たちを倭人と呼んだのであろう。それが弥生文化である。かくして，弥生時代中頃の北部九州では原始的な幾つもの小国が誕生し，そのなかの1国である奴国の王は57年に後漢の光武帝から「漢委奴国王」の金印を賜わり，彼の子孫は107年に生口160人を貢納しうるまでに成長したのである。

鉄の確保　弥生時代の銅剣・銅鐸類の原料になる銅ないしは青銅について，国産か移入かという点において議論が分かれるところであるが，盾の装飾としての巴形銅器，儀器化した銅剣・銅鐸・鏡などの祭祀具は量産するとはいえ，その供給に限りがあり宝器ともいうべき限定的な産品であった。ほぼ同時期に存在する農耕具や武器としての鉄器は生産と武力の中心となる消費材であり，その所有規模が農業生産の効率や武力の優劣に直接投影されることになる。当時の日本列島内で砂鉄による製鉄が行なわれた可能性も考慮しなければならないが，列島内の大量需要にとうてい応えられなかったはずである。そうしたことから当然朝鮮半島からの移入に頼らざるをえず，原料鉄の安定供給を目的とする交易権の確保が支配階層の関心事になる。

　朝鮮半島との交易は弥生時代前半までは北部九州で小国を支配する首長層が独占するところであったが，3世紀段階には小国を統合した邪馬台国に帰属したと考えるべきである。邪馬台国は朝鮮半島の権益を確固たるものとするために，239年（景初3年）には，そのころ韓人や倭人との交渉窓口になっていた帯方郡をへて魏の首都洛陽に使者を送り，魏皇帝に対して国家の存在を認知させ，「親魏倭王」の称号と印綬を授かったのであった。その際の献上品のなかに奴

隷である「生口」が含まれていることは，依然として奴隷鹵獲の戦争とそれを必要とする農業経営が存在したことを暗示している。

議論が紛糾している邪馬台国の所在について深入りする余裕はなく，ここでは奈良県に所在したことを前提にして論を進めている。環濠集落，高地性集落などから想定できる倭人同士が争った長期間の戦「倭国大乱」は，まさに国内戦争というべきもので，この過程をへることによって国際的に認知をうける倭人の国家が誕生したのである。

邪馬台国が九州首長連合の東征によって成立したものか，畿内首長連合の発展形態とみるかという大きな問題があるが，いずれにせよ卑弥呼政権が九州の旧首長層から鉄・銅の交易権を奪取するに際して各種の懐柔手段がとられ，武力による威圧や実力行使も当然のことながら大きな役割を果たしたであろう。その際，小平野ごとに小国が乱立し過去のしがらみが複雑に絡みあった北部九州の部族社会よりも，広大な平野が展開する大阪湾・淀川水系，奈良盆地を枢軸とする近畿のほうが，社会体制が単純であり地勢的にも統合は有利であったのであろう。また民族学者がいう，「貴重品が少ないところで政治的な権力が発達する傾向がある」という意見にも傾聴すべきである。

東アジアの混迷 316年に西晋が滅び漢族王朝の支配が消滅すると，中国大陸では周辺遊牧民と内陸部の漢人とが混在する国家が興亡し，いわいる「五胡十六国」の時代が始まった。東北地方で建国した鮮卑族の慕容氏は内地の漢人たちを出身地ごとの支配地に配置して，知識人を政治に参加させた。前世紀に曹魏によって壊滅的な圧迫を受け，北方に逼塞していた高句麗も南下し，西晋時代の漢人植民地を傘下におさめようとし，燕王を称する慕容氏（前燕）との間に遼東の領有権をめぐって熾烈な攻防戦を繰り返し，342年には高句麗の首都である丸都が燕軍によって占領された。しかし，好太王（広開土王）以後の時代になると遼東は高句麗の領域に含まれ，土着化した漢人の知識人と農民を吸収するのであった。当然のことながら，混乱は朝鮮半島にもおよび，高句麗が楽浪郡をおさえ，もとの帯方郡によった百済が371年には平壌で高句麗王を戦死させる事件も起こった。そのころ，新羅も自立し漢族支配の桎梏から解き放され，伽耶地方でも民族運動が高揚し小国の樹立をめざすことになった。弥生時代から韓国金海地方に勢力を培養していた倭も百済・伽耶諸国と同一歩調をとることにより，民族国家としての装いを新たにする。

中国吉林省集安にある好太王碑文には，391年から倭の軍隊が百済に追従して高句麗・新羅と交戦した様子が描写されている。つまり，倭の国家統合の契機は朝鮮半島における民族国家の樹立と呼応するものであり，軍備の拡張は国内における攻防よりも朝鮮半島への遠征を意図して促進されたのである。このようにして，倭国は民族的な国家統合が進んでいない伽耶諸国のなかに紛れ込み，高句麗・百済・新羅が推進する領土獲得戦争の渦中に身を置き，火中の栗

を拾うのであった。

民族王朝の樹立　近年になって著しく類例を増加している伽耶地方における倭国の様式にもとづく前方後円墳・埴輪・筒形銅器・滑石製祭祀具など遺跡・遺物の発見は，倭人が伽耶地方においてかなり長期にわたって定着していることを伺わせている。また玄界灘に浮かぶ沖ノ島における倭人が渡海の安全を祈願した祭祀遺跡もこのころから始まっており，倭人が本格的かつ定期的・組織的に朝鮮半島に進出して，邪馬台国以来の権益を固守し隙あらば権益を拡大する機会を虎視眈々とねらう情景を浮かび上がらせる。

　倭の軍隊構成は，『日本書紀』の伝承などによると，畿内を中心とする倭王直属の軍隊と地方氏族の軍隊による混成部隊であり，軍備の負担も倭王と出征する氏族が分担したらしい。しかしながら，軍隊である限り将軍から兵士に至るまでの厳格な階層序列が必要であり，それによってピラミッド形の指揮系統が要請され，倭王に臣従する王族や有力氏族の間にも自ずから序列がつくことになる。そして，倭人の全体に君臨するのが王の中の王である「大王」であった。大王を頂点とする軍事組織の片鱗は，支配者の死に際して造営された前方後円墳の規模と副葬品の多寡によって推測できる。なぜなら，東国から西国にまたがって地方を支配する地方豪族の古墳と，奈良盆地や大阪湾沿岸に集中する倭王陵をふくむ巨大古墳群との間には，墓の大きさや副葬品の内容によって質量ともに埋めることのできない格差が厳然として存在するからである。

安東将軍倭王　4世紀の大型古墳の被葬者が，祭祀具としての銅鏡や玉製品の宝器類を身辺に集積する神官としての風貌を色濃く保持しているのに対して，5世紀の被葬者は鏡や玉器の副葬を減少させ，武器武具・馬具を集中する武人としての性格を赤裸々に露呈している。倭王は高句麗王・百済王の先例にならって，中国南朝に入貢し中国の皇帝から認知された「安東将軍倭国王」もしくは「安東大将軍倭国王」の称号を後盾にして，国際外交と国内政治を遂行するしたたかな権力者であった。

　倭大王の主導の下で武力を背景にして熾烈化する朝鮮半島の領土獲得戦争に積極的に参画し，その果実としての鉄素材を獲得したのであろう。豊富な鉄器によって日本列島における水田農地を拡大し生産性を向上させたであろうことは，空前絶後の規模を誇る大王陵の建設や灌漑水路網の整備によってうかがうことができる。ところが6世紀の領土獲得戦争の後半期になると，伽耶諸国が百済と新羅に併合され，倭の権益が根底から失われ，鉄素材の移入は著しく困難になり，海外からの資源獲得に変えて倭国内での鉄資源開発を進めることを余儀なくされたのである。

　5世紀から始まる鉄素材から農具や武器・武具を製作する技術は，初期須恵器窯あるいは7世紀の瓦窯が地方へ技術移転されたのと同じように，倭王の技術部民を地方豪族に贈与する形

で行なわれたのであろう。地方においても鉄器生産の基盤がかなり整備される6世紀では，国内産の鉄素材の分配をめぐって，倭王朝と地方豪族との間で内紛が起こる場面も想定されよう。しかしこの局面を，倭王朝は巧妙な豪族支配によって回避したようである。

　というのは，6世紀後半に群集墳が全国規模で急速に展開するが，それは倭王朝が地方勢力を大豪族と中小の豪族とに分断して，後者を倭政権直属の官人として懐柔した結果ではないかと想定されている。そして，中小の古墳からしばしば発見される見栄えだけを重視した金銀装の大刀は，中小の地方豪族が王権に従属した印として賜与されたものと考えられている。その間に「磐井の乱」のような内乱をくぐり抜け地方豪族の権益を巧みに奪取しながら，倭王朝の中央主権化への布陣は着々と進み，大化改新の頃には中央政府に対して公然と反抗する地方豪族は存在しなかった。

中央集権国家　伽耶地方での拠点を喪失した倭は国名を日本国に改め，百済と提携して再起を願うが663年の白村江の戦いで敗北したばかりか，唐・新羅連合軍の来襲に備える国土防衛線を構築することを余儀なくされ，内政面ではそれと前後して，大化改新，壬申の乱という内乱を経過し，軍国主義的な連合国家から天皇と貴族による中央集権国家への道を模索する。中央政府の貴族によって地方を統治させ国家の常備軍を安定的に確保するのである。常備軍を配備する理由として，新羅からの脅威があげられよう。新羅との緊張関係は7・8世紀を通じて持続し，海外派兵寸前の非常事態も幾度かあった。こうしたなかで藤原広嗣の乱や藤原仲麻呂の乱のような政権内部の抗争が国軍によって鎮圧されている。

　理由のもう一つは，天皇の国家を中国の王朝にならって倭人の生活圏を中華に位置づけ，列島の南北に生活する人たちを隼人，蝦夷と呼んで王化に浴さない人たちとして見下し，彼らの居住地域を中華に編入する事業を大々的に興した。要するに朝鮮半島では果たせなかった征服戦争を列島内で挙行するのである。

武人集団の勃興　約200年にわたって膨大な軍事費を消耗して推進してきた東北地方の開発は，日本国の領土を北方に拡張することになったが，その過程でたくましく成長した軍事を専業とする武人集団を強化し，行き着くところ天皇と貴族の政治体制を崩壊させる原動力を培養する役割を果たした。武人集団は各地で王権を蚕食し，ときには武人同士の私闘を繰り返しながら成長し，軍事貴族を盟主とする封建的な領主へと脱皮する。

　武力を背景とする武人集団が天皇制の枠内において集団の権力を行使したのが平氏の政権であり，源氏が平氏政権を奪取するとともに天皇の王権を有名無実にし，階級戦争ともいえる全国規模の戦争が源平の合戦であった。戦勝を期にして源頼朝は鎌倉幕府を開き全国的に覇権を確立するが，武人集団は棟梁が征夷大将軍という律令制の官人組織に任官することを前提にして開く幕府によって成り立っているのであるから，革命によって天皇の国家を否定することは

ありえず，ここに武力を失った天皇と武力に裏打ちされた将軍とが国土を分有するという奇妙な二重構造の政治形態が出現したのである。

参考文献

大阪府近つ飛鳥博物館編 1997『「軋轢」と「交流」 古代律令国家とみちのくの文化』大阪府近つ飛鳥博物館図録 13.
大林太良編 1984『日本古代文化の探求 城』社会思想社.
工藤雅樹 1998『古代蝦夷の考古学』吉川弘文館.
杉山正明 1997『遊牧民からみた世界史』日本経済新聞社.
都出比呂志編 1998『古代国家はこうして生まれた』角川書店.
都出比呂志・田中琢編 1998『権力と国家の戦争』古代史の論点 4, 小学館.
野田嶺志 1984『律令国家の軍事体制』吉川弘文館.
埴原和郎 1997『日本人の骨とルーツ』角川書店.
福井勝義・春成秀爾 1999『戦いの進化と国家の生成』「人類にとって戦いとは 1」 東洋書林.
福田豊彦編 1993『中世を考える いくさ』吉川弘文館.
村田修三 1998「城―中世」『世界大百科事典』CD-ROM 版 日立デジタル平凡社.
油井大三郎 1997「世界史のなかの戦争と平和」『岩波世界歴史 25』岩波書店.
横浜市歴史博物館・(財)横浜市ふるさと歴史財団埋蔵文化財センター編 1998『兵の時代―古代末期の東国社会』.
ロジェ・カイヨワ 秋枝茂夫訳 1974『戦争論 われらの内にひそむ女神ベローナ』法政大学出版局.

2 倭国大乱の考古学

酒井龍一

　中国文献に登場する「倭国乱相攻伐歴年」(『魏志倭人伝』)・「桓霊間倭国大乱更相攻伐歴年」(『後漢書倭伝』)・「桓霊之間其国大乱更相攻伐歴年」(『隋書倭伝』)などの文言は，日本列島西半において弥生時代から古墳時代への移行期（Y-K変成期）に，大規模かつ長期の争乱が発生した可能性を示唆する。いわゆる「倭国大乱」は，邪馬台国の女王・卑弥呼が登場する契機となった歴史学上の有名な出来事である。

　一方，考古資料や考古事象の観察に努める考古学では，この出来事に関心を示しつつも，実際には熱心に解明に努めてきたわけではない。だが近年，地球上各地での紛争や，激変する社会に身を委ねる研究者自身の心情を反映してか，倭国大乱も含め，弥生戦争全般の考古学的研究が活発になってきた。その現状は，「戦争と考古学」を統一テーマにした考古学研究会第41回大会 (1995年) で総括され，加えて横浜市歴史博物館による特別展『弥生の"いくさ"と環濠集落』(1995年)，国立歴史民俗博物館による特別展『倭国乱る』(1996年) や『人類にとって戦いとは』1〜3 (1999年)，大阪府立弥生文化博物館による特別展『卑弥呼誕生』(1997年) などでは多くの関係資料が収集展示されてきた。

　本稿では，弥生戦争全般の考古学を紹介しながら，「倭国大乱」と考古資料や考古事象との対応関係の把握に努めたい。

[1] 第一次・第二次大乱・狗奴国戦

　通例，「倭国大乱」の用語は，邪馬台国の女王・卑弥呼共立の契機となった「桓霊の頃」(西暦147〜188年)，すなわち2世紀後半の争乱を指す。これを，便宜的に「第一次大乱」と仮称する。

『魏志倭人伝』には別に，西暦247年頃と推定される卑弥呼の死後，「更立男王国中不服更相誅殺当時殺千余人」の記述をみる。この争乱は，次の女王・壹与共立の契機となったもので，先の卑弥呼共立のシナリオと共通する。そこで，これを「第二次大乱」と仮称する。ただし，後者には「大乱」の語が付記されているわけではない。また前者が「暦年」と説明され，長期にわたる可能性があるに対し，後者は短期の可能性もある。一説では卑弥呼の死去は西暦247年頃〔大阪府立弥生文化博物館 1997 p.17〕，また共立後の壹与による西晋遣使が266年なので，後者はその頃に発生したのだろう。文言による限り，両大乱の様相の大差はうかがえない。なお邪馬台国の所在地に関し，論を進める上で「畿内説」をとるが，考古資料によって確証されたものではない。

さらに『魏志倭人伝』には，二度の大乱とは別に，正始8年（西暦247年）に「倭女王卑弥呼狗奴国男王卑弥弓呼素不和（略）相攻撃」の記事をみる。これは，第二次大乱の以前，卑弥呼在任中に狗奴国と争乱状態にあったことを示す。相手国を限定したこの争乱は，「倭国大乱」や「国中不服」が示す様相とは異なる。なお，狗奴国を東海地方とみる意見もあるが，未確定である。この3世紀中頃の争乱を，「狗奴国戦」と仮称する。

[2] 弥生時代～古墳時代の時間枠組

暦年が明記される場合が多い文献資料と違って，考古資料にそうしたことが希か皆無である。したがって，考古資料や考古事象に対する年代観は，研究者個々で異なることが多い。こうした基本的な問題点も内包するが，文献上の出来事に考古資料や考古事象を的確に対応させるには，まず正確な時間枠組（年代観）の設定が前提となる。だが，これ自体が難しいのである。年代の相異なる歴史事件と考古資料や考古事象を対応させると，当然ながら，無意味な混乱を招くだけの結末となる。

今日，一般的な時間枠組とはどのようなものか。本稿では，国立歴史民俗博物館〔1996〕による枠組案を採用し，これを前提に論議を進めたい。したがって，この年代観と大きく異なる立場に立てば，以降の論議も異なる結果となる。同案では，弥生時代から古墳時代にかけて，土器編年をタイムマーカーとして7期（様式）に時期区分し，下記のように，各期に対し一応の暦年観（仮説年代）を与えている。ここで「一応」と明記したのは，この枠組を採用しても，実際には，弥生早期の開始時点では「数百年」程度，また古墳時代の開始時点では「数十年」程度の範囲でファジーに理解しておく必要がある。そもそも，各期に対して正確な暦年を与える考古資料は少ないのである。

近年，大阪府池上曽根遺跡で，第4様式の土器を伴う巨大建物が「西暦前56年・52年」（光

谷拓実の年輪年代測定）に伐採された柱を使用したことが判明し，この発見が，「4期≒後1世紀」という従来の年代観を，「4期≒前1世紀」という新たな年代観へと変更を示唆する実例となったことは記憶に新しい。今日，暦年観が大きく変動中である。

こうしたことを頭に置きながら，時間枠組と対応させると，「第一次大乱≒5期（弥生後期）の後半」，「狗奴国戦≒6期（弥生末期）の中頃」，「第二次大乱≒6期（弥生末期）の後半」という図式的な関係を得ることになる（国立歴史民俗博物館案）。

　　弥生早期　　（0期）前5～3世紀
　　　前期　　　（1期）前3～2世紀
　　　中期初頭　（2期）前2世紀
　　　中期中頃　（3期）前2～1世紀
　　　中期末　　（4期）前1～後1世紀
　　　後期　　　（5期）後1～2世紀　　　≒第一次大乱（5期の後半）
　　　末期　　　（6期）後3世紀　　　　≒狗奴国戦と第二次大乱（6期の中頃と後半）
　　古墳前期　　（布留）後3世紀後半ないし末～4世紀

実際の研究者個々はどうみているのか。倭国大乱に強い関心をもつ研究者の見解を確認しておく。ついては，北部九州を代表する橋口達也（a），畿内を代表する都出比呂志（b），文献史学を代表する吉田晶（c）の見解をとりあげる。

　(a)　桓・霊の間倭国大いに乱るとされたいわゆる倭国大乱は北部九州における後期後半，畿内においてはⅤ様式の後半頃に相当することはほぼ間違いないものと考える〔橋口　1995　p.72〕。

　(b)　では「倭人伝」に伝える二世紀末の動乱はどのようなものでしょうか。この時期は弥生時代後期後半にあたります〔都出　1998　p.35〕。

　(c)　考古学の成果によって弥生Ⅴ期末にあたるこの時期，北部九州から関東地方におよぶ列島の主要部に，軍事的緊張関係の存在したことを知ることができる〔吉田　1996　p.180〕。

三者の認識を比較すると，第一次大乱が，「後期（5期）の後半」に対応するという見解で概ね一致している。これを一般的な見解とみておく。したがって，第一次大乱には，弥生後期（5期）の後半の考古資料や考古事象を対応させる必然性が明らかとなる。なお，狗奴国戦や第二次大乱への言及は少ないが，第一次大乱の位置づけを踏まえれば，末期（6期）の中頃および後半と理解しても重大な問題は生じないだろう。いずれにしても，それらの争乱は，弥生時代から古墳時代への移行期後半に位置することは明らかである。

[3] 社会変成過程における倭国大乱

　倭国大乱が，弥生時代から古墳時代への移行期のどこに位置するかを整理しておこう。

　そもそも，弥生早期から前期にかけ生成した弥生社会全体は，前期末〜中期初頭には，大型甕棺墓に象徴される階層的な北部九州社会と，方形周溝墓に象徴される等質的な畿内社会を両極とする社会構造体として確立した。この構造体は，中期初頭から中期末までの数百年間は基本的には維持された。この間に，弥生社会の構造変化が発生したと評価すべき重要な考古事象は確認できない。

　　　弥生早期　　（0期）　弥生生成前半＋縄文解体前半
　　　前期　　　　（1期）　　生成後半＋　　解体後半
　　　中期初頭　　（2期）　構造維持
　　　中期中頃　　（3期）　構造維持
　　　中期末　　　（4期）　構造維持
　　　　　　　　―A点―
　　　後期　　　　（5期）　解体前半＋古墳生成前半　≒第一次大乱
　　　　　　　　―B点―
　　　末期　　　　（6期）　解体後半＋　　生成後半　≒狗奴国戦・第二次大乱
　　　　　　　　―C点―
　　　古墳前期　　（布留）

　構造維持をしてきた弥生社会が明らかに構造変成を開始するのは，「中期末と後期の境目前後（A点）」である。このA点を前後して，これまで弥生社会全体の両極として機能してきた北部九州と畿内の両社会は，明らかに激動の時代へと突入していく。考古学的に言えば，畿内では，弥生社会の解体化を明示する次のような諸現象が一挙に発生する。北部九州で大型甕棺墓の急激な衰退が始まるのも，この頃である。同時に，それまで両社会と比べて存在意義の小さかった各地，とくに吉備・出雲・越・尾張などの地域社会が独自の文化的・社会的・政治的特性を発揮し始めるのである。

　　　拠点集落の解体化
　　　環濠埋没や掘開の急減
　　　高地性集落設営の急増
　　　短期移動集落の急増
　　　方形周溝墓造営の急減

石器の消滅（鉄器への転換？）
　弥生土器系譜の断絶
　青銅祭器類の急激な大型化
　その他

　A点に始まる弥生社会の変成過程は，次の「古墳社会の確立する時点（C点）」まで200年間強は継続する。この過程が社会変動が顕著な「Y―K変成期」である。そこでは，弥生社会の解体にかかる様々な現象（ネガティブ現象）と，古墳社会の生成にかかる様々な現象（ポジティブ現象）が発生する。例えば，本格的な前方後円墳の祖形となる各種墳丘墓造営の急増や，鉄製武器副葬の増加などは，次の古墳社会の確立に向けた重要なポジティブ現象である。この変成過程は，弥生社会の解体化が顕在な「前半期」と，それが次第に沈静化し，逆に次の古墳社会の生成化が顕在な「後半期」に区分できる。その中間点が「B点」で，第5期と6期の境目に該当する。

　こうした酒井モデル〔酒井 1996〕では，第一次大乱は，弥生社会の解体化が進行し，同時に古墳社会の生成化が表面化し始める中間B地点付近に位置する。また，狗奴国戦と第二次大乱は，古墳社会の生成過程の後半期に位置する。概して言うと，第一次大乱は弥生社会の様相がかなり消失した時代，第二次大乱は古墳社会の様相が極めて濃くなった時代に該当する。

　弥生社会の変成開始点＝A点（4様式と5様式の境目）
　　　前半期（弥生社会の解体現象が顕著）
　　　中間点＝B点（5様式の末）　　　≒第一次大乱
　　　後半期（古墳社会の生成現象が顕著）　≒狗奴国戦・第二次大乱
　古墳社会の確立明確点＝C点（最古の布留式）

［4］　倭国大乱と古墳時代

　倭国大乱が古墳時代に入る可能性はないのか。とくに第二次大乱がその直前となると，古墳時代の開始時点の暦年観いかんで可能性も出てくる。研究者一般は，古墳時代の開始時点をどうみているのか。次の3項目を概観する。

　第1　古墳時代開始を指標とする問題
　第2　時期区分（土器様式）の問題
　第3　暦年観の問題

　今日，第1は，最古の本格的な前方後円墳「奈良県箸墓古墳」の出現をもって古墳時代の開始とみる見解が主流である。第2は，箸墓墳丘上の供献土器を「最古段階の布留式」とみる見

解が主流である。かつて「庄内式（6期）」とみる見解もあったが，今や少数派となった。ただし，墳丘上の土器は古墳時代の布留式でも，箸墓古墳自体の造営は弥生末期＝6期であった可能性は極めて高い。第3は見解が次のように分かれる。

　従来は古墳時代の開始を「西暦300年」前後とするb案が有力であったが，近年，年代を遡らせる傾向が強くなり，「270年」前後とするc案や「250年」前後とするd案が急浮上してきた。いずれにしても，下記の歴年観による限り，第一次大乱は古墳時代の「100年程度前」，第二次大乱は古墳時代の「数十年程度前」というイメージが描けるだろう。なお，箸墓造営キャンプとしての検討も必要な奈良県纒向遺跡は6期（纒向2〜3式が主体）なので，有力なc案から見る限り，第二次大乱はその造営期間に平行する可能性もある。

　　　　a案　西暦320年前後
　△　b案　西暦300年前後
　◎　c案　西暦270年前後　　　箸墓（最古の布留式）
　△　d案　西暦250年前後　　　箸墓造営（6様式）　⇔　第二次大乱
　　　　　　西暦230年前後
　　　　　　西暦200年前後
　　　　　　西暦180年前後　　　　　　　（5様式末）　⇔　第一次大乱

[5]　倭国大乱の考古学

　以上の前提を踏まえて，実際に倭国大乱に関係する可能性がある考古資料・考古事象の把握に努めよう。実は，遺憾ながら，この時点で直ちに重大な障害に直面する。すなわち，今日のところ，倭国大乱以前の戦争に関する考古資料と考古事象は多いのに対し，意外にも，当該期のものは極端に少ないのである。この実情とは裏腹に，『魏志倭人伝』などによって，世間には相当の倭国大乱情報が流布しており，同時に，考古資料もそれを裏付ける感にあるやに思われる。これが大きな錯覚である。その実情を，例えば，積年の考古資料を収集し特別展『倭国乱る』を開催した当事者は，次の明快な言葉で総括する。別に，戦争の考古学の先駆者・橋口達也の言葉もそれを裏付ける。

　　倭国乱前後の戦いについての考古資料は多くない〔国立歴史民俗博物館 1996　p. 81〕。
　　この時期（註・後期後半あるいは5様式末）の戦闘に関係する考古資料としては木製短甲等が類例を増しており，近年の大規模調査の成果によっては戦闘に関する直接的考古学的資料の出土も期待される段階になってきたが資料的にはまだ乏しいものと言える。〔橋口 1995　p. 73〕

「倭国大乱」を標榜する展示や論文で提示される考古資料と考古事象は、「倭国大乱以前」のもの、すなわち弥生早期（0期）〜弥生後期（5期）前半のものが大半を占める。その内実は個々に解説するが、文献上の倭国大乱と考古資料や考古事象が対応しない現実を強く認識すべきである。したがって、「倭国大乱」に振り回される実情を危惧する声が起こるのは自明の理である。ついては、田中琢による的確な感想と提言を紹介する。

　〈感想〉日本考古学における戦いの研究をみてみますと、一つには「倭国大乱」というキーワードに少し振り回されすぎているのではないかと感じられます。〔田中　1995　p. 23〕

　〈提言〉私は、「魏志倭人伝」は、非常に便利で、非常に面白いが、しかし、ちょっと横に置いといたらどうかと思ってます。考古資料で考えられるだけ考えた上でですね。たいていの、研究のやりかたとしては、考古資料であんまり言えんようになると、「魏志倭人伝」利用するんですよ。自分の都合のいいとこだけ、「魏志倭人伝」利用する。あれはやめないかん、と私は思うております。〔大阪府立弥生文化博物館編　1996　pp. 43〜44〕

[6] 弥生戦争のキーワード

こうした認識と提言を頭に置きながら、今日、いかなる考古資料や考古事象が倭国大乱の考古学で重視されているのかを整理する。諸研究を概観すると、主なキーワードは次の7つである。本稿では、高地性集落・環濠集落・戦争犠牲者・武器類に関して概説する。

　A群　1　高地性集落
　　　　2　環濠集落
　B群　3　戦争犠牲者
　　　　4　武器類（石器・青銅器・鉄器）
　　　　5　木製短甲
　　　　6　青銅祭器（鐸形・武器形・中国鏡）
　　　　7　その他（詔書と黄幢）

A　高地性集落

最も「倭国大乱」との関係が強調されてきたのは「高地性集落」である。考古学の立場から倭国大乱へのアプローチは、高地性集落の評価と表裏一体として進行してきたと言える。平野部に位置する各地域の拠点集落に対し、日常生活に不向きな高地性集落をいかに評価するの

か。稲作農耕主体の生業活動を主な機能とする一般的集落に対し，高地性集落の特殊な機能とは何なのか。この疑問が発端となった。

1950～60年代の研究初期には，高地性集落に対する解釈のプロセスとして，「①非日常的性格→②軍事的性格→③倭国大乱」という展開が生じた。別に，高地性集落の「石製武器」を強く評価し，軍事的性格を指摘する見解もあった。1998年の今日，畿内には50カ所近くの高地性集落（中期末～末期）が確認されている。筆者も，大阪府田の口山遺跡（中期末）と鷹塚山遺跡（後期末）の発掘を経験し，両者で鉄鏃など鉄製品が散在する実情を体感したものの，明確な軍事的性格は確認できなかった。

全国的にみても，発掘による機能解明は今日まだ不十分だが，多くの研究者は概ね軍事的性格を認定（他に合理的な仮説が浮かばない）している感が強い。そして，軍事的性格から攻撃的性格の可能性を除外して，「防御の村」（国立歴史民俗博物館）・「逃げ城」（大阪府立弥生文化博物館）あるいは「ノロシ村（軍事的情報伝達ネットワーク）」（都出比呂志）を想定する見解も定着しつつある。同時に，地域ごとの個性的様相を呈しつつも，次のような一般的状況も明らかになってきた。

1　高地性集落は，すでに弥生時代前期に環濠集落として出現した。
2　設営ピークは大まかには2回で，中期末～後期初頭と後期末である。
3　古墳時代になると，原則として設営はみられなくなる。
4　発掘では，明確な軍事的様相を確認できてはいない。

今日のところ，高地性集落と倭国大乱を連結すべく確たる根拠はない。唯一，「高地性集落の設営ピークが後期末頃」にもあり，「第一次大乱が後期後半」という対応関係だけが，わずかな可能性として残されるに過ぎない。

別に，「高地性集落＝第一次大乱」と仮定した場合，先行する中期末～後期頃の設営ピーク（香川県紫雲出・兵庫県会下山・大阪府観音寺山・同小曽部芝谷遺跡など）をどのように評価するかの問題が生じる。概して言えば，中期末～後期初頭頃の方が典型的かつ大規模な高地性集落が多い（例えば大阪府観音寺山遺跡では二重の環濠と103軒以上の住居跡が発見された）。両者の関係を固持する立場をとる限り，理屈上，第一次大乱に先立つ「幻の倭国大乱」を仮定すべき必然性が出てくる。

なお，北部九州の高地性集落は，「九州でも近年この年代にほぼ合致する高地性集落が2，3調査（福岡県西ノ迫・大分県白岩遺跡）」（橋口達也）されている程度で，その性格は「見張り台・ノロシ台」と推定されている。

B　環濠集落

　環濠集落は，北部九州では弥生早期に（福岡県那珂遺跡），近畿では前期前半に（兵庫県大開遺跡），そして伊勢湾沿岸では前期後半あるいは中期初頭に出現した（三重県永井遺跡・愛知県朝日遺跡）。各地の状況を概観すると，弥生前期には西日本一帯に環濠集落が出現した実情がわかる。それ以降の拠点集落（前期末〜中期末）は，環濠集落の形態をとる場合が多い。

　時代的にみると，環濠をもつ拠点集落が盛行するのは前期から中期末までで，後期以降には環濠が埋没しても新たに掘削しない場合が多い（大阪府池上曽根遺跡）。後期に存続する環濠集落（佐賀県吉野ヶ里・奈良県唐古鍵遺跡）や，地域によっては後期の環濠集落が設営される場合があるとしても，「多くの場合，紀元前後の中期末には衰退します」〔都出 1998　p.27〕と総括できる実情にある。

　環濠集落一般に対し，今日，防御的性格を認める見解が一般的で，さらにその性格を強調して「防塞集落」との呼称を提言する声もある〔都出 1997〕。学史的には，1986 年に愛知県朝日遺跡で発見された本格的な「逆茂木」によって，さらに強調する見解が強くなった。ただし，朝日遺跡自体の逆茂木は弥生中期のもので，「倭国大乱」や「狗奴国戦」とは時代的には無関係である。なお，防御的性格という観点で注目されるのは，先述の高地性集落に関しても，前期末には大規模な環濠集落が出現する（京都府扇谷遺跡）。また，中期末と後期の境目，すなわち弥生社会の構造変成が表面化する「A 点」でも，畿内では，本格的な環濠をもつ巨大な高地性集落が設営される現象も認められる（大阪府観音寺山遺跡）。

　ただし，環濠集落＝防塞集落と「倭国大乱」との関係となると，明らかに希薄と断定できる。すなわち，倭国大乱が発生する時代（弥生後期後半）が近づけば，逆に西日本各地では環濠集落は急激に減少するという「逆転現象」が発生するのである。したがって，環濠集落を倭国大乱云々で論議することには否定的な実情にある。なお，環濠というキーワードでは，「無環濠の環状集落（縄文時代）・円形環濠集落（弥生時代）・方形環濠居館（古墳時代）・方形環濠城砦（古代）」という大まかな流れで理解できよう。

C　犠　牲　者

　従来から，長崎県根獅子遺跡で出土した「銅剣で頭蓋骨を刺された女性」が有名であったが，近年では，佐賀県吉野ヶ里遺跡（佐賀県教育委員会）で出土した「首のない人骨」など，極めて多数の戦闘による犠牲者と評価できる事例が急増している。

　このキーワードでの研究は，考古学の橋口達也〔1976〕と人類学の中橋孝博〔1990〕によって，北部九州各地の墳墓から出土する武器と殺傷された人骨を観察する方法で積極的に進められて

きた。藤尾慎一郎による数年前の集計では，弥生戦傷死者の墓は101例を数えるという〔藤尾 1996a〕。そのうち92例という圧倒的多数は北部九州で出土したものである。「これらの犠牲者のほとんどは渡来人系の男」〔中橋 1996〕と評価されている。だが，そうした弥生戦死者すべては，時代的に見て，いわゆる「倭国大乱」とは無縁である。

　　現在では，今からおよそ2300年前の福岡県新町遺跡の戦死者を最古例として，紀元前後までのほぼ四百年間に，百名をこえる戦死者が報告されている。〔藤尾 1996b　p. 45〕

　このような弥生戦死者は，考古資料にみる限り，時間的には，早期から次第に増加し，中期中頃で圧倒的ピークとなり，以降は再び急減するという経過をたどる。つまり，2世紀後半の倭国大乱（後期後半）の時点での戦闘犠牲者は，考古資料に見る限り皆無の実情となる。これまた「逆転現象」が生じている。したがって，現時点では考古事象としての戦闘による犠牲者と文献上の「倭国大乱」との関係は極めて希薄と認定せざるを得ない。

D　武器類　（石器・青銅器・鉄器）

　戦闘用武器という観点から，北部九州における朝鮮式磨製石鏃や磨製石剣などの研究を積極的に進めてきたのは，同じく橋口達也である〔橋口 1992〕。橋口は，弥生早期の福岡県新町遺跡や中期中頃のスダレ遺跡ほかで，磨製石鏃や磨製石剣の切っ先が人骨に嵌入していた事実を確認し，北部九州の早期から中期後半まで，石器が実際に殺傷用に頻繁に使用されていた事象を証明した。畿内でも，大阪府勝部遺跡で打製石槍が人骨に嵌入していた事例（中期後半）などがあるが，類例は極少である。すでに述べたように，早期〜中期後半のかかる事象は，後期末の倭国大乱とは大きな年代のギャップがあり，両者の関係は希薄だと断定できる。

　また松木武彦も，戦闘用武器という観点から，打製石鏃や石槍などの研究を積極的に進めている〔松木 1989〕。松木は，他の地域と比べて，とくに畿内中央部・伊勢湾沿岸・瀬戸内中央部で石製武器が発達する現象（大型化・多数化）に着目し，そこを核とする地域で争乱が発生した可能性を指摘した。この評価を，防御施設としての環濠集落の発達と重ねあわせることによって，中期における武力抗争の活発な展開を提唱するに至っている〔松木 1995〕。その提唱自体に問題はないが，石製武器はすでに中期末直後にはほぼ消滅する。当然ながら，打製石鏃や打製石槍の動向と後期後半における「倭国大乱」との関係は希薄である。

　先述の橋口は，細型銅剣の切っ先が人骨を嵌入していた事実を，中期前半の福岡県永岡遺跡などで確認し，石製武器だけでなく，主に副葬品や祭器として機能したと思われた青銅武器も，実戦用武器として広く使用された事実を証明した〔橋口 1990〕。しかしながら，後期以降の実例はなく，年代的なギャップから，「倭国大乱」との関係は希薄と判断できる。

　考古学的には，2世紀後半の倭国大乱ほかは明らかに「鉄器時代」に発生したものである。概

ね紀元1世紀後半（後期前半）には石器が消滅するので，鉄器時代に入ってすでに100年程度経過した時点とイメージすることが可能である。言い換えれば，当然ながら，倭国大乱は，石製武器ではなく，鉄製武器を携帯した兵士群による戦闘という歴史イメージが描かれる。事実，当該期，すなわち2～3世紀（弥生後期末～古墳前期）には鉄製武器を墳墓に副葬する考古事象が急増することも，その現われの一つである。墳墓に鉄製武器を副葬する現象は，すでに北部九州では弥生中期末から顕著であったが，対する畿内では不明の実情にあった。しかしながら，近年，大阪府大竹西遺跡から出土した後期の鉄剣に示唆されるように，畿内における鉄製武器の存在も次第に明らかになりつつある。とにかくも，「倭国大乱像≒石製武器」という固定観念を払拭すべきである。

　鉄製武器の副葬に関する当該期の様相を，松木武彦の研究〔松木 1996〕によって紹介しておこう。松木は，弥生時代終わり頃の鉄剣・鉄刀・鉄槍を副葬する84カ所の事例を地図上に示し，この現象が九州から関東にいたる広範囲に発生することを示した。そして，この現象を次のような言葉で評価した。まだ，この現象範囲が「倭国大乱」の範囲といかに結びつくかは未確定だが，当該期に鉄製武器を携帯した人物が広く西日本一帯に出現したという考古事象は，今後の論議に重要な視点となることは明らかである。

> 武器が鉄で作られるようになると，鉄を有利に入手できる有力者がそれを独占し，人々を武装させてみずからを頂点とする軍事集団を生み出していく。遠征を伴う広域の戦いは，こうした体制のもとで初めて可能になったはずである〔松木 1996〕。

　鉄製武器に関し，最も注目される考古資料は，奈良県東大寺山古墳で出土した「中平□□年（西暦184～190年）五月」云々の文字が刻された特別な太刀である。これがもつ重要な意義は，記された中国暦年が倭国大乱が沈静化した年代に概ね該当すること，例えば「下辟不羊」というような災難払拭を祈願する銘文がうかがえること（金関恕），4世紀前半期まで補修をしつつ格別に伝世されたこと，そして最終的に副葬されたのが邪馬台国の中心地が存在した可能性がある大和盆地の前期前方後円墳であること，などと集約できる。この太刀の年代・銘文・取り扱い・出土地などを考え合わせれば，「争乱を鎮めた太刀」〔金関 1997 pp.52～53〕と評価する見解も当然ながら出てこよう。倭国大乱時における畿内と中国政権（後漢王朝）との政治的関係を示唆する好資料である。

　以上のように，今日のところ，文献上の「倭国大乱」に直接的に結びつく考古資料や考古事象は極めて少ない。しかしながら，弥生戦争全般に対する研究者の関心は，橋口達也・松木武彦・中橋孝博・藤尾慎一郎らの先駆的活動や，弥生時代こそ日本列島で戦争の始まる時代だと提言する佐原真〔佐原 1987〕によって，急激に強くなりつつある。そうした実情が，直ちに「倭

国大乱」の考古学的解明に結び付くとはいえないが，次のような新たな情報がその糸口たる考古資料の発見を実現する原動力になると期待できる。

〔戦いに関する最新情報〕佐古和枝発言（2000年7月12日のEメールを要約）
　鳥取県青谷町にある青谷上寺地（あおやかみじち）遺跡で弥生時代後期後半（2世紀ごろ）の溝から戦闘による殺傷痕が残る骨が89点みつかった。鳥取県埋蔵文化財センターが調査した結果，遺跡東端の溝（幅8m，長さ68m以上，深さ0.8m）から散乱した状態で人骨が出土，乳児から50歳代までとみられる53体分のうち10体分に殺傷痕が認められた。骨盤に銅鏃が刺さったものや刺し傷のほか深く鋭い切り傷もあり，さらに女性の骨にも殺傷痕があった。「倭国大乱」とされた時期と重なる時代のもので，邪馬台国の卑弥呼が倭国の女王となる直前に激しい戦闘があったことを直接的に示す資料として注目される。

引用・参考文献

大阪府立弥生文化博物館編　1996『弥生から古墳へ』．
大阪府立弥生文化博物館編　1997『特別展　卑弥呼誕生』．
金関恕　1997『卑弥呼誕生』．
考古学研究会　1995「戦争と考古学」考古学研究会第41回大会，『考古学研究』167.
国立歴史民俗博物館　1996『倭国乱る』．
酒井龍一　1996「考古学的社会変成過程観察モデル」『文化財学報』第14集．
佐原真　1987『体系日本の歴史』1．
田中琢　1995「戦争と考古学」『考古学研究』167.
都出比呂志　1997「都市の形成と戦争」『考古学研究』174.
都出比呂志　1998『古代国家の胎動』日本放送出版協会．
中橋孝博　1990「永岡遺跡出土の弥生人骨」『永岡遺跡』．
中橋孝博　1996「人類学からみた弥生の戦いのはじまり」『倭国乱る』国立歴史民俗博物館．
橋口達也　1976『スダレ遺跡』．
橋口達也　1990「永岡遺跡出土の甕棺および甕棺墓」『永岡遺跡』II．
橋口達也　1992「弥生時代の戦い」『九州歴史資料館論集』17.
橋口達也　1995「弥生時代の戦い」『考古学研究』165.
藤尾慎一郎　1996a『倭国乱る』国立歴史民俗博物館．
藤尾慎一郎　1996b「弥生戦死者の証言」『倭国乱る』国立歴史民俗博物館．
松木武彦　1989「弥生時代の石器武器の発達と地域性」『考古学研究』140.
松木武彦　1995「弥生時代の戦争と日本列島社会の発展過程」『考古学研究』167.
松木武彦　1996「中四国・近畿・東海の戦いの始まり」『倭国乱る』国立歴史民俗博物館．
吉田晶　1996「倭国乱の社会・経済史的意義」『倭国乱る』国立歴史民俗博物館．

「戦い」に関する最新の人類学的・考古学的・歴史学的認識は，国立歴史民俗博物館『人類にとって戦いとは』（1〜3）1999に総括されている。

3 朝鮮三国と倭国

東　潮

　戦争は，諸利害の対立として，部族・種族・民族・国家間などの諸集団間において発生する。古代においても，その戦争という政治的交通関係には諸形態がある。

　I　共同体（種族・部族・地域集団）間の戦争——衛氏朝鮮国の成立，倭国の乱，磐井の乱——

　II　国家内部の戦争——高句麗・百済・新羅・加耶国内の戦争，中央と地方の支配関係——

　III　国家・民族間の戦争——漢魏の郡県支配，韓と楽浪・帯方郡との戦い，高句麗と漢（玄菟郡）・魏・三燕・隋・唐戦争，三国・加耶間の領域戦争，白村江の戦い（唐・新羅・百済・日本の国際戦争）——

　また戦争には，掠奪・婚姻・人質・強奪・破壊・殺戮などの武力・軍事・暴力的なものから，経済的・呪術的・宗教的戦争・支配関係がふくまれる。戦争の要因は，集団間の利害関係であるが，資源（鉄・銅など）・物資・食糧・労働力（奴隷）の獲得，領土拡大，征伐などがある。親征・巡狩・巡撫，食料の賑給，種籾の賑給・賑恤なども，戦争・支配にかかわる政治的交通関係である。そうした戦争のなかに，王権力や国家権力の特質がみえる。支配は，根本的に武力・暴力という権力を背景になりたつのである。都督諸軍事号や朝貢・冊封関係，軍事同盟なども権力関係であり，戦争状態にほかならない。じじつ朝貢・冊封体制の崩壊・破棄・非遵守は，武力行使・征伐となってあらわれる。

　上記のような古代の戦争と不可分の関係において，3〜5世紀代，倭は，鉄資源（素材）を軍事的支配・武力的侵略を前提に獲得したという論が大勢をしめている。そうした戦争の実態，鉄の生産と流通の問題を中心として述べ，7世紀の白村江の戦いにふれる。

[1] 無文土器（青銅器）時代の戦争

　朝鮮古代において，戦争は，石製武器，青銅製武器の発達段階，防御的な機能をもつ環濠集落の存在などから，無文土器時代の農耕社会に移行して始まった。朝鮮半島における原始農耕（畑作）は新石器時代にさかのぼる。その時代，環状斧のような武器が発達するが，儀礼的な武器（儀器）であり，石鏃も基本的に狩猟用であり，戦争の痕跡がみられない。

　朝鮮半島において，稲作（陸稲・水稲）が始まるのは紀元前1000年前後で，初期（紀元前8〜7世紀ごろ）の漢江流域の欣岩里集落跡で，穀物，石製穂摘具（石刀）・打製石斧・磨製石斧・磨製石鏃・扁平片刃石斧・砥石などの農具と穀物が伴出する。生産道具の磨製石器（石斧・扁平片刃石斧・穂摘具）の組成や系譜からみて，中国大陸，とくに山東半島における殷周青銅器文化の以前，新石器時代末の段階，龍山文化末期あるいは岳山文化段階であったのであろう。山東半島南部地域から遼東半島・大同江・漢江流域に伝播したと推定される。

　無文土器時代には，武器が磨製化，大形化し，石剣などの武器が発達する。さらに環濠集落などの防御用集落が出現する。

　紀元前8〜7世紀には，青銅器の生産がはじまる。その青銅器文化の源流は，中国東北地方の遼寧青銅器文化にある。紀元前6世紀前後には，遼寧式銅剣を原形として，独自の銅剣が生みだされた。そのいっぽう紀元前5〜2世紀には，山東半島の斉や長江流域の楚，秦から中国式銅剣（桃氏剣）も流入する。忠清南道松菊里や全羅南道草浦里で，細形銅剣とともに遼寧式銅剣・桃氏剣が出土している。武器としての青銅利器である。

　〈燕の長城と鉄器生産技術の伝播〉　戦国諸国（紀元前403〜221年）は領域の境界に城壁を築いた。燕の長城は，北は河北・遼寧省の北部を東西にのび，東は遼寧省新賓・桓仁から鴨緑江に至る。軍事線，防備線上に城壁を築造し，戦略拠点に城堡や烽台を築くという戦略・戦術であった。燕の貨幣である明刀銭や鋳造農工具は，長城の外域におよぶ。これらは燕の政治的領域圏というより，むしろ在地諸民族と燕との交易関係をものがたる経済圏であろう。そしてその燕の影響によって，紀元前5〜4世紀ごろ，朝鮮半島の北部地域では鉄器の鋳造がなされた。農工具が中心であり，武器はあくまで青銅器であった。朝鮮半島南部の地域では，紀元前3〜2世紀に鋳造鉄器が流入し，紀元前1世紀には製鉄がはじまる。

　紀元前5〜4世紀，戦国時代の燕の長城が築かれたころ，朝鮮半島の南部地域では，慶尚南道検丹里・徳川里・昌原南山遺跡などのような環濠集落が形成される。忠清南道松菊里遺跡は，丘陵の縁辺部に防御用の柵列がめぐらされている。農耕社会への移行の過程で，集団間の利害関係が恒常化し，防御的な環濠がつくられ，土地所有関係が顕在化，収穫物の掠奪，土地・水

争いが起こったのであろう。生産力の増大によって余剰生産物が生まれたが，自然災害による食料不足，飢餓などが争いの要因となった。やがて軍事指導者，祭祀的・呪術的首長が生まれ，共同体成員を支配すると同時に，共同体間では支配関係が生じるようになった。環濠集落は，溝・柵列などの阻害物という，利害・権力関係が，目にみえる構造物としてあらわれる。

巨大な支石墓の造営は，いくつかの種族の協業，部族単位で造営されたものである。階層分化がすすみ，支石墓造営の労働力を結集しえる勢力，諸権力をもつ族長層が台頭する段階にあった。そうした原始共同体的な支石墓社会において，主として農業生産にかかわる諸集団の利害関係に起因する，諸集団間の戦争が生じる。

紀元前195年には，燕人の衛満が亡命し，衛氏朝鮮が成立する。

[2] 原三国（高句麗・三韓）時代の戦争

A 楽浪ほか四郡の設置と滅亡

漢の武帝は衛氏朝鮮を滅ぼし，紀元前108年に楽浪・真番・臨屯郡，紀元前107年に玄菟郡を設置した。漢は，鉄製武器（鍛造技術）を獲得することによって帝国を形成した。青銅器段階にあった衛氏朝鮮国を武力で制圧した。そのいっぽう，漢文化の影響が朝鮮半島および日本列島におよぶ。青銅利器から鍛造の鉄製武器へ発達する。楽浪郡以前の段階で，前漢鏡とともに，鋳造鉄斧・鑿などの工具類は流入していた。紀元前1世紀には，鋳造の農工具，鍛造の武器を生産する段階にたっしている。

楽浪郡には楽浪土城，馬韓・辰韓・弁韓の各地に，臨津江流域の六渓土城，漢江流域の風納洞土城，慶州地域の月城，大邱地域の達城・検丹里土城などの土城が構築される。また慶尚南道の梁山貝塚・熊川貝塚・金海貝塚のような，環濠・城柵をもつ高地性集落が継続して営まれる〔西谷 1977〕。風納里土城のような方形の土城は，漢の郡県の土城の影響によるもので，戦争の形態（戦時体制・防御体制）もおのずと大きく変化する。環濠から土城への変化に象徴される。

高句麗は，玄菟郡，遼東郡さらには楽浪郡との戦争の過程で，領域を拡大する。3世紀には集安の国内城に遷都するが，玄菟郡の高句麗県城を修復して居城とする。4世紀後半には山城を築き，攻撃・防御施設とする。戦国・漢いらいの土城を修築するとともに，山城という堅固な城郭を築く。

238年，魏は公孫氏政権を倒す。239年，卑弥呼を親魏倭王として金印紫綬をあたえ，難升米に率善中郎将として銀印青綬を与え，魏の冊封体制にくみこむ。その翌年の240年に，魏の帯方太守弓遵は，建中校尉梯儁を遣わし，詔書・印綬を拝仮し，銅鏡・刀などを賜う。245年に難

升米に黄幢が仮授される。黄幢は「魏の軍事力を象徴」するもので，その授与をつうじて，魏は軍事的連係をはかった〔武田 1997〕。247 年，魏は塞曹掾史張政等を遣わし，詔書と黄幢（245 年に仮授された）をもたらし，難升米に拝仮された。248 年に卑弥呼が死んで，壱与が即位した。倭国の邪馬台国政権から倭政権の成立である。

魏は，244〜245 年に 2 次にわたり，将軍田丘倹を派遣して高句麗に侵攻する。諸軍歩騎万人を監督して玄菟郡を出る。そのいっぽう，句麗王（高句麗）の宮（位宮）は歩騎 2 万人を率い，軍を沸流水のほとりに進めた。田丘倹は丸都にのぼり，高句麗の都を落とし，数千人を斬獲した。245 年の侵攻では，楽浪郡からの援軍と合流して戦う。楽浪支配の実態とかかわるが，楽浪郡域内で軍事編成がなされたことを示唆する。

魏晋代の武器・武装にかんしては，遼陽の壁画墓や高句麗の安岳 3 号墳（黄海北道安岳郡）・徳興里古墳（南浦市）壁画の儀仗図・軍隊行進図からわかる。騎兵・歩兵・車騎から編成された軍隊である。田丘倹の軍隊は，歩騎 1 万人におよぶ。

B　倭国乱と韓の反乱

桓帝・霊帝時代（147〜189 年）末に，韓・濊が強盛となり，楽浪郡県が制御することができなくなり，その民は韓国に流入したとある。ちょうど倭国の乱のころである。

246 年に，馬韓の臣濆活国（ソウル近辺）が中心となって帯方郡を攻撃したという〔武田 1997〕。その戦いにおいて，帯方郡太守弓遵と楽浪太守劉茂は軍を率いて伐ち，弓遵は戦死するが，二郡は，ついに韓を滅す。

倭国乱がおさまった 2 世紀末から 3 世紀の前半に韓の反乱がおこった。その時期，馬韓の月支国（忠清南道天原・礼山方面）を治所とする辰王が実在した。辰王は，馬韓諸国を中心として，三韓地域にかなりの影響力を及ぼし，諸国の対外関係の調整や，諸国間の交流・利害などに介入していた。3 世紀前半〜中葉，帯方郡から臣濆活国（ソウル近辺）・伯済国・月支国・臣雲新国（光州）・阿邪国（咸安）・狗耶国（金海），対馬国から邪馬台国へのネットワークが形成されていた〔武田 1997〕。

この辰王の通交圏に，馬形帯鉤が分布する。京畿道安城郡仁智洞（1 個），天安市清堂洞 5 号墓（11）・7 号墓（2）・9 号墓（4）・16 号墓（1）・20 号墓（1），慶州市朝陽洞 60 号墓（2），金海市亀旨路（1）などで出土している。大邱市飛山洞（2）や永川郡漁隠洞（1）などの馬形帯鉤が発達したものである。日本列島では，伝岡山市榊山古墳（6）の資料があるが，3 世紀前半代に馬韓諸国から，岡山平野一帯の投馬国に流入した可能性もある。

魏は諸韓国の首長に「邑君」「邑長」の印綬をあたえるが，馬形帯鉤は辰王から配布されたのではないであろうか。3 世紀末には，夢村土城出土のような西晋製の帯金具が流入する。その

ころには鉤形の帯鉤式は消滅する。

　日本列島の倭国乱は倭国内での種族間の権力闘争であり，攻防のすえ邪馬台国の卑弥呼が共立された。朝鮮半島の諸韓国の乱は三韓諸国の魏（楽浪・帯方郡）に対する乱，異民族間の戦いであり，月支国の辰王政権は滅びた。

C　弁辰の鉄と倭—3世紀の鉄の生産と流通—

　『三国志』魏書東夷伝には，「国出鉄。韓濊倭皆従取之。諸市買皆用鉄。如中国用銭。又以供給二郡」，『後漢書』には，「国出鉄。濊・倭・馬韓並従市之。凡諸質（貿）易皆以鉄為貨」とみえる。

　『魏書』東夷伝では，「国出鉄」は，「弁韓地域で鉄鉱石（砂鉄）が産出し，韓・濊・倭がこれを『取』る。諸々の市買でみな鉄（鉄素材）を用いるが，中国で貨幣を用いるようである。楽浪・帯方の二郡に供給する」とある。『後漢書』では，鉄（鉄素材）を「市」でするとあり，鉄素材は貨幣そのものとする。「取」は「市」であり，鉄が交易されていたことがわかる。その鉄素材は，同時代の資料からみて，板状鉄製品（斧状鉄板）のような形態のものと推定される。その二郡に供給されたとみられる板状鉄製品が，平安北道葛峴里で出土している。また咸鏡北道所羅里遺跡は，臨屯郡の北部地域にあたるが，その廃止後は濊の地域であった。そこでやはり板状鉄製品が出土している。倭の日本列島の各地に板状鉄斧〔川越 1993〕が分布し，斧状鉄の板というかたちの鉄素材が流通していたことをしめす。

　山尾幸久〔1989〕は，「慶尚道地方の鉄は二郡に所属し許可されて取得」し，「57年の『倭の奴国王』の承認は，鉄の輸入権の許可でもあったのであろう」と解釈する。また鈴木靖民〔1995〕は，楽浪・帯方二郡との関係において，「公孫氏や魏の郡県支配の影響下にある限り一定の規制のもとに置かれ，『供給』の語はある種の朝貢貿易の可能性」があるととらえる。

　板状鉄製品（鉄素材）は，貨幣価値（交換価値）をもつように一定の形態と重量があったということである。そうした貨幣価値をもって交換されていたということである。

　弁韓（辰）の鉄は，鉄素材として市買されていたのである。そこで同じ東夷伝倭人条に，対馬・壱岐の集団は「南北市糴」していたことが記されている。この「糴」は，コメの売買をふくむ用語であるとかんがえられる。「糶」でなく「糴」であることから，対馬・壱岐の集団は，南からコメを買い入れ，北と交易し，鉄素材を入手していた。壱岐カラカミ遺跡の鉄板のようなものもふくんでいたにちがいない。なお『魏書』東夷伝，高句麗条に「下戸遠擔米糧塩供給之」とある。「米糧」を「五穀」と訳されているように，当時高句麗では，稲（陸稲・水稲）は栽培していなかった可能性がつよい。国産の青銅器も儀器として，交換財として用いられていた。弥生時代後期には，水稲農耕が定着し，農業生産力が増大するにつれて，「余剰米」が捻出され，

鉄素材との交換財として利用されたのであろう。

狗耶韓国を拠点として，弁辰の鉄の交易のために，金海付近には倭人が居住し，経済活動をおこなっていた。倭の遺物は土師器などが南海岸の各地で出土し（三東洞墳墓・大成洞墳墓・金海府院洞），弥生時代前期末・中期の甕棺・土器などが南海岸一帯に分布し，倭人の経済活動の様相がわかる。

「弁韓などの政治的支配者は対外的に鉄に裏付けられた経済力をもって，交易権・外交権を発動し，魏や倭・濊，他の諸韓国の首長との交通関係を取り結び，鉄の見返りに相手の産物や文物・技術，あるいは人的支援を獲得した」〔鈴木1995〕のであろう。

倭の地では，「租賦を収む，邸閣あり。国国に市ありて有無を交易し，大倭をして監せしむ。女王国より以北には，特に一大率を置き，諸国を検察せしむ。諸国これを畏憚す。常に伊都国に治す」とある。大倭が管理する市があり，さまざまな物資が交易されていた。とくに伊都国に一大率を置く。この伊都国の市は，それぞれのクニ内部の分業と交換の発展の所産としての「市」ではなく，クニグニの間の交換の場としての公的な「市」であった〔石母田1971〕。壱岐島では，弥生時代の船着き場（港）が発掘されている。伊都国が所在した糸島平野では三雲遺跡などの大集落跡があり，韓・漢の遺物とともに，大量の鉄器（斧状鉄板・素材）が出土している。弥生後期後半から古墳時代前期の朝鮮海峡をめぐる国際関係は，小型仿製鏡・弥生土器・土師器などの文物の交流・交易でなりたっていた。

D 弥生時代末から古墳時代の鉄

古墳時代前期には，三角縁神獣鏡などの銅鏡，碧玉石製品，板状鉄斧（短冊形鉄斧）が，九州から関東地域にかけて，広域的に分布する。その分布状況は，分配・配布・贈与関係によるものである。

古墳時代前期の鍛冶遺跡は，北部九州から近畿，関東南部に分布する。福岡県博多遺跡では，庄内・布留式甕，神奈川県千代南原遺跡では，東海系の土器が出土していることから，鍛冶技術の移転過程が想定されている〔野島1997〕。各地に鉄素材が供給され，鍛冶生産されていたことがわかる。

弥生後期の鉄剣・鉄刀・鉄矛は三韓地域の系統で，非漢（魏）的なものである。古墳時代前期には「ヤリ」として用途がかわる。石突としての筒形銅器にも装着される。

3世紀後半から4世紀，金海地域では，狗耶韓国から金官加耶が成立するが，その大成洞13号墓出土の鏃形碧玉製品と盾（巴形銅器装飾）は，倭（倭政権）からの方物（贈物）で，北陸や中部地域の玉作り遺跡で製作されたものが，大和に集積されたものである〔河村1995〕。儀器であり，武器の供与といったものでないことは明らかである。

[3] 三国時代の戦争—広開土王の「征服」と任那

A 広開土王の領域支配

広開土王碑文にみえる戦争を考古資料から検証する。

高句麗は永楽5年 (395) の稗麗戦, 永楽6年 (396) の第1次百済戦, 永楽8年 (398) の粛慎戦, 永楽10年 (400) の新羅・加耶戦, 永楽14年 (404) の「倭戦」, 永楽17年 (407) の第2次百済戦, 永楽20年 (410) の東扶餘戦によって, 遼河以東から豆満江流域, 漢江流域と領土を拡大した。「凡そ攻破せし所の城六十四城, 村千四百なり」であった。戦争において,「王躬率」という親征と, 軍隊を派遣する (「教遣」) ばあいがある〔浜田 1973〕〔武田 1989〕。

碑文は, 高句麗の百済・新羅・濊などへの南下, 領土拡大戦争を正当化するため, 倭を強大な敵国として表現している。領域支配とともに守墓人烟戸の掠奪を意図し, 広開土王の事績を顕彰することが目的といわれる。したがって, 倭の実態もその脈絡で解釈すべきなのである。

- 辛卯年 (391),「百残・新羅, 旧より是れ属民にして, 由来, 朝貢せり。而るに倭, 以て, 辛卯の年来り, □を渡りて百残を破り, 新羅を□□し, 以て臣民と為せり」〔武田 1989〕。
- 永楽6年,「王躬ら□軍を率ゐ, 残國を討伐す。……寧八城……阿旦城……を攻取し, その國城を□す。残主……男・女の生口一千人, 細布一千匹を献□し……。是に於て五十八城, 村七百を得, 残主の弟, 併びに大臣十人を将ゐ, 師を旋して, 都に還る」
- 永楽10年,「教して歩騎五萬を遣はし, 往きて新羅を救はしむ。男居城従り新羅城に至るまで, 倭は其の中に満つ。……倭賊, 敗□す。……任那加羅の従抜城に至るや, 城は即ち歸服す。安羅人戍兵, 新羅城・□城を□す。倭□し, 倭潰ゆ……安羅人の戍兵満……安羅人の戍兵。新羅の寐錦……朝貢す」
- 永楽14年,「倭は不軌にして帯方の界に侵入し, ……□□□□石城□連船□□□せり。王, 躬ら率ゐて□□し, 平壌従り……倭寇は潰敗し, 斬殺せらるるもの無数なり」

高句麗の南下, 親征の名目は, 高句麗の属民であったとする百済・新羅を倭が攻め,「臣民」としたというゆえに, 高句麗王は, その新羅の「恩義」「忠誠」に対して, 新羅救援という名目で侵攻する。百済が誓いにそむき, 倭と和通したという理由で, 百済に親征, 武力的に征伐する。懲罰として, 大義に反したゆえに討伐するという。

「新羅城」は, 慶州の金城で, 月城であろう。広開土王は, 歩騎5万の兵を派遣する (教遣型) が, 永楽17 (407) 年の百済戦も同様の表現である。永楽6年の戦いでは, 百済の五八城・七百村を獲得する。5万の兵にたいして, 倭・倭賊の勢力を「満」として, 強調・誇張して表現し

ている。安羅人戍兵のばあいも「満」である。したがって、倭の「兵」の規模も、5万の大軍に対抗しえるだけのものでなかった。5万の軍の実数は定かでないが、魏の侵攻に対して、2万の兵で対抗したという、魏の側からの記録がある。新羅の要請という侵攻であるが、そのまま慶州に駐留し、新羅（慶州）に対して半世紀にわたる軍事的支配をおこなう。その支配のなかで、さまざまな文物が流入し、騎馬戦術、山城の築造、武具・馬具の製作技術が移転されていた。

「任那加羅」は金海付近である。同時期の遺跡が、大成洞・礼安里墳墓群などである。大成洞墳墓群は、3世紀後半から5世紀前葉の墳墓群である。4世紀後半から5世紀初めの時期の墳墓に巴形銅器が装飾された盾、筒形銅器を石突とするヤリ、儀仗具（碧玉石製品）が副葬されていた。筒形銅器などの倭製品が、東莱（福泉洞墳墓群）、金海（良洞里墳墓群）、咸安（沙道里）に集中して分布する。ただいずれも実用の武器でなく、儀器である。この金海地域とは、朝鮮海峡をへだてて、相互に恒常的な交流がおこなわれている。

ヤリ（筒形銅器）・盾（巴形銅器）は儀仗具であるが、方形板革綴短甲とヤリで武装した倭兵も存在、古墳時代前期にはヤリが発達する〔菅谷 1975〕。

腕輪形石製品・筒形銅器などは、4世紀後半から5世紀前葉の列島内での古墳副葬品の組み合わせにふくまれる。列島内でのセット関係が、同時期であるために列島外の墳墓でみられる。短甲・武器副葬古墳も、列島内での分布状況と照らし合わせながらの解釈が必要である。

慶州や金海地域における倭系遺物を副葬する墳墓の被葬者を倭人とは想定しがたい。倭製品は贈与ないしは互酬によるものであろう。「巴形銅器の付いた盾、筒形銅器に嵌め込んだ槍などは、当時、高句麗との戦争にともに従う倭と加耶南部の地域支配者である軍事指揮官やその配下の兵士たちが、共通して所持した象徴的な武器あるいは儀器」で、「国々を超えた各地首長層やそれに準じる人たちの地位と同盟を表徴し、結束を促す贈答品ないし配布物の性格を帯びるもの」という解釈もある〔鈴木 1995〕。

咸安の末山里古墳群の馬甲塚の馬甲は、5世紀初めから前半で、同時期の高句麗の三室塚壁画の騎馬像と類似し、慶州の皇南洞109号墳の馬冑と関連する。安羅人戍兵が装備していた鎧馬（馬装）であろう。咸安34号墳（5世紀中葉）では高句麗系の蒙古鉢冑が存在し、加耶と高句麗の関係を示唆する。

いっぽう慶州月城路古墳群では、カ5号墳で緑釉小壺・火焰形透孔高杯・広口小壺・蛇頭形鉄鑲・胡籙金具、カ6号墳で広口小壺、カ29号墳でガラス小玉・水晶製勾玉・瑪瑙切子玉・石釧1・鉄鋌3・鋳造斧形品6・鉄鎹・竪矧板革綴短甲・挂甲、カ31号墳で土師器高杯・小形器台・鉢、カ13号墳で瑠璃杯など、新羅のほか高句麗・加耶・倭系の遺物が出土している。火焰形透孔高杯は、阿羅加耶の咸安型土器である。慶州地域の高句麗・加耶・倭系の遺物、南岸地

域の土師器類，金海大成洞など巴形銅器などの倭系遺物は「4世紀末前後における高句麗・新羅・加耶・倭そして百済という諸地域で，複雑な国際関係が渦巻」き，加耶・百済・倭の「密接な関係」「友好・同盟関係」が存在したことが指摘されている〔西谷 1991〕。月城路古墳群の出土遺物は，くしくも4世紀末から5世紀の，高句麗の侵攻時の歴史環境をあらわすものにほかならない。

石釧などの腕輪形石製品は，前期古墳の副葬品で，九州から関東地域に分布する。出土古墳は地域における有力古墳である。慶州月城路カ29号墳は，4世紀後葉ごろに推定しえる木槨墓（土壙墓）で，短甲・挂甲や鉄鋌・鋳造斧形品が出土し，副葬品としては質量ともにたかいが，中小規模の古墳といえよう。4世紀後半から5世紀前半の古墳は，慶州皇南洞109・14号墳などがしられるが，未だ王陵級の古墳は未確認である。石釧はあくまで装身具である。列島内では，倭政権が周辺地域の首長に配布・贈与関係がみられる前期の特徴的な祭祀品であり，そうした祭儀を共通とした地域に出土するものである。このほか5世紀初めの皇南洞14号墳などで翡翠勾玉が出土する。5世紀中葉から6世紀前葉には増大し，王冠の装飾や頸飾として装着される。これら翡翠の原産地は，糸魚川・小滝川流域である。

〈帯方の界での戦い〉　漢江から臨津江下流域が戦場である。370年前後，百済は高句麗に反撃するが，396年の南下で漢江流域は高句麗の支配下にあった。それにたいして，404年に倭人が「侵入」したので，親征する。「倭寇は潰敗し，斬殺せらるるもの無数なり」という戦況であったと記す。そして3年後の永楽17年（407）に，歩騎5万の兵を百済に遣わし，さらに六城を破るという。帯方の界での戦争は，百済「征伐」・領土拡張・烟戸の確保が目的である。

いっぽう西海岸の全羅北道竹幕洞祭祀遺跡は，3世紀の帯方郡，洛陽へ至る海上交通の要衝地に位置し，5世紀前半には，南朝への海路の寄港地であり，海上交通の祭祀場であった。竹幕洞遺跡，南原細田里，ソウル二聖山城と，西海岸から内陸部に滑石製品が出土している。忠清南道扶餘から全羅南道月山里の滑石製の子持勾玉の分布状況と重なりあってくる。

碑文にみえる倭人の侵略行為は，4世紀末から5世紀初めのごく一時期であり，敗退・殲滅される対象として表現されている。仮想敵国としての倭国であろう。倭が加耶地域を軍事的に，武力的に支配したということは否定される。

同時代の高句麗の軍事力は，徳興里古墳（409年）の壁画の騎馬兵・歩兵によってうかがえる。被葬者の鎮は，「大兄」の身分で，十三等位の官位のなかで中位である。鎮は，広開土王の親征と同時代の人間である。

B　三国・加耶と倭の関係—任那日本府と倭—

山尾幸久〔1989〕は，『日本書紀』の任那成立記事の史料批判をおこない，4世紀の半ばの大

和政権による加耶諸国の直接的な政治的支配,百済王・新羅王の服属化という説を批判し,4～5世紀にかけての史実を復元する。その考察によると,4世紀後半には,364年の百済と伽耶諸国の交渉(「神功紀」46年条),366年の百済と新羅の交渉(「神功紀」47年条),372年の東晋の冊封,百済とヤマトとの交渉(「神功紀」52年条),394年の百済王(阿華王)と倭国の友好関係,太子腆支の質などが復元されている。『日本書紀』神功紀の,369年とされる,つまり倭による「七国平定」という記事はのちの作為である。その史実は,干支をさらに一巡くりさげた429年のことで,「沙白蓋盧の乞師。木羅斤資(百済の将軍)・沙沙奴跪(倭の将軍)は卓淳(大邱)に集結し,新羅(および駐屯高句麗軍)を討つ。百済の木刕は大加羅(高霊・星州)に勢力を扶植(「神功紀」49年条)」したということであった〔山尾 1989〕。

〈倭の甲冑と加耶諸国〉　4世紀後葉には,方形板革綴短甲・長方形板革綴短甲が出現する。形態的には,新羅・加耶地域で発達した竪矧板形式の短甲から生まれたものであろう。慶州の政来洞(九政洞)墳墓では,4世紀前半の段階で竪矧板鋲留短甲が出現している。

5世紀前半から中葉の,東萊福泉洞4号墓・陜川玉田68号墳で三角板革綴短甲,伝東萊蓮山洞・金海カダル1号墓・晋陽上栢里古墳・清州新鳳洞B1号墳で三角板鋲留短甲・頸甲,5世紀後半には,高霊池山洞32号墳で衝角付冑・頸甲・横矧板鋲留短甲と蒙古鉢冑・札(挂)甲,30号墳で眉庇付冑が出土している。5世紀後半には,金海・釜山(東萊)地域は新羅の政治文化圏に属し,加耶地域における政治勢力は,金海から,阿羅加耶・大加耶勢力にうつる。こうした倭系の甲冑の出土量は僅少であるが,東萊・金海地域から,大加耶地域へと分布状況がうつりかわる。新羅と加耶諸国との領域関係の変動にともなう現象である。

忠道北道清州の新鳳洞1号墳では,三角板鋲留短甲に全羅南道の栄山江流域製作の陶質土器が伴出している。倭系の甲冑の北限にあたる。5世紀中葉ごろであるが,清州地域は高句麗と百済の政争地にあたる。その北東の忠清北道中原郡には高句麗碑があり,高句麗の軍主が置かれ,軍事的に支配した。その地域で倭の短甲と慕韓の陶質土器が出土している。5世紀後半には高句麗の支配地域である。百済の新鳳洞墳墓群の集団と,倭・倭人との関係があり,百済と高句麗の戦争に倭がかかわっていたことを示唆する。東方に新羅の三年山城が存在する。

5世紀代の,朝鮮半島南部地域での甲冑の出土は,倭人(兵)のかかわりをしめす。墳墓の被葬者が倭人とかぎらないことから,武器・武具じたいの贈答関係・互酬関係が基本であったのであろう。百済・新羅・加耶の三国の戦争(領域支配)に「援軍」・「傭兵」として参画していたことはみとめられよう。したがって「5世紀の第Ⅳ四半期の朝鮮の政情は転換期の様相を示している。新羅王権の独立,百済王権の復興,大加羅王の伽耶諸国糾合,これらはすべて高句麗の圧迫に抗しながら行われた。百済王と大加羅王はそのためにヤマトの軍事力を利用した。このような過程で,『倭国』を構成する諸勢力の朝鮮での政治的・軍事的活動は活発になった」

〔山尾 1989〕。ただ，その政治的・軍事的活動の実態をどのようにとらえるかである。

[4] 鉄資源と戦争――倭の五王と朝貢・冊封と鉄資源問題――

　5世紀代の「戦争」と鉄生産とその流通問題，とくに5世紀の倭の五王の朝貢・冊封体制と鉄資源の供給問題などを再検討する。

　鉄鋌の形態は，4世紀中葉ごろ，斧状鉄板からクサビ形に変化し，5世紀には大量生産される。5世紀後葉には小形化，方形化する。百済の石帳里製鉄・鍛冶遺跡で，4世紀代の小形の鉄鋌が出土している。新羅・加耶の鉄素材と形態的に異なる。列島内では，福岡県花嶽古墳の斧状鉄板から兵庫県行者塚古墳（4世紀末～5世紀初）のような形状の鉄鋌に変化する。5世紀第4四半期には，古墳への副葬が激減する。6世紀中葉の奈良県二塚古墳・福岡県沖ノ島8号祭祀遺跡を下限とする。6世紀代の鉄鋌の形態は不定形となる。

　つまり朝鮮半島と日本列島内の斧状鉄板・鉄鋌が同一の発展をとげるのは，無文土器（＝弥生）時代から三国（＝古墳）時代5世紀中葉（第3四半期）までである。つまり需要と供給の関係は，5世紀後葉になくなる。列島内における鉄生産が開始したことを意味する。

　製鉄技術は，「5世紀末に渡来した百済系の『韓鍛冶』」〔平野 1993〕によって伝えられたのであろう。須恵器（「陶邑」古窯址群）と同様，栄山江流域の慕韓からの製鉄技術の移転の可能性がつよい。

　5世紀の第3四半期頃まで，行者塚古墳・新開1号墳・野中古墳・大和6号墳など大量の鉄鋌が流入している。発掘状況や鉄素材の副葬量の問題は考慮すべきであるが，相当量の鉄素材が供給されていたとみてよい。大和6号墳の大形鉄鋌の平均重量428.3g，小形鉄鋌は20.8gであるので，甲冑・農工具・刀剣などの鉄器を鉄鋌の量に換算することができる。短甲1領は約40枚の鉄鋌に相当する。鉄鋌は，貨幣のような交換手段であると同時に，交換の対象物である。鉄素材としての価値をもっていたゆえに，交換価値をもつ。圧延材である鉄鋌は，甲冑・農工具の製作に有用である。大小の鉄鋌じたいを，鍛打整形，切断，革綴・鋲留の工程をへて製作されたのであろう。

　弥生時代いらい古墳時代中期にいたる数百年間，製鉄（製錬・精錬）技術が移転されるまで，鉄素材は韓の地に依存していた。その供給関係は基本的に，贈与・交換・交易であった。

　4世紀には，弁韓地域や百済地域（漢城）から鉄が流入する。百済の近肖古王代（在位346～375年），倭に「鉄鋌四十枚」（「神功紀」46年条）など鉄素材が贈与された可能性があろう。泰和4年（369）に製作された七支刀の贈与も同時期のことである。その時期の百済初期の製鉄遺跡が忠清北道鎮川郡石帳里で発掘された。製鉄の各工程（製錬・精錬・鍛冶・鋳造）の炉，鉄滓，製品，

原料の砂鉄・鉄鉱石が出土している。百済の進んだ製鉄技術が明らかになった。七支刀もそうした製鉄・鍛冶技術で製作されたのであろう。

　「臣國以西有水。源出自谷那鐵山。其邈七日行之不及。當飲是水，便取是山鐵，以永奉聖朝」（「神功紀」52年条）。

　4世紀後半の岡山県金蔵山古墳のような鋳造斧形品（鋳造鍬先・踏鋤）が流入する。それ以前の大阪府紫金山古墳などの鉄製農具（又鍬）も百済からもたらされた可能性がある。そのいっぽう，西晋製帯金具（奈良県新山古墳・兵庫県行者塚古墳）・位至三公鏡，朝鮮半島では「晋率善中郎将印」などの中国製品がある。

　新羅・加耶においても，規格化された鉄鋌が流入していた。新羅・加耶・慕韓・百済など，高句麗をのぞく朝鮮半島南部地域では，鉄鋌というかたちの鉄素材が流通し，倭とは需要・供給の関係にあった。5世紀になると，洛東江流域とともに，栄山江流域（馬韓＝慕韓）との交渉が盛んになり，鉄素材が供給されている。さらにその地域から製鉄技術の移転がなされたと推定される。4世紀以来の交渉が継続しているのであろうが，5世紀代にあらたに開発された地域とかんがえられる。

　宋と倭の二国の交渉において，当事国間のみならず，朝鮮諸国の新羅・加羅・任那・慕韓・秦韓を疎外したかたちで諸軍事号が承認されている。新羅は，502・508年に北魏，521年に梁，564年に北斉に朝貢するが，5世紀代には中国とは冊封体制にはいっていない。また加羅（大加耶）は，479年に南斉に朝貢し，「輔国将軍加羅国王」に除授された。

　宋と新羅・加耶間において，冊封関係はなかったのであり，倭が都督諸軍事権を行使することはありえない。新羅や加耶がその支配権を是認するはずがない。ただし強力な軍事力をもっていたとすれば，別問題である。都督諸軍事号の実体については，百済をのぞいて徐正されているように，もともと倭にとって新羅や加羅と同等の意味で「百済」をふくめて，自称したのであり，宋からあたえられた都督諸軍事は事実であろうが，倭は，諸権力を行使しえなかった。

　徴兵権とか徴発権を行使し，じっさいに新羅・秦韓・加羅・任那・慕韓で，軍事的活動をおこなったということは否定される。宋の冊封の論理では，高句麗・百済は朝貢国であり，朝貢してこないその他の諸国の都督権を倭に認めたにすぎない。倭も，新羅や加耶諸国を統治する軍事力（強力），管理機構をもっていなかった。

　4〜5世紀の倭の国際関係（交通関係）において，鉄の交換・交易が中心であった。朝鮮半島で，南朝の冊封体制を背景に，都督諸軍事号を権力基盤として，掠奪的に鉄を獲得していたという論は成立しがたい。朝鮮半島西海岸の竹幕洞祭祀遺跡にみられるように，5世紀いらい倭・百済・慕韓・南朝との海上交通が発達し，朝貢関係，交易，交換，技術移転などの交通関係があった。鉄素材も，都督諸軍事号によって，強権的に収奪するような関係でなかった。古

墳時代における「被葬者たる首長の副葬品は，その支配領域の内部においては生産されない物資を多くふくんでおり，それらは交換によって他のクニ＝共同体から調達された」〔石母田 1971〕のであった。

　5世紀後半は，輸入素材に依存するとともに，列島内で鉄生産が開始された段階にあったのであろう。5世紀末には，従来の鉄鋌が消滅することは事実である。5世紀後半に，近畿の各地に鍛冶集落（精錬・鍛冶，金工）が出現する。大阪府大県，奈良県布留・脇田・南郷遺跡などの鍛冶集落が増大する〔花田 1989〕。日常容器である朝鮮系軟質土器をともなう渡来人集団の居住集落である〔今津 1994〕。鉄生産（製錬）の発展によって，素材が供給されたのである。なお大県遺跡は精錬・鍛冶遺跡で，国内産の鉄鉱石から製錬された鉧や銑が搬入され，精錬（大鍛冶）されたと推定される。鉄鋌副葬の減少と同時に，鍛冶具の副葬が汎日本的に増大する。その背景に鉄素材（鉄塊）の供給があったことをしめす。5世紀後半の段階において，加耶などの地域で，鉄を掠奪する必然性がみられない。

　弥生時代から古墳時代中期の数百年間にわたり，「掠奪」的な行為で鉄を入手しがたいことは自明である。交易・交換という交通形態を重視すべきであろう。4～5世紀において，一元的ではないが，倭政権による「管理交易」もおこなわれていたのであろう。

　5世紀代に，大阪湾の津に面する法円坂倉庫群，紀ノ川河口の鳴滝倉庫群は，まさに諸共同体の終わる場に造営された巨大な倉庫群で，いずれも津・潟（港湾）に立地する倉庫群である。和歌山市丸山古墳の大形鉄鋌，古市・百舌鳥古墳群における鉄鋌なども，交換財である。そうした鉄素材は，共同体の終わるところの市で交易された。住吉の津や紀ノ川河口は，「市」が発達していたのであろう。河内・和泉・大和地域などの鍛冶集落（地域首長と関係した）に，鉄素材が供給されたのであろう。

[5]　白江（白村江）の戦い

　白村江戦争は，唐・高句麗・新羅・百済・日本を席巻した国際戦争である。各国の内政と外征の利害がからみあい，軍事的同盟の紐帯を変化させながら，戦争をくりひろげた。百済は滅亡し，やがて高句麗も668年に滅亡する。

　以下，白村江の戦いの前後の時期をたどる。とくにこの間の全栄来〔1996〕の地名比定，戦跡の考古学的研究の成果をふまえる。

　今西龍〔1934〕は，周留城（扶安郡・遇金岩山城）攻防にみえる白江は辺山半島付近，東津江の流入する東津浦で，白江は錦江，白村江海戦は「界火島付近」（「白江は，茁浦内浦」の可能性も示唆）と推定する。

644～658	唐の高句麗侵攻，659　第4次遣唐使（北路），660～662　唐の高句麗侵攻。
660	7. 唐の蘇定方等，新羅とともに，水軍・陸軍（10～13万）で泗沘城を攻略。
661	3. 新羅が百済軍の「豆良伊城」を攻撃。新羅軍は「古伐比城」（古阜）に駐屯。5. 遣唐使帰国。
662	1.27 百済佐平・鬼室福信に矢十万隻・稲種三千斛等を送る（『日本書紀』）。2. 唐・新羅軍，高句麗を討つ，高句麗，日本に救援を求める（『日本書紀』）。5. 阿曇比羅夫等，船師170艘を率いて，余豊璋を百済におくり，百済の王位につかせる（『日本書紀』）。12. 拠点を州柔城（周留城）から避城（金堤）に移す。
663	2. 新羅，居烈城（慶尚南道居昌）・居勿城（全羅北道南原）・沙平城（全羅南道順天）・徳安（全羅南道恩津）の「四州」を陥落。州柔城に拠点を移す（『三国史記』『日本書紀』）。鬼室福信，唐の俘虜を献じる（『日本書紀』）。3. 上毛野君稚子・阿倍比羅夫らを遣わし，兵2万7千を率いて斯羅を討つ（『日本書紀』）。6. 百済の王豊璋，鬼室福信を殺す（『日本書紀』）。8.17 新羅の賊将，州柔城（王城）を繞む（『日本書紀』）。唐将，戦船170艘を率いて白村江に陣烈する。日本の諸将・百済の王，気象を観ずして戦う。唐，左右より船を夾みて繞む。艫舳廻旋すること得ず。百済の王豊璋，高句麗に逃げる（『日本書紀』）。唐の劉仁願・新羅王金法敏の率いる陸軍，劉仁軌らは水軍・糧船を率いて，熊津江から白江（白村江）に往き，陸軍と会し，周留城を攻める。劉仁軌は白江河口で倭兵と戦い，船400艘を焼く（『旧唐書』）。9.7 百済の州柔城，始めて唐に従う（『日本書紀』）。9.12 牟弖を発ち，9.13 弖礼城に至る。9.24 枕服岐城にいた妻子等，日本の船師，佐平余自信・達率木素貴子・谷那晋首・憶礼福留，弖礼城に至る。9.25 日本に船出する（『日本書紀』）。
664	5.17 唐の百済鎮将劉仁願，郭務悰等を遣わし，文函・献物をたてまつる（『日本書紀』）。10. 郭務悰等を送り出す勅を出す。物を郭務悰に賜り，饗宴をもよおす（『日本書紀』）。12. 郭務悰帰る（『日本書紀』）。この年，対馬・壱岐・筑紫等に防人，烽を置き，筑紫に大堤を築き，水を貯えさせ，水城という（『日本書紀』）。
665	2. 百済の百姓男女四百余人を近江国神前郡に住まわせる（『日本書紀』）。8. 達率答㶱春初に長門国に城，達率憶礼福留と四比福夫に筑紫国の大野城・椽（基肄城）を築かせる（『日本書紀』）。9.23 唐，劉徳高・郭務悰等，254人を遣わしてくる。12. 劉徳高ら帰国（『日本書紀』）。第5次遣唐使（送唐客使）。
667	11. 倭国に高安城，讃吉国に屋嶋城，対馬国に金田城を築く（『日本書紀』）。遣唐使（送唐客使）。

　井上秀雄〔1984〕は，白村江の戦いを，「駿河の国造系の豪族であった廬原君臣が1万の軍隊を率い，400ないしは1000の軍船に乗って，唐の水軍と戦ったにすぎない」ととらえる。

　全栄来〔1996〕は，白江は熊津江（錦江）で，東津江であること，周留城は扶安郡の禹金山城であることを考証する。また達率憶礼福留らの百済遺民の日本への脱出ルートを考察し，周留城から，牟弖（全羅南道南平・光州地域）を経て，弖礼城（宝城郡烏城面・冬老城）に至り，その兆陽浦（徳粮湾）を船出したと推定する。

　白村江の戦後は，唐・新羅の戦勝国間の戦い，戦勝国と敗戦国の交渉〔鈴木 1972〕がはじまった。遣唐使が遣わされ，戦後処理がなされた。新羅に対しては，668年に唐・新羅が高句麗を滅ぼした直後に遣使している。669年（第6次）から701年（第7次）遣唐使まで，約30年の空白がある。その間，遣新羅使や新羅使の往来が頻繁になる。7世紀末は，日本・新羅の国際関係が基軸となっている。いっぽう『日本書紀』の編纂にみられる新羅蔑視は，その以前の日本（倭）・百済の同盟関係，帰化人・渡来人がかかわっている。

　白村江戦争の前後の時期，日本は，659年に遣唐使，665年に送唐客使とはいえ，遣使している。662年の百済への武器供与の前年の661年に遣唐使が帰国している。戦争の末，百済は滅亡し，日本は敗退するのであるが，滅亡した百済からの多くの帰化人・渡来人によって，諸技術が伝えられた〔平野 1993〕。

　白村江戦争は，日本古代において，最初で唯一の国際戦争といえる。その後の国際戦争は，

1592～1598年の豊臣秀吉の「文禄・慶長の役」である。

　6世紀末から7世紀は，隋唐と高句麗の戦争にはじまる。白村江の戦いは，日本と高句麗，日本と百済の関係の同盟的関係，唐・新羅と百済・日本の戦争関係，唐・新羅と高句麗の戦争という，東アジアを席巻した戦争の世紀であった。7世紀末には，朝鮮半島では，新羅が国家を統一し，日本列島では律令国家が形成された。660年，阿倍比羅夫の蝦夷への侵攻によって，国家内の統合をなし，百済救援，戦争へと邁進する。白村江戦争では，現実に派兵し，敗退するのであるが，新羅や唐の侵入・攻撃という危機意識をあおりながら，山城などを築造し，国内の統一をはかったのであろう。そして国家内部における権力闘争である壬申の乱の終結をもって，律令国家が成立したととらえられる。

（1997年3月旧稿）

参考文献

石母田正　1971『日本の古代国家』岩波書店.
井上秀雄　1984「白村江の戦い」『日本古代文化の探求・戦』社会思想社.
今津啓子　1994「渡来人の土器―朝鮮系軟質土器を中心として―」『ヤマト王権と交流の諸相　古代王権と交流5』名著出版.
今西龍　1934『百済史研究』國書刊行会.
川越哲志　1993『弥生時代の鉄器文化』雄山閣出版.
河村好光　1995「海を渡った鏃形碧玉製品」『考古学研究会40周年記念論集　展望考古学』.
菅谷文則　1975「前期古墳の鉄製ヤリとその社会」『橿原考古学研究所論集　創立三十五周年記念』吉川弘文館.
鈴木治　1972『白村江―敗戦始末記と薬師寺の謎―』学生社.
鈴木靖民　1995「加耶の鉄と倭王権についての歴史的パースペクティーヴ」『日本古代国家の展開』上，思文閣出版.
全栄来　1996『白村江から大野城まで』新亞出版社，韓国全州.
武田幸男　1989『高句麗史と東アジア』岩波書店.
武田幸男　1997「朝鮮の古代から新羅・渤海へ」『隋唐帝国と古代朝鮮』世界の歴史6，中央公論社.
西谷正　1977「朝鮮考古学の現段階」『朝鮮史研究会論文集』14.
西谷正　1991「慶州・月城路古墳群が提起する問題」『東アジアの古代文化』68，大和書房.
野島永　1997「弥生・古墳時代の鉄器生産の一様相」『たたら研究』38.
花田勝弘　1989「倭政権と工房―畿内の専業集落を中心に―」『考古学研究』143.
浜田耕策　1973「高句麗広開土王碑文の虚像と実像」『日本歴史』304.
平野邦雄　1993『帰化人と古代国家』吉川弘文館.
山尾幸久　1989『古代の日朝関係』塙書房.

コラム

出土品からみた甲冑　　　　　　　　　　　　　　　　　　　福　尾　正　彦

a　はじめに

　甲冑は身体を庇護するための装備である。「よろい」は軀幹を，「かぶと」は頭をそれぞれ防禦する。「よろい」として甲・鎧・介・函・堅・鉀・冑など，また「かぶと」として冑・兜・盔・鍪・甲などの漢字をあてる。

　平安時代以降は鎧と兜の字を使用することが多くなるが，それ以前の文献に表される名称は，甲に関しては構造上，短甲・挂甲・綿甲であり，材質からは金銅甲・鉄甲・革甲などがある。ただし，ここに表記された「短甲」は古墳出土品に仮託している製品とは構造を異にしている可能性もあるので注意を要する。また，甲が「かぶと」，冑が「よろい」として使用されることもあり，前後の文意からの慎重な判断が要求される。

b　戦いの始まり

　「戦い」を集団同士の殺戮行為と定義すれば，「戦い」は農耕社会の成熟する過程で本格化したと考えられている。つまり，沖縄と北海道を除けば，弥生時代からである。このことは「城壁」，武器，武器形祭器（武力崇拝），戦死者，戦いの絵画などにその痕跡をうかがうことができる。

　中後期における鏃などの急増は，それと対極的関係にある防禦を目的とした武器，すなわち武具の代表例である甲冑の発達をも促したと考えられるが，実例は少ない。おそらくは木や皮革などの有機物であり，鉄製品化はなされていなかったためであろう。神谷正弘が1990年に木製品を集成した段階では，弥生時代には静岡県伊場遺跡（後期前半），岡山市鹿田遺跡（後期末）出土例のみが俎上にあった。両遺跡例ともに前胴および後胴を庇護する短甲に属し，草摺などの付属具や冑を伴っていない。短甲のみの出土は木製品の大きな特徴と言ってよかろう。冑の不在は，後代の衝角付冑の形状などから判断して，皮革などを使用した製品の存在を推測させる。

　現在，弥生時代の木製短甲は8遺跡から出土しているが，構造からみれば大きく二分できよう。

- Ⅰ類：輪切りした木の曲面を利用しつつ内部を刳り抜いて背当（後胴）と左右に分かれる胸当（前胴）を製作し，綴じ紐により組み合わせたもの。本類型には，同心円文等が彩色とともに華麗に刻されたものもあり，伊場遺跡例では羽根状部分の存在と併せて，防禦以外の付加的意義も説かれている。
- Ⅱ類：各種の板材を地板とし，革綴にしたもの。岡山市南方遺跡（中期）例では縦長と横長の製品，さらにはやや小型の製品が認められ，前二者が短甲部，後一者が草摺の前掛け状部分に復元されている。

　これらのうち，刳り抜き系ともいえるⅠ類は縄文時代，もしくはそれ以前の木製品加工処理技術が基本となっていると考えられ，成立にあたっての着想を問わなければ，既存の技術で対

応できる，いわば伝統的製品と見なすことができよう。

一方，組み合わせ系のⅡ類は，革綴に際し地板の穿孔位置への配慮の必要性等を勘案すれば，Ⅰ類よりも高度な技術体系が求められよう。現在，Ⅰ類とⅡ類の出現時期については，Ⅱ類のほうがやや古いようであるが，前述のように憶測することが許されるならば，Ⅱ類が新出の製品とすることができようか。ただし，弥生時代に戦いが開始・本格化したという前述の立場をとれば，稲作や金属器の伝来とともに，Ⅱ類短甲が併せて伝わり，その影響のもと，Ⅰ類が成立したことも考えられよう。

c　古墳時代の甲冑

〈前期古墳の武器武具と鉄製甲冑の出現〉
古墳時代を三区分した場合の前期は，鏡や碧玉製腕輪類などの副葬からその祭祀面が強調されがちである。しかし，これは豊富な武器類に裏付けられた現象的一側面にすぎないことは注意を要する。

例えば，出現期の古墳として位置付けられている京都府椿井大塚山古墳の場合，三十数面の鏡を出土したことで著名であるが，刀剣20点以上，鉄鏃200本以上にも及ぶ豊富な鉄製武器類などが副葬されていた。そこには，古墳というモニュメントを築くに至った首長の武力的背景の一部を垣間見ることができる。本古墳では弥生時代には認められなかった鉄製甲冑が出土している。縦長のやや厚手の鉄板2枚と500枚を超える頭円下直截形の小札である。前者は短甲の一部と考えられ，後者は革綴されて小札革綴冑に復元されている。

前期古墳から出土する甲には，短甲と小札を使用した札甲があり，短甲では竪矧板革綴短甲と方形板革綴短甲が知られている。竪矧板を使用した短甲は朝鮮半島においても出土しているが，いずれもやや幅広の竪矧板を鋲留にしたものである。革綴と鋲留の相違，使用枚数などからみて，故地の有力な候補地と見なすことはできても，そこには在来技術の伝統や他地域の影響をも想定させる。一方，方形板革綴短甲は中国大陸中原地域の戦国時代以来の出土品（咸陽楊家湾出土札甲など）にも同様の形状の地板を使用している例があるものの，近年では全体のプロポーションなどから弥生時代の木製短甲との関連も説かれている。他方，小札を使用した甲は現在，奈良県城山2号墳に革綴の出土例が報告されているのみである。

該期の冑は，基本的には小札革綴冑である。甲とセットで副葬された例は少ないが，京都府瓦谷1号墳では方形板革綴短甲と共伴している。小札の形状や穿孔位置などは，小札革綴甲に使用されたものと酷似しているから，将来，両者が組み合わさって出土する可能性は高いといえよう。

小札を革綴し，繊帯（糸）を用いない甲冑はこの時期にのみ認められ，後続することはなく，その影響を受けた他の金属製品も確認できない。鉄板の断裁，穿孔位置の確定等高度な技術体系を有し，大陸や朝鮮半島に類例を求めえることから，舶載品と考えられよう。

さて，古墳時代前期末になると，冑では衝角付冑，短甲では三角板や長方形板を革綴にした製品が出現する。古墳時代甲冑史における大きな画期といえよう。鉄製衝角付冑の出現は以後の古墳時代を通じて，冑の主流となる点からも重要である。前代にも同様の形状を有する皮革

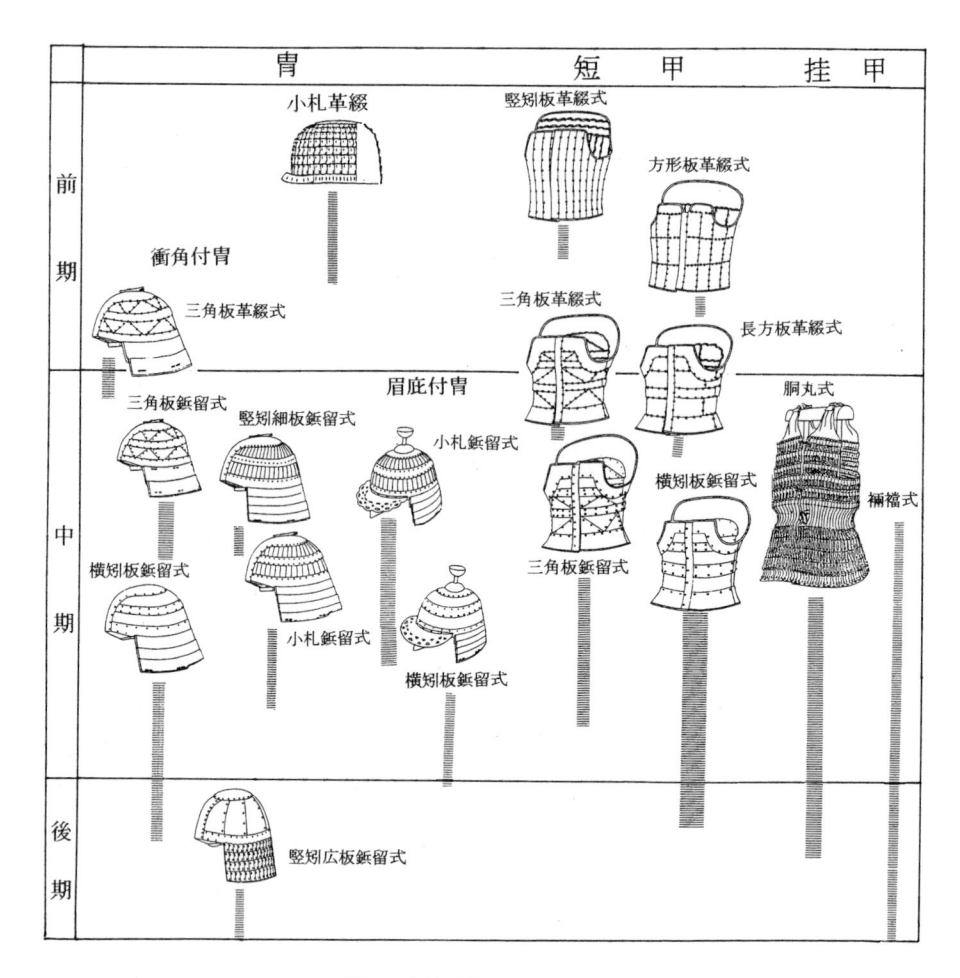

図1 古墳時代の甲冑の変遷

製品の存在を推測させるが，該期に国内で鉄製品化されたことに意義を見い出したい。短甲も引合板・押付板・帯金等により枠組が設定されたことにより，強度等がさらに増し，冑における帯金の使用と併せて，多量生産への第一歩となった。

その一方で，木（大阪府下田遺跡など）・皮革（奈良県東大寺山古墳）・繊維質（兵庫県西野山3号墳）などを素材とした製品も知られており，防具としての甲冑の普及状況がうかがわれる。

熊本県柳町遺跡の井戸内出土の木製短甲には，形態の異なる2点が報告され，うち1点は鉄製革綴短甲の影響が指摘され，材質の異なる両者の関係を知る上で好資料となっている。

〈中期古墳における多量の副葬〉 古墳時代中期は「甲冑の世紀」である。この時代の有力首長の墓からは鉄製の甲冑が多数出土している。大阪府野中古墳（一辺40m未満の方墳）では鉄製品を中心とした豊富な副葬品が検出されたが，なかでも11領にも及ぶ甲冑は圧巻であ

る。革製衝角付冑 3, 小札鋲留眉庇付冑 8, 三角板革綴襟付短甲 3, 三角板鋲留短甲 5, 横矧板鋲留短甲 3, 肩甲 8, 頸甲 8, 草摺 1 と, 革綴と鋲留の両製品を含んでいることが注目される。

甲冑を多量に副葬した例としては, 他にもそれぞれの地域で屈指の規模を誇る前方後円墳（福岡県月の岡古墳・兵庫県雲部車塚古墳など), 陪冢的位置にある古墳（大阪府七観山古墳・野中古墳など), 大円墳（大阪府豊中大塚古墳など), 小円墳（奈良県円照寺墓山 1 号墳など）等, バラエティに富んでいることから, 社会的な浸透の度合いの深さとともに, 着装者の分化を推測させる。甲冑を必要とした背景も加味しなければならないが, 技術的には革綴技法に鋲留技法が加わったことにより, 大量生産がより可能になり, 定型化もサイズの規格化を含め, 一層進展したのであろう。

該期に加わった甲冑の新形式としては, 眉庇付冑と挂甲が挙げられる。前者は金銅装の製品も多く, 甲冑のなかでもっとも装飾的要素が強いものである。後者は, 多量の小札を革綴するとともに繊しの技法を採り入れることにより, 可動性・伸縮性および強度を高めている。ただし, 原形が復元されたのは大阪府長持山古墳出土例などきわめて少ない。大陸や朝鮮半島にその源流が求められるが, 細部においては検討を要するところも多く, 良好な資料の増加が望まれる。

〈後期古墳における出土量の減少〉 前段階に認められた多量副葬は, 短甲や眉庇付冑の激減もあって, 影を潜める。一方で, 挂甲が後期古墳における武具の主流となっていく。併せて, その出土古墳も各地域における有力古墳にほぼ限定される。

挂甲は胴丸式（胴一連。引合せが前面に位置する）と裲襠式（胸当・背当と脇当からなる）に二分できるが, 後者の出土例は寡少である。挂甲の普及の背景には, 複数の生産集団の成立とそこからの製品の収納・供給という新システムが確立しつつあったことが指摘されている。挂甲に比べて, 冑（堅矧広板鋲留衝角付冑など）の出土例は僅少で, 鉄製冑の普及については疑問が残る。

後の史料ではあるが,『東大寺献物帳』に, 短甲は冑や他の付属具とセットで 1 具とし, 挂甲は甲のみを 1 領と記載していることも参考となろう。

細部を不問にすれば, 古墳出土挂甲の系譜上に位置する資料が奈良県飛鳥寺塔心礎からも出土しており, 共伴遺物と併せ, 当時の人々の甲冑に対する意識を知るうえで参考となる。

d 奈良時代以降の甲冑

古墳時代における甲冑は古墳という「収蔵庫」の存在により, 実例が多く残ることとなった。奈良時代の「収蔵庫」は正倉院である。現存する甲冑は挂甲残欠のみではあるが, 腰札が「く」字状に屈曲する資料があり, 古墳出土例とは異なっている。腰回りにゆとりを有するためと指摘されている。古墳時代以前の甲冑が具体的に実戦の場でどのように使用されたか, 疑問が残るのに対し, 正倉院宝物中の挂甲などは有事の際には実際に持ち出されており, 武具そのものであったことを再認識させてくれる。

該期の出土品としての甲冑は, 奈良県東大寺大仏殿, 青森県根岸 (2) 遺跡などから出土した小札（厳密には「札」）が確認されているものの, きわめて少ない。発掘の偶然性の産物というよりも, 大多数が地金として回収されたためとされる。加えて,『続日本紀』天平宝字 6 年 (762)

正月丁未条に「綿襖冑」，同年2月乙卯条などに「綿甲冑」と見える記事や，同書の宝亀11年(780)8月庚戌条の「諸国年料甲冑」を鉄甲から革甲に変更せよという勅の存在も，その大きな理由の一つに加えることが可能であろう。

前者の記事にある「綿襖」と「綿甲」についてはしばしば混同され，江戸時代以来の論戦があるが，鈴木敬三は，対新羅戦のため一般兵士の料として製作されたことを指摘している。いわば特殊な事情における製作品として位置づけることができよう。また，中世では鉄札のみで構成された甲冑は確認できないため，後者の勅以降の甲冑の主体は，後世の例から判断して牛の煉革(いためかわ)を札とした革類であったことが推察される。

「綿甲」や革甲は出土品として検出される可能性は低いが，近年，平安時代以降の甲冑が京都府法住寺殿跡，青森県古館遺跡，神奈川県西ノ谷遺跡などで出土している。これらはいずれも鉄製札で，札の形状はほぼ11世紀代に位置づけられている愛媛県大山祇神社の大鎧に類似している。ただし，大鎧が右脇の脇盾構造により着装するのに対し，正倉院宝物に遺例のある胴丸式挂甲は引合せが前面に位置する。挂甲から大鎧への変化については，裲襠式挂甲・「短甲」の実態が明確ではない現在，今後の出土品に期待する部分が高い。

このような状況にあって，平安時代末期とされる法住寺殿跡W10土壙出土の5領以上の甲冑は出土状態が良好で，全体像が全てではないが明らかにされており，従来の甲冑研究を大きく補完することとなった。ここでは，報告書でも強調されているように，平安時代にあっても，比較的小振りの札と大振りの札が共存し，着装する武士のランクを示しているとも推察されることを指摘しておきたい。

札の形状，大きさ，穿孔位置などからみれば，奈良時代以降にもいくつかの画期を認めることは可能であり，それぞれが有する意味を有職故実などの研究成果と統合して，新たな甲冑像の構築が望まれる。その意味でも，今後の出土品の増加に対する期待を改めて表明しておきたい。

引用・参考文献

上田宏範 1979「綿襖冑」『橿原考古学研究所論集』五，吉川弘文館．
金関恕 1996「鳥装の羽人」『九州歴史』5―12（59号），九州歴史大学講座．
神谷正弘 1990「日本出土の木製短甲」『考古学論集』第3集，考古学を学ぶ会．
小林謙一 1988「古代の挂甲」『高井悌三郎先生喜寿記念論集 歴史学と考古学』真陽社．
坂本彰・伊藤薫 1995「東国における古代末～中世初期の武具製作址―横浜市西ノ谷遺跡の鍛冶遺構」『日本考古学協会第61回総会研究発表要旨』日本考古学協会．
末永雅雄 1934『日本上代の甲冑』岡書院．
鈴木敬三 1961「綿甲冑と綿襖冑」『國學院雑誌』第62巻第9号，國學院大學．
高橋工 1995「東アジアにおける甲冑の系譜と日本―特に5世紀までの甲冑製作技術と設計思想を中心に―」『日本考古学』第2号，日本考古学協会．
春成秀爾 1996「鳥になった司祭者」『九州歴史』5―12（59号），九州歴史大学講座．
宮崎隆旨 1983「文献からみた古代甲冑覚え書―'短甲を中心として'―」『関西大学考古学研究室開設参拾周年記念考古学論叢』関西大学．

紙幅の関係で報告書類は省略させていただいた。

4 軍団と防人

　　　　　　　　　　　　　　　　　　　　　　　　　　　　工藤雅樹

[1] 都の防備

A　都城の構造

　日本古代史では環濠集落や高地性集落から知られる弥生時代における戦いや，ヤマトタケルの物語などにその記憶が残っているとも思われる大和朝廷成立期の戦いや磐井の乱に代表される戦いなどが想定できる。しかし歴史時代においては，少なくとも日本国内を舞台とする大規模な他国との戦争はなかったし，大和勢力に対して他地域の勢力が主権者の地位をかけて挑む戦いもなかった。したがって藤原京や平城京には外部勢力の攻撃から都を防備するための本格的な構造物は作られなかったと見てよい。

　そこではじめにこのような点も考慮しながら日本の都城を中国のそれと比較しながら，日本の都城の特質について考えてみる。中国の都城と日本の都城の共通点としてあげられる，碁盤の目状の道路，都城の中央を南北に貫く朱雀大路と，そのつきあたりに位置する宮城の存在などは，確かに平城京や平安京の日本の源流が中国の都にあることを直接に示すものといえるであろうし，宮城内の大極殿，朝堂院を中心とする一郭の建物配置なども中国の影響を強く受けたものであることは疑いない。

　しかし日本の都城と中国の都では無視できない相違点もある。これまでの都城論は，どちらかといえば彼我の都城を平面図の上で比較する論であり，立体的に都城を見るという視野に欠けていた。しかし都城を立体的に見るならば，彼我の都城の相違はより明確になる。中国の都は明，清の北京城からさかのぼっては春秋・戦国時代の諸国の都，さらには殷，周の時代の都にいたるまで周囲に強固な城壁をめぐらすのを常とする。そして中国においては都だけではなく，地方の中小都市の場合でも城壁をめぐらすのが通常の姿であった。中国の城壁をめぐらせ

た都市の古いものでは，殷中期の都の城壁とされるものが河南省鄭州市内に残存している例が有名である。これは現存高で平均4.3m，厚さ約16mほどの城壁が，復元すると全周6,960m（東・南壁約1,700m，西壁約1,870m，北壁約1,690m）の方形プランになるように走っている。またさらに古い殷前期の城壁をめぐらせた都市の遺跡も，河南省偃師県で発見されており，これは鄭州のものよりはやや小規模で，厚さは平均で約20m内外，全周を復元すると5,340mほどになるものである。これらの城壁はすべて版築の技法によって作られている。さらに古く新石器時代の竜山文化期後期の河南省登封県の王城崗遺跡，淮陽の平糧台遺跡からも城壁が発見されている。さらに年代をさかのぼると，西安市半坡遺跡や陝西省臨潼県姜塞村の仰韶期の環濠集落のように，集落のまわりを濠で囲むものに遭遇する。

　初期の城壁は集落の外周をめぐるだけであるが，やがて首長の居住する部分にも城壁がめぐるようになり，西周期から春秋期には内城と外郭からなる二重構造の都市が出現する。戦国期になると外郭が強化される一方，内城は重視されなくなるというが，その後内城も強化されることは，漢の長安城における未央宮や長楽宮，唐の長安城における大極宮などの宮城や皇城，さらには大明宮や興慶宮，明，清の北京城の紫禁城に示されているとおりである。また隋・唐の長安城の場合には，碁盤の目のような都市区画（坊）それぞれにも城壁がめぐっており，その門は夜間には閉ざされて都城の街路は無人となり，もし夜間に街路に出る者があれば罪に問われることになっていた。

　なお秦，趙，燕などの戦国期の諸国が隣国や北方の匈奴との境界に城壁を築き，それを秦，漢が受け継いだものが万里長城であることはよく知られている。そして万里長城は北方の防御線として明代まで重要な意味を持ち続けたのである。

　ひるがえって日本の都城を見ると，都城の周辺を囲む防御機能を有する城壁が受容されていない。また宮城の周囲にも城壁はない。もちろんそれぞれの坊が城壁をめぐらすこともない。このことと関連して，中国の場合では外郭の場合でも宮城の場合でも外部との通路は城壁の要所要所に穴を穿ち，通路部分の城壁の上方には殿堂風の建築物が作られる。中国の都城の門には，儀式を行なう場合に重要な意味を持つという，単なる通路とは別個の機能があるが，これは城壁のうえに殿堂風の建築物を置くという構造があってはじめて有効に機能するものである。ところが日本の場合は外郭にも宮城にも城壁はなく，門は築地の切れ目に建てられるだけなので，門の上に殿堂風の建物を置くことはできず，門に重要な意味を持たせる儀式は行ない得ない。

　このように，彼我の都城の相違のうち城壁の有無にかかわる部分が，もっとも顕著な相違点なのである。このような相違は何に由来するものであろうか。古い時期から中国の都市が城壁をめぐらすのは，いうまでもなく都市がそれぞれに防御の体制をとる必要があったからで，中

国の歴史がそもそもは都市国家の段階，そして都市国家連合の段階をたどったことを反映している。そして城壁は住民の居住地全体を囲むものであって，首長層の居住部のみを囲むものではなかった。

そして都市国家から領域国家への展開が見られた後も，しばしば群雄割拠の状況が見られ，戦いの際には都市の運命は城壁が破られるか否かにかかわっていたから，依然として城壁が消えることはなかったのである。そして王朝の運命は最終的には首都の城壁，さらには宮城，皇城の城壁と一体であったから，近年まで城壁は重要な地位を保ち続けたのであった。なお中国の場合は周囲に強大な多くの異民族が存在しており，彼らは折にふれて中国本土に侵攻してきた。秦代以後明代にいたるまで，万里長城は北方の遊牧騎馬民族の攻撃を防ぐ領域国家中国の城壁と見ることができる。

これに対して日本の場合には，集落に環濠や土塁がめぐり，防御の体制がとられていたのは主として弥生時代である。古墳時代以降も豪族居館には濠がめぐることはあったから，明らかにされてはいないものの大王の居館，すなわち宮室にも濠がめぐり，それなりに防御の体制がとられていた可能性は高い。しかし古墳時代になると，集落そのものに濠などをめぐらし防御の体制をとったものはほとんどない。

本格的な都城が営まれるようになると，その周囲に防御を目的とした濠や城壁が設けられることはなかったし，宮城の周囲もまたそうであった。都城の前面，宮城の周囲などの濠と築地は防御を目的としたものというよりは，外見の上での中国的な都城の存在を印象づけることを目的とした感が深い。中国の場合は少なくとも唐代までは都城内の各坊にも城壁があった。これは坊のひとつひとつがそれぞれ個別の都市的な機能を有することのあらわれである。ところが日本の坊は城壁をめぐらすことはなく，朱雀大路に面する坊の，大路がわにのみ築地が設けられた。これも外見上は中国的な都城に見えることを意図したものである。日本の場合は一旦大和政権が成立した後は，大和以外の勢力が武力で大和に攻め入ることや列島外の勢力が進攻してくることはほとんど考慮されていなかったことが知られる。

なお中国と日本の都城の大きな相違として，中国の場合は皇帝陵は皇帝死後の宮殿であり，現世の宮殿と死後の宮殿は分かち難いものであって，皇帝陵は都城の重要な要素となっているのに対して，日本の天皇陵はそのようなものではないこともあげなければならないが，この点については本稿の範囲から大きくはずれるので，くわしくは述べない。

B 衛府

都城防衛の制度についてもふれておく。律令時代の中央軍事組織の基礎は，衛門府・左右衛士府・左右兵衛府の五衛府である。内裏や諸官衙が置かれた宮城には外，中，内の三門（宮城

門・宮門・閤門）があったが，宮城門は衛門府の門部が，宮門は衛門府と左右衛士府が，閤門は左右兵衛府が警備を担当した。なお，京城外郭の門（京城門）の守備については明文が存在しない。

　宮城には南の正門にあたる朱雀門をふくめて計12の門があり（宮城十二門），これらの門は大伴門・佐伯門・丹治比門など大化改新以前から天皇に近侍していた諸氏の名称を付して呼ばれていた。宮城門の警備がこれらの諸氏からなる門部の担当であったのは，古くからの伝統をふまえたものなのであろう。

　衛士は諸国の軍団兵のなかの指定された者が上京するもので，期間は養老令では1年とされているが，実際には「壮年役に赴き，白首郷に帰る」ことも多かったようである。令には定数の規定はないが多いときには衛門府と左右衛士府にあわせて千数百人の衛士が所属していた。衛士は交替で宮門の警備にあたるほか，宮城内の所々の警備なども担当することになっているが，実際にはほかにもさまざまな労役に服したようで，逃亡なども頻繁にあったらしい。

　兵衛府には左右各400人の兵衛が所属しており，閤門の警備のほか殿門（朝堂門）の守衛，天皇の身辺の警護，宮内の宿直などに従事した。兵衛は内六位以下八位以上の嫡子および諸国郡司の子弟のなかの強幹にして弓馬に便なる者から選ばれることになっており，中央・地方の官人としての出発点に位置づけられており，衛士とはまったく異なる存在であった。そして都城や宮城内の警備のもっとも重要な部分を担当するのは軍団制を基礎とする衛士ではなく，兵衛および内舎人，大舎人などであることは軍団制が律令国家の恒常的な軍事的基礎とはみなされていなかったことのあらわれといえるであろう。また京城門の守備に明確な規定が存在しないことは，前項で述べたように都城が外敵の襲撃を受けることが想定されていないことのもうひとつの証拠になるであろう。

C　三　関

　都を防衛するものとしては関をあげておく必要がある。関の起源について『日本書紀』には神功皇后が新羅から帰って都に戻ろうとした時に，忍熊皇子が兄の麛坂皇子とともに明石の付近に山陵を作ると称して兵士を集めて謀反をおこしたことが記され，『新撰姓氏録』右京皇別の和気朝臣の条には，この時に針間（播磨）と吉備の堺に関を設けたとある。ただしこれがそのまま事実を伝えたものとする必要はないであろう。

　『日本書紀』大化2年(646)正月のいわゆる大化改新の詔の第二条には関塞を置くことが見えている。また養老軍防令にも，関には兵士を配置し，鼓吹・軍器を常備し，国司の責任で守固すべきことが定められている。そして『令義解』には三関とは伊勢の鈴鹿関（三重県鈴鹿郡関町），美濃の不破関（岐阜県不破郡関ケ原町松尾），越前の愛発関（福井県敦賀市山中）のことであると記さ

れている。この三関は畿内から東海道，東山道，北陸道に出る要衝に存在するから，東国から畿内に攻め入る勢力に備えたもののようにも考えられ，もしそうであれば，都に対する攻撃があり得ることが想定されていたことになる。

　壬申の乱の時には吉野から一旦は東国への脱出をはかった大海人皇子（天武天皇）は，その途中，三重郡家において鈴鹿関司から山部王と石川王（実は大津皇子）が関に到着したとの報告を受け，これを呼びよせる手配をしている。また不破道（不破関ではない）を塞いで近江朝がたが東国から募った軍が畿内に入ることを防いでいる。

　不破関が所在する関ケ原凹地は幅が2kmほどのところに，現在でも国道，高速道路，東海道線，新幹線などの主要交通路が集中しており古来の交通の要衝であった。関跡は凹地をやや斜行ぎみながら南北に流れる藤古川を西限とし，北限・東限・南限はそれぞれ約460m，432m，120mの土塁で画されている。そしてそのほぼ中央部を江戸時代の中山道，奈良時代の東山道にあたる道路が走っており，その北側に関の内郭の施設と思われる築地で囲まれた部分があり，その内部には掘立柱の建物群がある。出土遺物では瓦のなかには7世紀末から8世紀初頭のものがあり，須恵器は8世紀のものに限定される。これらの点から，不破関は壬申の乱を契機に設置が企画され，おそらくは初現的な施設が営まれたのであろうが，整備されたのは8世紀初頭であろうと考えられている。

　鈴鹿関推定地の地形もおおまかには不破関と類似しており，旧東海道などの主要道がそのなかを通っている。そして『続日本紀』宝亀11年（780）6月の条に「鈴鹿関西内城」の語が見えることなどから「西内城」という部分があり，それに対する「東内城」もあったであろうと考えられ，現地には「西内城」の東限，西限を画する土塁の一部らしき遺構が残存している。なお鈴鹿関は壬申の乱の記事に鈴鹿関司の語があることからすると，あるいは壬申の乱以前にすでに何らかの実態があった可能性が指摘されている。

　奈良時代から平安時代には，天皇が亡くなったり，譲位があったり，その他の緊急時には固関使が三関に派遣されている。若干の実例をあげるならば，元明太上天皇，聖武太上天皇，称徳天皇，光仁天皇，桓武天皇の崩御時，長屋王の変，藤原仲麻呂（恵美押勝）の乱の時などで，平城上皇が復位を企てた薬子の変の時にも使が派遣されて，故関（延暦8年に三関が停廃されているので故関といっている）が固められている。

　そして壬申の乱や薬子の変の時の状況から考えると，固関は畿内の外からの外敵の侵入に備えたものではなく，畿内における支配勢力の内部が分裂し，反政府の立場の勢力が一旦東国に入り，東国の軍事力を募って再度畿内に入り，権力を奪取するような事態を警戒したものであろうといわれている。そうであれば，三関の存在は畿内以外の勢力による反乱を想定したものではないことになろう。関の設置のはじまりを語る神功皇后の時のこととされる忍熊皇子らの

乱もまた，畿内以外の勢力の畿内への侵入にそなえた話になっていないことにも注意しておこう。

D 軍団制

　日本古代国家の特質を軍制の面から考えようとするときには，軍団制が朝廷の常備軍という性格があるかどうかも，検討しておく必要がある。

　軍団制の基本は浄御原令の段階でほぼ整ったと考えられている。律令の制度では軍団制は，同一の戸の正丁を3人に1人の割合で兵士に指定し，いくつかの郡ごとに置かれた軍団に所属せしめ，標準規模の軍団には1,000名の兵士が所属し，団別に兵士は10番にわけられ，10日ずつ交替で軍団に上番することになっていた。そして軍団の幹部としては大毅1人，少毅2人，主帳1人があり，これらには地方豪族が任ぜられた。また一般の兵士の上には校尉，旅帥，隊正（大宝令では二百長，百長，五十長の名称で，それぞれ200人，100人，50人の兵士を指揮）があった。そして九州防備のための防人や王宮警備のための衛士は軍団兵士のなかの指定された者が派遣された。そして衛士は全国の軍団からおくられたが，防人は東国からのみ派遣された。また令に条文はないが東北地方の城柵に派遣される鎮兵があり，防人と同じく東国からおくられている。

　軍防令によればそれぞれの軍団には鼓2面，大角2口，小角4口を置くことになっており，また倉庫があった。そして『出雲国風土記』によれば出雲国には意宇・熊谷・神門の3軍団があり，そのうち意宇団は「郡家に属す」とあって，意宇郡家の近くにあったことがわかるが（出雲国の国府も意宇郡にあった），他の2団は郡家からは離れたところにあるので，軍団の所在は必ずしも郡家の近くにあったとは限らないようである。

　軍団制は制度的には当初はかなり画一的であったが，養老3年（719）には志摩・若狭・淡路のような小国の軍団が廃止され，また1,000人未満の編成の軍団に関する規定もできて，規模が縮小された軍団もあった。そして天平11年（739）には，陸奥・出羽・大宰府管内および若干の重要な国々を除いて軍団制は廃止された。その後天平18年（746）には諸国の軍団が一時復活したが，このころから兵士の質の低下がめだつようになり，一部の国では郡司などの有力者の子弟をえらんで健児という兵士の制度をとるようになり，宝亀11年（780）には三関国と陸奥国・出羽国などを除いて兵士の数をへらし，延暦11年（792）には陸奥国・出羽国・佐渡国と大宰府管内の諸国を除いては軍団は一切廃止された。

　なお軍団の源流としては次のようなことが考えられるであろう。国造制の時代に国造をはじめとする地方豪族は軍事力を保持していたが，改新政府が発足すると地方豪族の力を削るために国造らの武器は収公され，国司がそれを管理するようになった。そして地方の軍事力は国造

の後身であるコホリの幹部（大宝令以後の郡司）には委ねず，コホリの幹部とは別人を起用して委ね，国司に直属させた。ただし軍団制が確立するまでは，斉明・天智朝の外征などとくに必要がある場合には，国造軍の伝統を直接にひく，地方豪族がひきいる軍が編成されたと考えられる。

以上のように見ると，軍団制の創設は地方豪族の力を削減して中央集権化をすすめる方策のひとつという意味も有していた。したがって軍団は特別に軍事的な注意をはらうべき地域は別として，一般的には必ずしも律令政府の常備軍という意味を持たなかったのである。一般の地域において軍団制が早くに廃止されてゆくのはこのような事情もあった。

[2] 百済の役

A 朝鮮式山城と水城

7世紀後半には、東アジア世界の国際関係がらみで，列島外の勢力が列島内に進攻してくる可能性が考えられ，そのための対応策がとられている。天智朝の百済救援軍が白村江において唐と新羅の連合軍に大敗した時である。『日本書紀』の天智天皇3年（664）是歳条には「対馬嶋・壱岐嶋・筑紫国等に防と烽とを置く。また筑紫に大堤を築き水を貯へ名づけて水城と曰ふ」とあり，翌4年8月条に「達率答㶱春初を遣はし長門国に城を築く。達率憶禮福留・達率四比福夫を筑紫国に遣はし，大野および椽の二城を築く」とあり，同6年11月是月条には「倭国に高安城を，讃吉国山田郡に屋嶋城を，対馬国に金田城を築く」とある。さらに『続日本紀』の文武天皇2年（698）の記事には「大宰府をして大野・基肄・鞠智城を繕治せしむ」とあって，それ以前に鞠智城が存在したことも知られる。これら一連の施設の造営は，列島内に唐と新羅の連合軍が進攻して来る可能性が考えられたことによる。

水城は大野城のある山から西の方向にのびる尾根に接続するように作られている。この部分は博多湾に注ぐ三笠川をさかのぼった博多平野の最奥の，平野の幅がもっとも狭くなっているところで，ここに盛り土により基底部幅80m，全長1.2km，高さは10mを越える規模で作られたのが水城の大堤である。1975年の発掘調査によって大堤の外側（博多側）には幅60m，深さ4mの堀があることが判明し，堀に水を導く木樋も発見された。大堤の東西にはそれぞれ門が設けられていた。なお水城の大堤の東から約三分の一付近の御笠川の流路にあたっている部分では約750mにわたって堤が見られない。従来これを御笠川の氾濫によって堤が欠落した結果とも解釈されていたが，1970年以来の一連の調査によってもともとこの部分には堤はないことがわかった。欠堤部分には石敷遺構があり，流路部分に石を積み，堤の裾部の堀に水を引き込

む洗堰が存在したであろうと考えられた。

　水城のあるところは現在でも国道3号線，九州高速自動車道，JR鹿児島本線などが通っている交通の要衝であり，この部分を固めることは敵軍の大宰府への侵入を食い止める最適の手段だったのである。なお博多方面から大宰府へ迂回して入る小さな谷の部分には数カ所，小水城といわれる小規模な土塁がある。これらは水城とあいまって大宰府防衛にかかわっていたのである。

　さらに佐賀県三養基郡上峰村の堤土塁は水城と同様の築堤である。また久留米市上津に，有明海方面からの敵の侵入に備えたと思われる土塁（小水城）が存在することが知られた。土塁は版築技法によって築かれており，幅は20m前後，土塁の前面（東側）には堀が設けられていたらしい。防衛線は博多湾がわのみに設けられたのではなかったのである。そして久留米市枝光台地に設けられた筑後国国府の第一期（7世紀末から8世紀半ば・古宮国衙）およびそれに先行する時期の前身官衙（7世紀半ば以降）の時期がある。そして第一期の古宮国衙がある台地の北端に，東西方向に長さ700m，幅3mの堀と，その内側にはさらに幅6m，深さ3mのV字形の空堀の大溝があり，その内側には掘上げ土で造られた土塁がある。大溝は南にまわって台地を囲むようになっている。そして堀や大溝は前身官衙の時期にさかのぼる。堀や大溝は720年代から埋められはじめ，8世紀半ばには埋められてしまったという。守られた官衙は大宰府だけではなく，筑後国府もまた防御機能が付せられていたのである。なお前身官衙の時期は防人の基地の可能性があるという。

　水城とほぼ同時に築かれたのが大野城，基肄城，高安城，長門城，屋嶋城，金田城，鞠智城である。そのうち大野城と基肄城はそれぞれ大宰府の北と南に対峙する山城である。

　大野城は大宰府の北側にそびえる標高410mの四王寺山の頂部を大きく囲むように土塁をめぐらし，その内部のやや平坦になっている部分に6地点あわせて70棟を越える倉庫と思われる建物跡が残っている。土塁は総延長6kmに及ぶ大規模なもので，谷にかかる部分では石を積んだ石塁になっている。また大宰府側から登ったときの正面に相当する南側とその反対側にあたる北側の土塁は二重になっている。城の内部に通ずる門跡は大宰府側に3カ所，北側に1カ所ある。土塁の規模は基底部では10mをこえ，高さはほぼ4m，土を版築状に積んだ丁寧な作りである。

　基肄城は大宰府の南8kmほどの筑前と筑後とをわかつ背振山塊の東部にあたる標高415mの坊住山の頂部を総延長約4kmの土塁で囲む構造で，城内の7地点に合計30棟ほどの倉庫ふうの建物跡がある。城門は4カ所知られており，南側の石積みの水門は見事である。また筑紫平野側の山麓には関屋土塁，とうれぎ土塁が知られており，防備の一環となっている。基肄城からは大宰府方面を見渡すことができるのは当然であるが，南の肥前平野や筑後平野を望むこ

写真1　紫禁城・午門（南門）

写真2　復元された平城宮・朱雀門（南門）
（奈良国立文化財研究所提供）

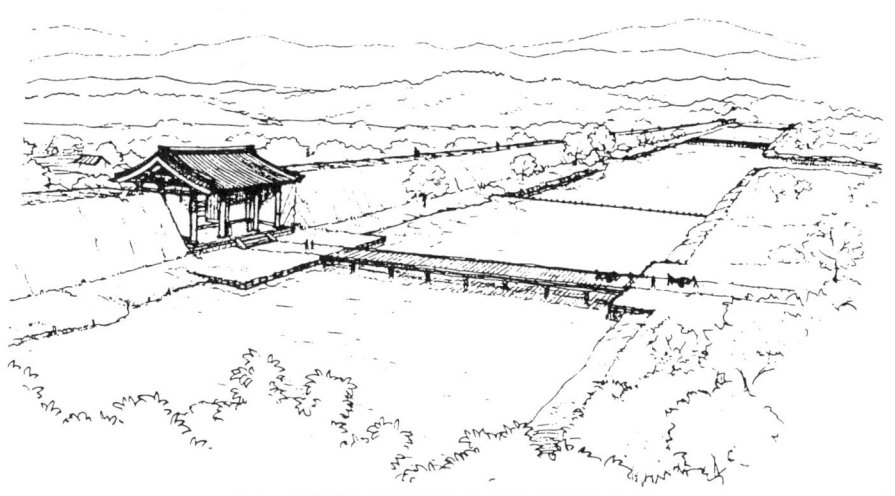

図1　大宰府水城復元図〔九州歴史資料館 1988〕

軍団と防人

写真3 多賀城政庁復元模型（東北歴史博物館提供）

写真4 平安時代の高地性集落遠望（岩手県西根町子飼沢遺跡）

ともでき，有明海方面に対する備えの意味もあったと思われる。

　鞠智城跡は熊本県鹿本郡菊鹿町米原の，有明海に注ぐ菊池川の河口から直線距離でも30kmもさかのぼった内陸部の菊池川に合流する迫間川と木野川にはさまれた台地の基部に位置する。城の中枢部にあたる内城地区は全周3.7km，面積55haの広さがあり，その北西部には土塁が，東側の一部には石垣が残存し，崖になっている南側には3カ所と北側に1カ所の城門が設けられている。内部からは武器庫，米倉，兵舎，寝殿風，八角形の鼓楼かと思われるものなど，これまでに合計67棟の建物跡が確認されている。また谷地形を利用して作られた貯水池があり，この池は建築資材を保管した貯木場の役割を果たしていたという。また内城地区を大きく取り巻くように迫地がめぐっており，これに囲まれた65haの部分も城の外縁地区と見なされるという。そして鞠智城がもっとも整備された時期は7世紀末から8世紀だということである。

金田城跡は，長崎県対馬の下県郡美津島町の，地元では城山と呼んでいる浅茅湾に突出した三方を海で囲まれた山上に位置する。長門城については遺跡は明らかではないが，下関市の四王司山とする説が有力だという。また香川県屋島に石塁の一部が残存しているが，これを屋嶋城の遺構にあてることができるかどうかについては確証はないとされている。高安城については，大阪府と奈良県の県境の高安山に倉庫跡と思われる礎石群があり，また石塁や列石の存在も報告されている。

　大野城，基肄城の構造は朝鮮半島の山城，とくに百済の山城と共通するものがあり，『日本書紀』にも大野城，基肄城を築いた人物として百済人の名前が残されている。また鞠智城の構造も朝鮮式山城と見てよいらしい。その他の城も遺構が確認されるものについては朝鮮式山城と共通する特長が認められるようであるから，この時期には百済人の技術による山城が西日本各地に作られたことがわかる。

　なお，これらの造営時期やその目的がほぼ明らかな山城と類似点がある神護石式山城が西日本各地に存在する。神護石はもともとは久留米市の高良山神社の神域に存在する列石を，神域を劃する施設であると考えて命名されたものであるが，後に同様な遺構を有する山城全体をさす名称となったものである。そして戦前には，神護石が神域を劃するものなのか，それとも山城であって軍事的な意味の強いものであるのかをめぐって，考古学研究史上でも著名な論争がくりひろげられている。戦後になって，おつぼ山神護石の発掘調査が行なわれ，列石は土塁の基部に置かれたものであることなどが知られ，また各地の神護石から水門や城門が発見されて，神護石が城であることが確定した。ただし神護石の場合には今のところ内部から建物跡などの施設が確認された例がなく，また出土遺物もほとんどないことから，神護石式山城については年代が確定できておらず，列石の状況が古墳の横穴式石室を思わせることから古墳時代後期と考える説から，朝鮮式山城と同一年代と考える説までさまざまな年代観が示され，この点と関連して，どのような状況を想定した城であるかについても，欽明朝の磐井の乱を想定する説から朝鮮式山城と同じく唐・百済軍の侵攻を想定して作られたとする説までさまざまな考えが示されている。

　神護石式山城に属するとされているものは，高良山神護石（福岡県久留米市），おつぼ山神護石（佐賀県武雄市），帯隈山神護石（佐賀市），女山神護石（福岡県山門郡瀬高町），雷山神護石（福岡県前原市），杷木神護石（福岡県朝倉郡杷木町），鹿毛馬神護石（福岡県嘉穂郡頴田町），御所谷神護石（福岡県行橋市），石城山神護石（山口県熊毛郡大和町），鬼城山城（岡山県総社市），永納山城（愛媛県東予市），城山城（香川県坂出市），大廻小廻山城（岡山市）である。

　しかし実際には唐・新羅軍の侵攻はなかったから，朝鮮式山城の多くは奈良時代のはじめころを過ぎると，これらの施設の本格的な保守・管理は徐々に行なわれなくなったようである。

B 怡土城

 8世紀のなかばすぎに、中国で安史の乱が勃発するとアジア世界の秩序が崩れ、新羅と日本の対立も激化し、新羅も日本もともに相手国に対して強硬な姿勢を見せるようになり、日本は武力で新羅を攻める計画をたてることになり、軍船500艘を作らせ、軍事教練を行なうなどのことがあった。このような状況のなかで怡土城が造営された。しかし安史の乱がおさまると、東アジアの秩序も回復の兆しがみえ、日本と新羅の軍事的衝突も回避されたため、怡土城もその軍事的な機能を発揮することはなかった。

 怡土城は大宰大弐の吉備真備の主導によって天平勝宝8年（756）に工を起こし、神護景雲2年（768）に完成したと『続日本紀』に記されている。遺跡は福岡県前原市（旧、伊都郡）の北に前原平野がひろがる標高415mの高祖山の頂上を取り込み、高祖山の西斜面に作られており、西は唐津方面から壱岐嶋方面、東は博多湾から大宰府方面までの眺望がきく地にある。山頂から稜線添いに望楼跡が9カ所あり、土塁・石塁・門跡も残っている。望楼と土塁を結ぶ線は総延長8kmにおよぶ。真備が唐で学んだ新知識を駆使した築城技術が用いられており、大野城などの朝鮮式山城が攻撃方面からは城内が見えないようになっているのに対して、これとは異なる様相を示すという。

C 防人・烽

 百済救援の役が失敗した後の天智3年（664）の記事には、烽と防人を置いたことが述べられている。防人の起源については、広義にとらえれば大化以前にも朝鮮半島にしばしばおくられた外征軍の一部が後詰めとして九州に滞在したことに求められるかもしれないが、狭義にはやはり白村江の敗戦と関連させて考えるべきであろう。おそらくは役に動員された兵士が退くときに、その一部が対馬、壱岐、北九州にとどまり、金田城、大野城、水城などの造営にたずさわり、またこれらの城やその他の要地にそのまま滞在したのが、狭義の防人の起源なのであろう。そして後の防人が東国からおくられたこととのかかわりを重視すれば、百済の役に動員された兵士は当初、九州など、西日本出身者が中心であったが、戦局の展開によって東日本出身者も海を渡ることになるが、そのさなかに白村江の敗戦となったため、東日本出身者がそのまま九州にとどまることがあったのではないかと考えられる。次に述べる廬原君臣の参戦が役の最終段階であったことなども参考になろう。

 大化改新以前の地方制度である国造制のもとでは、国造の義務のなかに朝廷から求められた場合には国造自身またはその子弟が領民をひきいて力役や軍役にしたがったことがある。磐井の乱の際には朝廷軍も磐井軍もこのような軍が主力だったのであろうし、外征に従った軍の主

力も国造がひきいるものであったと思われる。その一例をあげるならば『日本書紀』の推古10年 (602) 2月の記事には，来目皇子の新羅遠征軍の構成が「諸神部及国造伴造等幷軍衆二万五千人」であったとある。そして軍団制が確立する前には，必要がある場合には国造軍の伝統を直接にひく，地方豪族がひきいる軍が編成されたと考えられる。

斉明・天智朝の百済救援軍の主力もこのような軍であった。『日本霊異記』には伊予国越智郡大領の先祖の越智直や備後国三谷郡大領の先祖が百済救援軍に参加した話があり，ほかにも『日本書紀』『続日本紀』に白村江の戦いで捕虜となった人が送還された記事が散見する (天武13年〈684〉，持統4年〈690〉，持統10年〈696〉，慶雲4年〈707〉)。これらの人々は主に九州などの西日本の出身者が多いが陸奥国出身者もおり，また駿河の廬原国造の一族と思われる廬原君臣が軍をひきいて参加したことも知られている (『日本書紀』天智2年〈663〉8月条) ので，動員が東日本にも及んでいたことが知られるのである。

なお『万葉集』巻20におさめられている防人の歌は，天平勝宝7歳に部領使として防人を引率して難波に至った東国諸国の国司の手を通して，当時兵部少輔であり，防人検校のために難波にいた大伴家持にわたったものであるが，岸俊男氏によれば，防人集団には国造丁，助丁，主帳丁という，軍団制でいえば大毅，少毅，主帳に相当する幹部があったといい，これは国造にひきいられて出陣した国造軍ともいうべきものの名残であろうという。

浄御原令の施行によって軍団制が行なわれると，東国の軍団兵のなかの指定された者が防人として九州に赴くことが制度化された。防人は大宰府の官司のひとつであった防人司の管轄下に入り，筑前・筑後・壱岐・対馬およびその他の九州諸国の任地において守備についたのである。なお防人が配置されたところは「戍」と記されることがあり，そのなかには薩摩や豊後・伊予二国の界の例があって，「戍」が設けられたところのなかには唐や新羅からの防衛には直接的な関与は薄いと思われるものがあり，防人の制が海外からの脅威だけにそなえたものではないことがわかる。律令で防人制を規定した目的のなかには，九州地域に律令制を貫徹させようという意図もこめられていたとすべきであろう。なお軍防令の規定では防人の任期は3年となっているが，実際にはかなり長期にわたって九州に滞在したらしい。

防人の制度は天平2年 (730) および天平9年 (737) に停められている。天平2年は筑紫以外の防人の停止，天平9年には筑紫の防人が停止されたようで，これにより東国出身の防人は故郷に帰還した。そして壱岐・対馬の守備には筑紫の人が派遣されることになった。そして天平14年 (742) には大宰府も一旦廃止されるのであるが，天平17年 (745) に復活し，この頃に坂東諸国の兵士を防人とすることも一時復活した。しかし天平宝字元年 (757) には坂東諸国の防人が停止され，九州諸国の兵士を防人とすることになり，その後も若干の制度の変遷があったが，延暦14年 (795) には大宰府の防人司が廃止され，大同元年 (806) にいたり防人の制度も完全に

廃止されたのである。

　烽は律令では軍防令に規定があり，烽は40里離れたところに置き，昼は烟火を，夜は火をあげること，組織としては烽長2人が三つ以下の烽を検校すること，烽長は国司が部内のしかるべき人材を選んで充てるべきこと，各烽には烽子4人（2人ずつ交替で勤務）が置かれること，火炬は葦を心とし，その上に乾草を巻いてつくることなどが定められている。烽は中央では兵部省の卿が全体を，また西海道の場合は大宰府の帥が統轄し，直接にこれを管掌したのは諸国の国司であった。そして地方から都への烽のネットワークが確立されており，文献史料では出雲・豊後・肥前の各国の『風土記』に記載があり，出雲国と隠岐国に関しては天平6年（734）の『出雲国計会帳』にも記載がある。また天平12年（740）の藤原広嗣の乱の記事には広嗣側が烽火をあげて筑前国の兵士を徴発したことがみえている。また考古資料では栃木県宇都宮市飛山城跡からは9世紀初頭の「烽家」と墨書された須恵器の坏が出土しており，東北地方と都とをつなぐ烽の存在も推定されるにいたっている。

　遷都によっては烽の廃止・新設があり，平城遷都にあたっては河内国の高安烽が廃止されて河内国に高見烽が，大倭国に春日烽が設置されている。また平安京への遷都によって山城国・河内国に対して便宜の地に烽燧を置くことが命令されている。しかし延暦18年（799）には大宰府管内を除いて烽候が廃止されることになるが，飛山城跡の「烽家」墨書土器からすると東北地方に関連する地での烽の廃止はやや遅れるのかもしれない。そしてやがて九州においても烽は有名無実となるようである。

[3] 内　乱

A　藤原広嗣の乱

　古代においては畿内以外の勢力が都をおびやかすような内乱はなく，内乱は畿内の勢力の内部対立が要因となったもののみであった。そのなかで天平12年（740）の藤原広嗣の乱は，中央の内部対立が原因とはいえ，事件の舞台が九州であったこともあり，影響するところが大きかった。

　藤原広嗣は不比等の子で式家を開いた宇合の子である。天平9年（737）に猛威をふるった疫病により不比等の四子がそろって亡くなり，藤原氏は一時勢いを失っていた。このときに大宰少弐に左遷されていた広嗣は，天皇側近の玄昉と吉備真備を除くことを求めて反乱を起こしたのである。

　広嗣の軍は大宰少弐の地位を利用して九州諸国の兵を動員し，さらに隼人の軍も動員してい

た。朝廷も大野東人を大将軍に任命し、北陸道と西海道以外の五道の兵士17,000人を動員した。広嗣軍は三軍にわかれて登美・板櫃・京都の三つの鎮をめざして進軍し、三軍のうち二軍が鎮に到着したが、政府軍は板櫃鎮を攻略して軍営を設けた。その後体勢をたてなおした広嗣の軍と政府軍は板櫃川をはさんで対峙したが、広嗣は都から派遣された勅使の佐伯常人に論破され、これを期に広嗣軍は総崩れとなり、広嗣は一旦は耽羅嶋まで逃れたが西風に流され、ついに肥前国松浦郡値嘉嶋で捕らえられ、斬られた。

藤原広嗣の乱の記事に見える登美・板櫃・京都の三つの鎮がどのようなものであるかについては、軍団と考える説もあるが、防人が駐屯していた施設である可能性もある。なお『出雲国計会帳』には天平5年(733)8月に介の居勢首名が鎮所に参向したことが記されており、おそらくは出雲国にも鎮所があったことがわかるが、同計会帳には軍団の名は某軍団と明記されているので、この鎮所は軍団と同義ではないことも参考になろう。また鎮所は東北にも存在したが、この場合は城柵のことと考えられる。

B 藤原仲麻呂(恵美押勝)の乱

聖武天皇が皇太子の孝謙天皇に譲位すると、政治の実権は光明皇太后が握り、藤原仲麻呂は皇太后が政治をとり行なうために設けられた紫微中台の長官(紫微令)となり、中衛大将も兼ねて権力を握った。そして聖武上皇が亡くなると、仲麻呂と個人的な関係が深かった大炊王を皇太子とし、やがて王は即位して淳仁天皇となるに及んで仲麻呂の権威は最高潮に達し、天平宝字4年(760)には大師(太政大臣)となった。しかしこの年に光明皇太后が亡くなると仲麻呂の権力にもかげりが見えはじめ、孝謙上皇が僧道鏡を信任したことから上皇と淳仁天皇とが対立し、上皇は天皇の政治上の権限を奪って自己のものとした。

これに危機感を抱いた仲麻呂は天平宝字8年(764)9月に反乱を企てた。そして天皇権力の発動に必要な鈴印の争奪戦が発端となって、上皇方と仲麻呂方がそれぞれ掌握していた兵力を動員しての戦いとなり、仲麻呂は一族・与党とともに仲麻呂一派が握っていた近江国に向かおうとし、近江国が反対派にすでに掌握されていたことを知ってさらに越前国に向かおうとしたが、その途中で敗死したのである。

この事件は古代において都とその周辺で起きた戦いとしては最大のものであり、上皇方では授刀少尉坂上苅田麻呂や将曹牡鹿嶋足が活躍し、吉備真備が長官であった造東大寺司も乱に大いに関与している。また仲麻呂方では中衛府の兵が従軍している。そして造東大寺司関連では東大寺正倉院に収納されていた多くの武器が上皇方によって利用されたことが知られている。正倉院に納められた品物の出入りを記録した『雙倉北雑物出用帳』には仲麻呂の乱が起こった天平宝字8年(764)9月11日に御大刀48口・黒作大刀40口・御弓103枝・甲100領(挂甲90

領・短甲10領)・靫3具（矢240隻を納めたもの)・背琴漆靫1具（矢50隻を納めたもの)・胡禄96具（矢を納めたもの）を櫃22合（弓櫃5合・韓櫃16合・矢櫃1合）に納め鎖子布綱2条を着けて，内裏に献ぜられたことが記されている。これは造東大寺司の使者の安寛法師の宣によるもので，東大寺の責任者である良弁や東大寺三綱の署名もないままに，ただちに蔵から出されている。

そしてこれらの武器類は天平勝宝8歳(756)6月21日の聖武太上天皇の七七忌日に光明皇太后が東大寺大仏に献納したもので，「国家珍宝帳」にも記載のあるものである。そしてこれらは上皇方の武器として用いられ，そのほとんどは返却されていない。そのなかでわずかに返却されて現在も正倉院中倉に納められている赤漆葛胡禄には天平宝字8年9月14日の日付のある木札が付けられており，それには木工の衣縫大市に支給されたものであることが記されている。造東大寺司に属する木工も乱に動員されていたのである。

[4] 隼人と蝦夷

A 隼人

『続日本紀』文武3年(699)12月条には「大宰府をして，三野，稲積の二城を修せしむ」という記事がある。三野，稲積の二城のあった場所はそれぞれ日向国児湯郡三納郷，大隅国桑原郡稲積郷と考えられている。三野城は児湯郡にあった日向の国衙をささえる施設であったであろうし，稲積城の所在も和銅6年(713)に大隅国が置かれた後は大隅の国衙が置かれたところである。そしてこの記事に「修せしむ」とあることからすれば，二城はこれ以前から存在したものと見られる。ただしこれらの城の実態についてはほとんどわかっていない。

大宝2年(702)10月の条にも「唱更（今の薩摩国なり）国司等言す。国内要害の地に於て柵を建て戍を置きてこれを守らん，と。これを許す」という記事がある。薩摩国ははじめは唱更国といわれ，柵が置かれ戍が配置されたのである。唱更の意味については辺境の守備にあたる兵士ということであるともいわれ，薩摩国は成立後も主に柵を中心とした郡からなり，柵には兵士が駐屯する体制が取られていたのである。このように南九州には隼人に対するための城や柵が設けられていたのであるが，考古学的には遺跡は確認されていない。

B 東北の城柵

古代の蝦夷と関連する施設としてもっとも名前が知られているのは多賀城に代表される城柵であろう。城柵は大化改新の直後から平安時代の初期にかけて，地域的には太平洋側では仙台

平野以北に，日本海側では新潟平野以北に置かれている。

　城柵は文献史料のうえでは7世紀後半に渟足柵，磐舟柵，都岐沙羅柵，そして優嗜曇(置賜)柵が見え，ついで奈良時代前半には出羽柵，多賀柵，玉造など五柵(玉造柵，新田柵，牡鹿柵，色麻柵と名称不明の一柵)，雄勝城，桃生城，伊治城，覚鱉城，由理柵，中山柵などが見え，平安時代初期に胆沢城，志波城，徳丹城などが造営される。また，文献史料には名が残っていないが考古学的に城柵に含めて良いと思われるものも，宮城県仙台市郡山遺跡，古川市名牛館遺跡，秋田県仙北郡払田柵遺跡，山形県酒田市城輪柵遺跡などがある。

　大化改新以前の朝廷は，地方の有力豪族を国造に任命し，国造を通して地方支配を行なっていた。しかしこのような支配は仙台平野以北や新潟平野以北には及んでおらず，これらの地域は朝廷の直接支配の外にあった。大化改新以後，政府は仙台平野や新潟平野以北の地域にも直接支配の手をのばしはじめ，その拠点として城柵を置いたのである。ただしこれらの地域には大型の古墳もあり，国造が置かれていなかったとはいえ，古墳時代にも朝廷の勢力がある程度は及んでいたことがわかる。当時蝦夷の世界とみなされていた地域のなかにもこのような部分があったのである。

　古代東北の城柵については従来，政府側が蝦夷と戦うために最前線に置いた砦であると考えられていた。しかし，昭和30年代以来，多賀城跡をはじめとする多くの城柵遺跡の発掘調査が行なわれ，旧来の城柵観は一定の見直しが必要だということが判明した。それは城柵は古代国家が設置した官衙の一類型と見るべきものだということである。官衙であるからには，基本的には行政面を主要な任務とするものであり，この点で軍事基地とは区別さるべきものである。

　もちろん城柵には陸奥や出羽国内の兵士が交替で勤務したし，東国諸国からの鎮兵(九州に送られた防人に類する兵士)も配属されており，蝦夷との戦いの時にはその拠点となった。また蝦夷支配は一面で軍事力を背景としたものであったから，戦いが行なわれない時でも，一定の兵力を常備する必要もあった。したがって城柵の意義に軍事面が大きいことはまちがいないのであるが，それは城柵の意義の一側面である。城柵の意義として，蝦夷との戦いにかかわる軍事面のみを評価することは正しくなく，行政の拠点としての意義，また蝦夷の動向を把握し，蝦夷に対して政府側の影響力を行使するという任務もまた忘れてはならないのである。

　越後国，出羽国，陸奥国に置かれた城柵には，国司の一員や鎮守府の官人などが責任者として派遣されていた。国府以外の官衙に国司などの中央官人が常駐することは，一般的にはないことで，国府のほかにも中央官人が駐在する多くの施設が存在したのは，東北と同じく柵が置かれていた隼人の地域と越後国，出羽国，陸奥国の特質といってよい。律令には諸国の国司の任務が詳細に規定されているが，陸奥，越後，出羽の三国の国司は，他の国司の一般的な任務に加えて，饗給(大宝令では撫慰)，征討，斥候という任務が与えられていた。

蝦夷に食料その他の物資や位などを与えて，政府側の勢力を蝦夷側に浸透させることが饗給で，これが政府側が蝦夷と接触する場合の基本原則であった。斥候は蝦夷側の動静をさぐることで，饗給と斥候は軍事面での直接対決を伴わない。これに対して，征討は蝦夷との軍事的な接触である。城柵が設置されたのは蝦夷系の住民と移民系の住民が複雑にまじり合う地域であったから，城柵の任務のひとつはこのような特殊な地域に対する支配のための行政であったが，それとともに，城柵は中央官人が饗給，征討，斥候という任務を負って赴任し，蝦夷と接触する窓口でもあったのである。饗給は実際には城柵において行なわれたほか，場合によっては城柵の官人が蝦夷側に出向いて行なわれることもあったであろう。いずれの場合の饗給もしかるべき儀式と，儀式の一環としての饗宴をともなった。このような形態での接触は物資の移動を伴うので，いわば一種の交易でもある。

　これまで発掘調査された城柵の中心部には政庁が存在する。政庁は宮都における朝堂院型式の建物配置を地方に移したもので，南面する正殿の前面には，広場をはさんで一対または二対の脇殿が存在するほか，後殿などが置かれることもあり，これらが築地塀などで囲まれて独立の一郭をなしている。このような建物配置は一般的には諸国の国府の中心部に見られるもので，郡衙のような国の下に位置する官衙の中心部の建物配置の原則は，国府とはやや様相を異にしている。ところが城柵の場合には，多賀城のような国府が置かれた城柵だけではなく，地域の城柵にも政庁が存在するのが通例である。国府に政庁があるのに，これと同形式の政庁が郡衙には存在しないのは，国府が郡から国司が赴任する「遠の朝廷（とおのみかど）」であるのに対して，郡司は朝廷を構成する支配階級の一員とは見なされていなかったことの反映である。

　一方，城柵は地域の城柵であっても郡衙と同列の地方官衙ではなく，中央官人が派遣されていた。蝦夷との接触が，国家的な威信にかかわることと認識されていたことからである。個々の城柵は国家的な威信にかけて蝦夷との接触にあたったのである。城柵の政庁における蝦夷を対象とするもろもろの儀式，饗宴は，政府側にとっては国家的秩序発露の場でもあったのである。そして政庁がその場であったのである。

　城柵の内部には多くの掘立柱や礎石を用いた建物がある。これらは数棟がまとまって塀などで区画されている場合も多く，城柵がさらにいくつかの部局ともいえる単位から構成されていたことを示している。倉庫風の建物がまとまって発見される例も多い。

　城柵には他地域から導入された移民が配属されていた。このことを従来，例えば約1km四方ほどの広さがある多賀城の郭内に移民を収容したのだとも考えられていた。しかし実際はそうではなく，移民は城柵を中心施設とするコホリ（郡）の所々に定着せしめられたのであって，城柵の郭内に移民の村落があったのではない。城柵の郭内から竪穴住居跡が発掘されることは一般的であるが，これは陸奥国や出羽国内からの兵士や，坂東諸国からの鎮兵の宿舎なのであ

る。ただし，胆沢城などでは城内からの竪穴住居跡の発見例がきわめて少なく，兵士の宿舎が城外にあった場合もあるらしい。

　城柵の外郭施設は柵列を巡らすものが普通であるとも考えられていた。柵という文字からくる印象と，戦前に発見された秋田県の払田柵遺跡や山形県の城輪柵遺跡の外郭線を構成していた材木列の印象による。しかし外郭線の構造もまたかならずしも材木塀が定例であったのではない。城柵の外郭線はむしろ築地塀が通例であった。多賀城，秋田城，胆沢城，志波城という主要な城柵の外郭線はみな築地塀である。払田柵遺跡の場合さえ，内外の二重構造になっている外郭線のうち，内側のものは原則として築地塀で，ただ北門付近の一部のみが材木塀である。また郡山遺跡第Ⅰ期官衙の例からすると，初期の城柵には明確な外郭施設が存在しなかったのかもしれない。

　しかし一方で郡山遺跡の第Ⅱ期官衙，払田柵遺跡の外柵，城輪柵遺跡外郭は材木列であり，多賀城の場合も一部は材木列である。多賀城の例では，外郭線が低湿地にわたり，築地塀を構築し得ない部分にのみ材木列が見られる。徳丹城の場合は北辺が築地で、外郭線が低地にかかる他の三辺は材木列である。秋田城や払田柵遺跡では，当初の築地塀が崩壊した後に材木塀に変えている。材木列の使用は地形の都合で築地塀を作ることが困難な場合，または費用，労力などの点で築地の構築が無理な場合の構造物であったと考えてよさそうである。

　ただし桃生城の場合は外郭線は土塁，伊治城の場合は土塁と空濠，覚鱉城跡かとも推定されている宮城県古川市宮沢遺跡の場合は築地塀と土塁が並行して走っている。これらのような外郭線のあり方は他の城柵遺跡にくらべて異質であり，外敵の襲来を考慮しているように見える。桃生城，伊治城，覚鱉城造営の事情を見ると，そのような考慮もうなずけるところがあり，軍事面に格段の配慮をしている城柵もあったことが知られる。城柵の外郭線上には門のほかに櫓ふうの施設があるものがある。これは郡山遺跡の第Ⅱ期官衙にすでに見られるが，多賀城の外郭線に櫓ふうの施設が設けられるのは平安時代になってかららしく，胆沢城や徳丹城にも同様のものがある。多賀城にこのような施設が設けられたのは，伊治公呰麻呂の乱の影響なのかもしれない。なお郡山遺跡第Ⅱ期官衙，多賀城，名生館遺跡，城生遺跡，秋田城などでは城柵に寺院が付属することが知られている。

C　古代蝦夷の防御性集落

　平安時代の中ごろ過ぎの東北北部には堀をめぐらした環濠集落や標高数百 m の山上に立地する高地性集落など，敵の攻撃に備えた集落が出現する。その第一のタイプは台地上の相当程度に大規模な集落の周囲に環濠，または環濠と土塁，柵列などをめぐらすものである（青森県浪岡町高屋敷館遺跡）が，急峻な崖になっている部分には環濠を設けないものもある。このタイプ

は弥生時代の環濠集落とも対比できるものであろう。このタイプは津軽平野に多いらしい。

　第二のタイプには海や湖沼、または盆地に突出する岬状地形の先端部に立地するもので、岬状になっている部分の基部または先端部を除く三方が濠で断ち切られていたりする。濠の外側にも竪穴は広がっていることが多い。青森県東部や秋田県の米代川上流の鹿角盆地（秋田県鹿角市太田谷地館遺跡）などに見られる。集落の規模はあまり大きくはない。北海道乙部町小茂内遺跡は擦文期の遺跡であるが、このタイプに類似している。

　第三のタイプは周囲が崖になっている平地との比高差が数十m程度の高地に立地し、集落の主要部が濠で囲まれているものである（青森県八戸市風張I遺跡）。青森県東部の海岸からやや内陸に入った地域に多い。集落の規模はあまり大きくはない。

　第四のタイプが高地性集落である。筆者らが継続的に発掘調査を行なっている岩手県岩手郡西根町の暮坪遺跡と子飼沢山遺跡の状況をご紹介しよう。この一帯は、三方を岩手山、八幡平、七時雨山など標高1,500〜2,000mの山々に囲まれており、桜の開花は5月の連休過ぎ、11月下旬の勤労感謝の日前後には初雪をみる高原地帯である。ふたつの遺跡は直線距離にすると4km程度しか離れていないが山々が重なりあっているために、簡単に往来はできない。

　子飼沢山遺跡も暮坪遺跡も集落のまわりは深い谷で囲まれ、さらに集落の主要部は斜面を人工的に切り落とし、その裾の部分を堀としており、敵の攻撃に備えて防御性を高くしている。住居には石組のカマドがあるが、その石材は強い火熱を受けており、さわるとボロボロになるほどで、居住が一時的ではなかったことを示している。また敵の攻撃によってなのか、集落を放棄する際にみずから放火したためか、どの遺跡の場合も集落の最後は火災による焼失である。火災で焼失した住居は出土遺物が豊富なのがふつうなのだが、暮坪遺跡でも子飼沢山遺跡でも、遺物はカマドのまわりにちらばっている甕の破片程度で、きわめて少ない。焼失前に大事なものは運び出したのであろう。比較的近距離にある複数の高地性集落は同時に存在したのか、それとも転々と移動したのかは謎のままである。

　歴史上では弥生時代の瀬戸内海沿岸や大阪平野などに、集団間の対立・抗争が激しくなった状況を背景とする環濠集落や高地性集落が出現することが知られているが、この時期の東北北部の蝦夷社会も極度の緊張状態にあったのだろう。そしてこれが部族制社会の特徴を反映しているのであろう。

　集落は中心部分には少数の大型の住居があり、そのまわりに20〜30軒の中型・小型の住居があり、集落が少数の指導的立場の人物を中心になりたっていたことがわかる。子飼沢山遺跡の大型住居からは公式の宴会で用いられる箸置皿が出土した。この集落の住人が箸置皿を常用していたはずはなく、集落を代表する人物が政府側と接触したときに得たものでもあろうか。そして運び残しの鉄製品も大型の住居から発見され、指導的立場の人物は政府側との間にパイ

プが通じていたこともわかるのである。

　防御に意を用いた集落の出現ということになると，政府軍の攻撃に備えたものではないかとも考えられるであろうが，このような集落の分布が広範囲かつ山間部にまで及んでいること，政府軍の大軍が東北に攻め込むという事態は9世紀初頭で終わっていることなどを考慮すると，政府軍の攻勢に備えたとする可能性は低く，蝦夷社会において集団間の対立抗争が激化し，武力衝突も稀ではない社会情勢の到来を背景としていると考えるべきであろう。ただし集団間の対立に政府側が介入し，対立する集団の一方に加担すれば，政府側の集団が官軍とみなされたことはあり得るであろうし，集団間の対立抗争が激化した要因のなかに，このような形での政府側の介入があったことは確かであろう。

　このような東北地方北部および道南地方における防御性集落のあり方，および奈良・平安時代を中心とした時期の北日本の動向をふまえると，アイヌ民族特有の遺跡とも考えられているチャシの源流についても，次のように考える可能性があるのではないかと思われる。

　チャシのなかの使用年代が明らかなものはかなりに新しい年代を示しており，この点に依拠すればチャシの始源年代を平安時代にまでさかのぼらせることには抵抗もあろう。しかしチャシのなかには竪穴住居跡が見られるものも少なくないのであるが，これまではチャシは古く，竪穴住居跡は擦文時代のもので，異なる年代の遺構が重複していると考えられることが多かった。もちろん確かなことは発掘調査を行なってみなければわからないのであるが，可能性としてはチャシと竪穴住居跡が同年代のものもあるのではないかと予想している。

　筆者としては，平安時代後期に東北北部および道南地方に防御に意を用いた集落が出現するが，東北北部の場合は平泉藤原氏の時代から鎌倉時代になると，平泉藤原氏や幕府によって集団間の武力抗争が上から押さえつけられて徐々に姿を消したのに対して，平泉藤原氏の力も鎌倉幕府の直接の支配も及ばなかった北海道においては，集団間の武力抗争がより高揚し，結果として北海道全域にチャシが作られるようになったのではないかと考えられないであろうか。ただしチャシが新しい時代まで作られ，また使われたことは明らかな事実であり，そのなかで和人の中世の館や大陸方面の防御施設などからのさまざまな影響があってもおかしくはない。

　ここではあくまでも，平安時代を中心とした時期の東北北部の情勢のなかで東北北部に防御性の高い集落が出現し，そのような情勢は東北北部にとどまるのではなく北海道にも及んでいると考えられるので，チャシの出現もこのような状況のなかで考える余地があるのではないかという点につきる。なおチャシの多くは集落そのものではなく集落の本体から分離した位置にあるが，これはアイヌ社会の構造が変化したことによるものであろう。

引用文献

愛宕元 1991 『中国の城郭都市』中公新書.
石松好雄 1984 『大宰府跡』日本の美術216, 至文堂.
今泉隆雄 1990 「古代東北城柵の城司制」『北日本中世史の研究』吉川弘文館.
宇田川洋 2000 『増補アイヌ考古学』北海道出版企画センター.
小田富士雄編 1985 『西日本古代山城の研究』日本城郭史研究叢書13, 名著出版.
岸俊男 1966 『日本古代政治史研究』塙書房.
岸俊男 1969 『藤原仲麻呂』人物叢書, 吉川弘文館.
岸俊男 1988 『日本古代都城の研究』岩波書店.
岐阜県教育委員会・不破関跡調査委員会 1978 『美濃不破関』.
九州歴史資料館編 1983 『九州歴史資料館開館十周年記念・大宰府古文化論叢』上・下, 吉川弘文館.
九州歴史資料館 1988 『発掘が語る遠の朝廷 大宰府』.
工藤雅樹 1998 『古代蝦夷の考古学』吉川弘文館.
工藤雅樹 1998 『蝦夷と東北古代史』吉川弘文館.
熊本県教育委員会 1999 『グラフよみがえる鞠智城』.
黄暁芬 1994 「中国古代都城制の特質」『シンポジウム東アジアと九州』日本考古学協会編, 学生社.
下條信行・平野博之ほか編 1991 『新版・古代の日本③九州・沖縄』角川書店.
宇都宮市実行委員会・平川南・鈴木靖民編 1997 シンポジウム「古代国家とのろし」『烽［とぶひ］の道』.
「特集・北日本の平安時代環濠集落・高地性集落」『考古学ジャーナル』387, 1995年4月号.
「日本古代山城研究の動向」(1)(2)『古代文化』1995年11・12, 古代学協会.
八賀晋編 1992 『伊勢国鈴鹿関に関する基礎的研究』平成3年文部省科学研究費補助金研究成果報告書.
福島大学行政社会学部考古学研究室 1996 「西根町子飼沢山遺跡, 暮坪遺跡, 岩手町横田館遺跡発掘調査概要」『岩手考古学』8.
福島大学行政社会学部考古学研究室 2000 「西根町子飼沢山遺跡, 暮坪遺跡発掘調査概要Ⅱ」『岩手考古学』12.
丸山裕美子 1999 『天平の光と影, 正倉院文書が語る古代の日本』NHK文化セミナー歴史に学ぶ.
米田敏幸・奥田尚 2000 「古代高安城の外郭線」『日本考古学協会第66回総会研究発表要旨』.

コラム

蕨手刀 ───────────高橋信雄

a はじめに

　7世紀の東アジアは，唐帝国の成立，百済と高句麗の滅亡などに示されるように，日本列島を含め緊迫した政治状況にあったとされる。日本列島北部地域に住み，蝦夷といわれた人々もこうした政治状況を背景に，大和朝廷や北方世界との接触の中で自らも変革を遂げていったと考えられる。

　8世紀に入り，律令国家が成立し，近畿地方を中心とした中央集権的な諸施策がとられるようになると，蝦夷と律令国家間の軋轢も次第に強まっていった。律令政府は，朝貢を受け入れ饗宴，賜物，賜爵などによる懐柔を行なったが，両者間での衝突も頻繁におこるようになる。

　こうした中で，宝亀11年（780），伊治公呰麻呂の乱を契機に，東北地方北部は，30年以上に及ぶ戦闘が繰り返されることになる。こうした戦争を含む7・8・9世紀の東北地方を中心に使われた代表的な武器のひとつが蕨手刀である。

　蕨手刀は，柄頭が丸く湾曲しており早蕨の頭に似ていることから名付けられたとされる。蕨手刀の発見記録は，寛政9年（1797）まで遡る。明治時代以降，蕨手刀に関しては，高橋健自，鳥居龍蔵，後藤守一，喜田貞吉，末永雅雄，大場磐雄，石井昌国らによって，主に蝦夷との係わりで論じられてきた。

b 蕨手刀の分布と形態変化

　蕨手刀は，現在までに242例確認されている。分布は北海道から九州までみられるものの，極めて偏在したあり方を示す。

　圧倒的に東日本に多く分布し，特に東北地方と北海道に集中する。関東・中部地方では長野県や群馬県に多く発見されており，古東山道沿いに集中してみられる。

　東北から北海道にかけては，全体の約8割を占め，北海道ではオホーツク海沿岸と石狩低地帯にまとまった分布を示す。また，東北地方では，北上川中流域に最も集中しており，その他馬渕川流域，三陸沿岸にも多く分布する。

　西日本では，正倉院の御物に残る「黒作横刀」ほか数例をみるだけである。

　石井昌国は，蕨手刀の造込・法量・形姿・鐔・拵金具などについて綿密な検討を加え，三形式に大別している。Ⅰ型は，平造角棟で刃長は長く，柄身ともに反りをもち，広幅を特徴とする。Ⅱ型は，短寸で，無反りか内反りで，刀姿は長三角形を呈するものが大半を占め，関東・中部地方に多い。Ⅲ型は，鋒両刃造りと平造りがみられるが，数は極めて少なく西日本に分布する。そして，短寸から長寸になるほど新しい，また反りの強いほど新しいとして，Ⅱ型→Ⅲ型→Ⅰ型の順で新しくなるとした。

　筆者は，石井が分類したⅠ型が全体の8割も占めることから，蕨手刀の柄反りと柄の絞りおよび刃反りに着目し，Ⅰ型をさらに三分類した。Ⅱ型に近く柄反りや刃反りの少ないⅠa型から，柄の絞りの強いⅠb型に，さらに柄反りや刃反りの強いⅠc型1類とⅠc型2類，さらに毛抜形蕨手刀に変化するとした。

　また，八木光則は，柄頭の形状でA〜Gに分

類し、柄の反りと絞りの強さでさらに柄頭を1～3に分け、また鞘の足金具の形状などの分析を加えて蕨手刀の編年を行なった。銅製単鐶単脚や張出双脚の足金具をもつ柄頭AとBは7世紀にさかのぼり、銅製台状双脚の足金具を主とする柄頭Cと柄頭1は8世紀前葉に、鉄製台状双脚の足金具を主とする柄頭2と3は8世紀の中～後葉、さらに鉄製横鐶単脚の足金具を主とする柄頭3と柄頭Gおよび毛抜形を9世紀以降とする年代を示した。

これら3名の分類は、基本的には矛盾するものではなく、次第に柄の絞りや柄反りが深くなり、刃長の長寸化や湾刀化の進行をみることができる。こうした形態上の変化は、技術的な変遷を辿るだけでなく、蕨手刀の初現や蝦夷の生業などと深く係わる問題でもある。

c　蕨手刀の起源と変遷

蕨手刀の起源については、古くより自生説と外来説があったが、国外での出土例もなく、古い形態の蕨手刀の多い関東・中部地方に求められている。

また、蕨手刀の祖形は、埼玉県児玉町秋山古墳出土の大刀子に求める説と頭椎大刀をあてる説がある。桐原健は、後者の説にたち、7世紀になって東国に新たに勢力を伸ばした伴造的氏族と上下関係をもつ下位氏族の佩用した実用的プラス儀杖的刀として捉えるという興味深い見解を示している。

いずれにしても、関東・中部地方に発生した蕨手刀が、古東山道沿いに東北地方南部に及び、さらには東北地方北部から北海道にまで分布するようになったと考えられる。

蕨手刀を形態的にみると、柄の絞りと柄反りあるいは刃反りはⅠ型にみられ、東北地方北部出土の蕨手刀の特徴でもある。柄の絞りを強めることによって刃筋が斜めにあたり鋭利さを増すと推定されるし、柄反りも同様の効果があり、振り下ろして斬るのに有効であったと考えられる。

こうした形態的な変化およびそれに伴う機能的な変化は、Ⅰ型の分布状況からすると、東北地方北部で興った可能性は極めて高い。

また、蕨手刀の鍛えには、丸鍛えと合せ鍛えがあり、丸鍛えはⅡ型、Ⅲ型であり、Ⅰ型は合せ鍛えが主でとくにⅠb型以降に多い。

さらに、自然科学的手法による分析によると、まだ量的には少なく問題が残されるが、関東のⅡ型は、鉄鉱石を原材料としているのに対し、東北地方北部や北海道のⅠ型の蕨手刀は、砂鉄をなんらかの形で取り入れ原材料としているとされる。

このように蕨手刀は、東北地方北部に入ってから、比較的短期間に形態的にも機能的にも技術的にも、大きな変化を遂げている。

d　房の沢古墳群

房の沢古墳群は、三陸海岸のほぼ中央部、岩手県下閉伊郡山田町にあり、太平洋が一望できる高台に造営された古墳群である。時期は、8世紀初頭から9世紀初頭と推定される。30基の古墳と6基の土壙墓、4基の馬墓などが発見されている。

武器類や馬具、農耕具など多くの鉄製品や土器や装身具が出土しているが、最も目立つのが刀剣類である。総数38点ほどの刀剣類がみられるが、種類としては、蕨手刀、直刀、方頭大刀、刀子などがある。そのうち蕨手刀は4点発

図1　蕨手刀の分布図

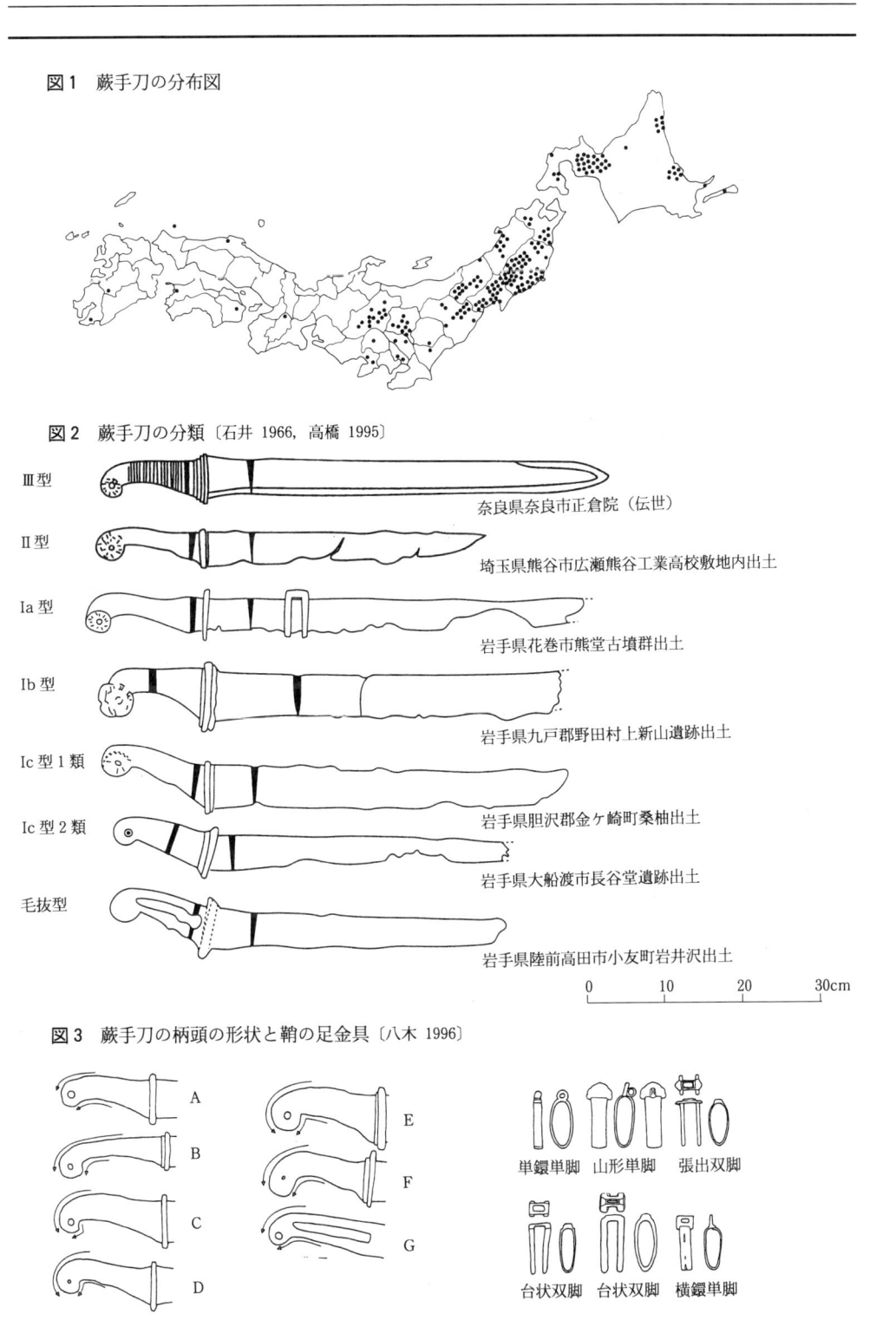

図2　蕨手刀の分類〔石井 1966，高橋 1995〕

Ⅲ型　奈良県奈良市正倉院（伝世）
Ⅱ型　埼玉県熊谷市広瀬熊谷工業高校敷地内出土
Ia型　岩手県花巻市熊堂古墳群出土
Ib型　岩手県九戸郡野田村上新山遺跡出土
Ic型1類　岩手県胆沢郡金ケ崎町桑柚出土
Ic型2類　岩手県大船渡市長谷堂遺跡出土
毛抜型　岩手県陸前高田市小友町岩井沢出土

0　10　20　30cm

図3　蕨手刀の柄頭の形状と鞘の足金具〔八木 1996〕

A　B　C　D　E　F　G

単鐶単脚　山形単脚　張出双脚
台状双脚　台状双脚　横鐶単脚

蕨手刀

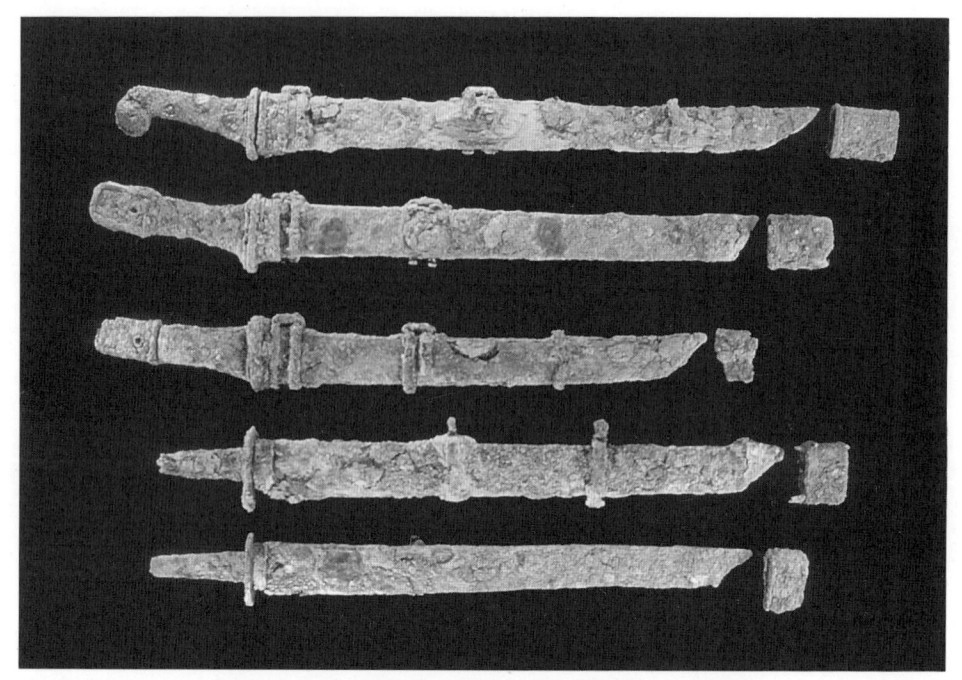

写真 岩手県下閉伊郡山田町房の沢古墳群出土の刀剣類
（上から，蕨手刀，方頭大刀2点，直刀2点）

見されている。また，刀剣をわざわざ納めたと考えられる石組み遺構も2基検出されている。

房の沢古墳群の周辺地域には，奈良時代から平安時代の製鉄関連遺跡が多数確認されている。この古墳群の所在する房の沢IV遺跡においても，丘陵の裾野から多量の鉄滓や羽口が出土しているほか炭窯なども検出されており，周辺部で製鉄ないし鍛冶が行なわれていたと考えられる。房の沢古墳群の被葬者もなんらかの意味で鉄生産と関わっていた可能性が高い。

房の沢古墳群のもうひとつの特徴は，他地域との交流を示す遺物が多くみられるということである。北海道との関連を示すと考えられているものに，頸部に山形の沈線が施され，胎土の断面が黒色を呈する土師器があり，それとともに黒曜石の石器も出土している。また，副葬品の中には，静岡県の湖西古窯群で制作された須恵器の長頸壺や宮城県の大蓮寺古窯産の須恵器の坏，さらには7世紀から8世紀の東北地方北部から北海道に多く分布する錫製の釧なども出土している。

房の沢古墳群は，海に面し，副葬品に広範囲の産物がみられることから，被葬者は海上ルートによる交易を行なっていた人々と深い係わりを持っていたと推定される。こうした交易の中心になったのが鉄であり，とりわけ刀剣類が主であったと考えられる。

e おわりに

蕨手刀は，古くから蝦夷との関係で論ぜられてきた。喜田貞吉は，蕨手刀は俘囚の所産であり，関東の蕨手刀は，俘囚の移住に伴う所持品とした。これに対し，大場磐雄は，蕨手刀は征夷の士卒が帯びたものとしており，その分布は

征夷の拡張として捉えている。また，石井昌国は，征夷の士から伝えられて俘囚の刀工が鍛冶したものと考えた。

蕨手刀は，分布や形態上の変化からみてきた通り，7世紀の後半頃に上信地方で発生し，東山道沿いに東北地方に入り，東北地方北部において斬撃用としての機能を強め，次第に長寸化し，湾刀化したと考えられる。

こうした形態的，機能的，技術的変化は，東北地方北部で自生的に興ったとは考えにくく，工人集団の移入があったと推定される。

東北地方北部の7世紀後半から8世紀の群集墳の主体部をみると，この地方において伝統的に造られてきたと考えられる土壙タイプと，新しい川原石積みタイプの二つに大きく分類できる。

川原石積みタイプの古墳群は，北上市の江釣子古墳群や花巻市の熊堂古墳群に代表されるように，北上川中流域に集中的に造営される。これら古墳群の副葬品は，極めて豊富であり，蕨手刀をはじめ武具や馬具，装身具類の種類も量も多い。また，銙帯金具や和同開珎の出土でもよく知られる。

これらの被葬者は，この古墳群が地域的に限定され，しかも突然出現し，比較的短期間に姿を消すことを考えると，この地に移動してきた人々の可能性がある。

彼らの出自については今後の課題であるが，移動してきた人々によって北上高地の地下資源が開発され，特に三陸海岸沿いの鉄資源は，海上ルートでも交易に使われたと思われる。北海道の石狩低地帯やオホーツク文化にみられる蕨手刀は，こうしたルートでもたらされた可能性がある。

いずれにしても，蝦夷と呼ばれた人々には多種多様な集団があったことは確かである。東北地方北部での蕨手刀の変化は，新たに移住した人々によってなされた可能性が高い。

初期の段階の蕨手刀を佩用した人々を蝦夷とは言い難いが，少なくともⅠ型の蕨手刀は，蝦夷の刀剣と言っても大過ないであろう。量的には多くないが，関東・中部地方の蕨手刀にも，Ⅰ型の蕨手刀が混じっており，これらは俘囚の移住に伴ってもたらされたと考えられる。

こうした蕨手刀を制作した刀工集団の伝統は，奥州藤原氏による平泉文化や奥州刀の祖形とされる舞草鍛冶に受け継がれていったと考えられる。

引用・参考文献

石井昌国 1966『蕨手刀』雄山閣出版.

桐原 健 1976「蕨手刀の祖形と性格」『信濃』28—4，信濃史学会.

高橋信雄・赤沼英男 1984「蕨手刀からみた東北北部の古代製鉄技術」『季刊考古学』8，雄山閣出版.

高橋信雄 1995「蕨手刀」『まてりあ』34—10.

高橋信雄 1996「蝦夷文化の諸相」『古代蝦夷の世界と交流』名著出版.

八木光則 1996「蕨手刀の変遷と性格」『考古学の諸相』坂詰秀一先生還暦記念論文集.

（財）岩手県文化振興事業団埋蔵文化財センター 1998『房の沢Ⅳ遺跡発掘調査報告書』.

5 中世前期の戦争と考古学

河野　眞知郎

[1]　はじめに——武器・武具はめったに出土しない——

　本巻を含むシリーズ「考古学による日本歴史」の大テーマ設定に水をさすようで申し訳ないが，中世前期の，とくに 12～13 世紀の居住地遺跡（いわゆる集落遺跡や居館跡）を発掘して，文献史学的知識をもちあわせていない者が遺構・遺物を見たら，その時代に戦争があったなどと考えつくであろうか。出土遺物の大部分は日常生活用の調理・飲食器具が主で武器・武具の類はほとんど（あるいはまったく）みられず，大規模な堀や土塁はごく一部の地域をのぞき認められず，区画溝内に掘立柱建物数棟分と井戸を見るにすぎないだろう。文献史学的知識を下敷にしないでの考古学的知見からだけでは，「寿永治承の内乱」や武士の実態などとても描けそうにない。

　平安末～室町時代の武力については，文献史学の説くところに遺跡・遺物をあてはめるか，国文学の「戦記文学」や武器・武具の伝世品を扱う工芸史や有職故実などから，遺物解釈上の有益な知識を借用するといったところが，筆者をも含めた考古学サイドの実情であろう。しかしこれは，歴史的事実が史料・資料として残存するさいに，戦争という非日常的なことがらがどちらにより残りやすいかということに係わるだけのことで，考古学が独自に歴史像を描けないことを嘆く要はあるまい。広義の歴史学研究では文献史学と考古学が協力するのは当然なことで，どちらかが勝ったとか優位であるとかは論ずるさえ無駄である。

　むしろ問題は，考古学資料がどれほどの内容を含んでいるかを，醒めた目で認識しておかねばならないということにある。遺跡において，当時の消費財（耐久消費財も含め）がすべてその地に廃棄されかつ遺存するなどということが現実にありうるだろうか。近年，先史考古学では出土品の数量を統計的にとらえることが万能であるかのような論をみかけるが，武器・武具のように伝世・再利用されてなかなか廃棄されないものや，城郭のように「いつの時代にも必ずある」と限らない遺構など，資料として「無い」ものに気をつける必要があろう。

[2] 文献史学が語る中世前期の武力と戦争

　中世前期の戦争の実行者である「武士」について，従来の農村で農場経営や開発に力を注いでいた「在地領主」という見方から，武力を事とする芸能者と見る立場が強くなったようだ。そこでは芸能の一種である武力について，「軍事貴族」の系譜も無視できないものの，『平家物語』に代表される戦記物が必ずしも実態を反映しないことが強調される。武家政権の成立の一方には武力の問題が欠かせず，戦争で駆使される武器・武具とその用法，城郭や戦法とその時代的変化も，中世前期を語る上で重視されるようになった。こうした流れは，『朝日百科・日本の歴史別冊―歴史を読みなおす8―武士とは何だろう』（朝日新聞社，1994年）によくまとめられている。

　そこでの執筆者の一人，川合康は『源平合戦の虚像を剥ぐ―治承・寿永内乱史研究』（講談社選書メチエ72，1996年）で，荒々しい坂東武者をひきいる源氏と貴族化し文弱となった平氏という定型化した見方に異をとなえ，武家故実のありようや城郭の概念に再検討を迫っている。特に当時の城郭というものを防塞・交通路遮断とする見方は，堀・土塁・曲輪といった遺構を「縄張り」としてまとめあげることを成果とする中世城郭史の定型的な見方にも一石を投じるものであった。これをさらに詳細にし，「城郭を構える」ことは恒常的な構築物を伴わなくても武力の発動をあらわし，王朝の城郭観をも考慮すべきとしたものに，中澤克昭『中世の武力と城郭』（吉川弘文館，1999年）がある。

　一方，従来の武器・武具史研究の延長上にありながらも，先の川合の論が騎射戦に否定的であったことに反論しつつ，兵器と戦技に詳細な考察をしなおしたものとして，近藤好和『弓矢と刀剣―中世合戦の実像』（吉川弘文館，1997年）と，藤本正行『鎧をまとう人々』（吉川弘文館，2000年）とがあげられる。特に後者は絵画史料の成立年代をはずさずに読み込みを行なっている。また戦国期を中心とした著作ではあるが，軍忠状の統計から中世前期の合戦では手負いのうち「矢疵」が圧倒的であることから打物戦に疑問を呈した，鈴木眞哉『刀と首取り―戦国合戦異説』（平凡社新書036，2000年）もある。

　これら最近の論考は中世前期の戦争を，「公家対武家」とか「源平の合戦」という単純化した見方を許さなくなり，当時の社会における武力のあり方を問うことを欠かせなくしている。そうした状況の中で，武器・武具関係の出土品を扱う考古学としては，何が語れるかを再検討する必要が出てくる。ただ先史・古代の考古学を専攻した者がこの分野に踏み込んだとき，鎧や太刀や馬具の部分名称（名所）を覚えるのさえひと苦労であろう。考古学の概説書は大体が古代までを扱っているので，中世以降については別の入門書が必要となろう。そこで，上記の問

題点をふまえた上で使うならば，富樫譲編『復元の日本史，合戦絵巻―武士の世界』（毎日新聞社，1990年）はビジュアルで楽しめるし，近世までの陣具をも含めての入門書として笹間良彦『図録日本の合戦武具事典』（柏書房，1999年）も役に立つであろう。

[3] 考古学が語りうることの検証

「合戦」とよばれることの多い中世前期の戦争について，戦機，戦勢，戦場，戦技，戦具，勲功と損害という六項目でみてみよう。それらの内に考古学的な資料がどう含まれているかを検討してみれば，おのずと考古学が何を語りうるかが見えてくるはずだ。

a 戦 機 （戦争動機）

何らかの政治的・経済的・宗教的・階級的な対立をもった人間集団が武力発動すれば戦争となる。ところが考古学資料は基本的に「無名性」のものであって，器物に人名が記されたり，遺構に表示札が伴うことなど，歴史時代といえどもまずない。「両勢力の間には緊張状態があった」などという戦機熟成に関しては，文献史学サイドで語ってもらうしかなかろう。そうした文脈にそって遺構・遺物の解釈を行なうときには，文献に出てくるものがまさにその遺跡の場かどうかの検証を経てからでないと危険ですらある。

b 戦 勢 （兵力と動員・編成・統制・兵站）

考古学において把握できる時代幅（年代幅）は，遺物編年が詳細になった今日でさえ，なお四半世紀を切ることが難しい。ある居住地遺跡から数日ないし数週間程度で，一族郎党が出陣していった"痕跡"をとらえるなどおよそ不可能だろう。また個々の武力集団がどう編成され「軍勢」となりその兵力量はいかほどで，誰が指揮をとったかなどを，遺構・遺物から推し量ることもできない。また「濫妨の停止」といった軍政面も，「これが徴発された物資である」との証明はまずできないだろう。さらに，きわめて物質的な問題である兵站については，兵糧・馬糧の輸送，兵器の補充・修繕，宿営施設など，遺構・遺物にそれと見出すことができれば幸運だが，時間幅の大きい遺跡の層序のうちで把握するのは困難だろう。

c 戦 場

戦場としては，軍勢同士が対会する野戦と，拠点を攻防する陣地戦とでは性格が異なるだろう。野戦では戦場の選択の余地はやや広く，その場に大規模な土木工事を施す時間は得られないだろうから，合戦の痕跡を見出すことは困難と思われる。銃器の登場する中世後期になれば，撃ち放たれたまま地上に落ちた銃弾の遺存などもあろうが(注1)，中世前期の武器・武具のあり方（後述）からすれば，合戦後の戦場にそれらが遺棄され，遺物として我々の前に出土することなど期待薄であろう。

陣地戦ならば片方または双方が，地形改変を伴う防禦施設を急ごしらえであっても構築するから，その痕跡の検出は容易と考えられよう。しかし，そうした遺構には時期判定の根拠となるような遺物が伴うことは，きわめて稀であろう。福島県国見町阿津賀志山二重堀遺跡で検出された二重の堀跡（図1a）は，源頼朝軍を防ぐための奥州藤原氏側の「阿津賀志山の堀」と考えて，伝承や地誌類から間違いないものだろう。しかし，1189年という年代を示すような遺物は出土しなかった。

　防禦施設の最たるものに「城郭」がある。多くは中世後期の築造になるが，中世前期から存続したという伝承をもつものもある。しかし先にみたように〔中澤 1999〕，平安時代末から鎌倉時代初めにかけての「城」の実態は，恒常的な施設をもつとは思えない。今日，地表観察でも判明するような城郭遺構の開始の時期については，慎重に検討する必要があろう。また，中世後期に改変を受け，もとの姿を失ってしまったものもあるだろう。

　15～16世紀の城郭の一画から12～13世紀の遺物が出土することもあるが (注2)，それがその城郭の上限年代を示すとは限らない。中世前期に"聖地・霊場"としてあった所が，中世後期の城郭内にとり込まれることも考えられるからだ。

　恒常的な防禦施設としての土塁や大規模な堀が構築されるのは，元寇防塁（石築地）に代表されるように鎌倉時代後期から南北朝の争乱の頃を待たねばならないようだ (注3)。それと同時に各地の武士居館が堀や塁をめぐらせるようになるのだろう。

d　戦　技

　『平家物語』の合戦場面が現実のことを正確に描写しているかどうかなど，考古学のとても及ぶところではない。弓矢による騎射・立射，楯突（たてつき），刀剣による打物戦などは，遺物があったからといって明らかにできるものではないだろう。そして，その遺物さえ満足に出土しないのでは，考古学の得意とする"使用痕"の観察も成立しない。伝世品が多く残る刀剣や甲冑も，"使用後"の状態で伝世したわけではないから同断である。

　また軍陣の「作法」などということがらも，考古学によって明らかにできるものではなかろう。夜討・朝駆・放火（焼討）の妥当性，矢合わせの取り決め，休戦・撤収の仕方などについては，それらのもつ時間幅があまりに短かく，遺構・遺物に見出すことは不可能である。

　さらに，合戦譚に出てくる戦技――たとえば遠矢など――を，戦場の地形をもとに解釈しようという試みも，決して有効性あることとは思えない。

e　兵器――武器・武具，馬具，陣具など

　後章で検討するが，武士を住民の中核とした都市鎌倉では，この項目に関する出土品は少なからずある。それでも日常生活用品の出土量にくらべたならば微々たるもので，遺物からだけでは鎌倉を「武装都市」とか「軍事都市」と規定できるものではない。そして兵器関係の出土

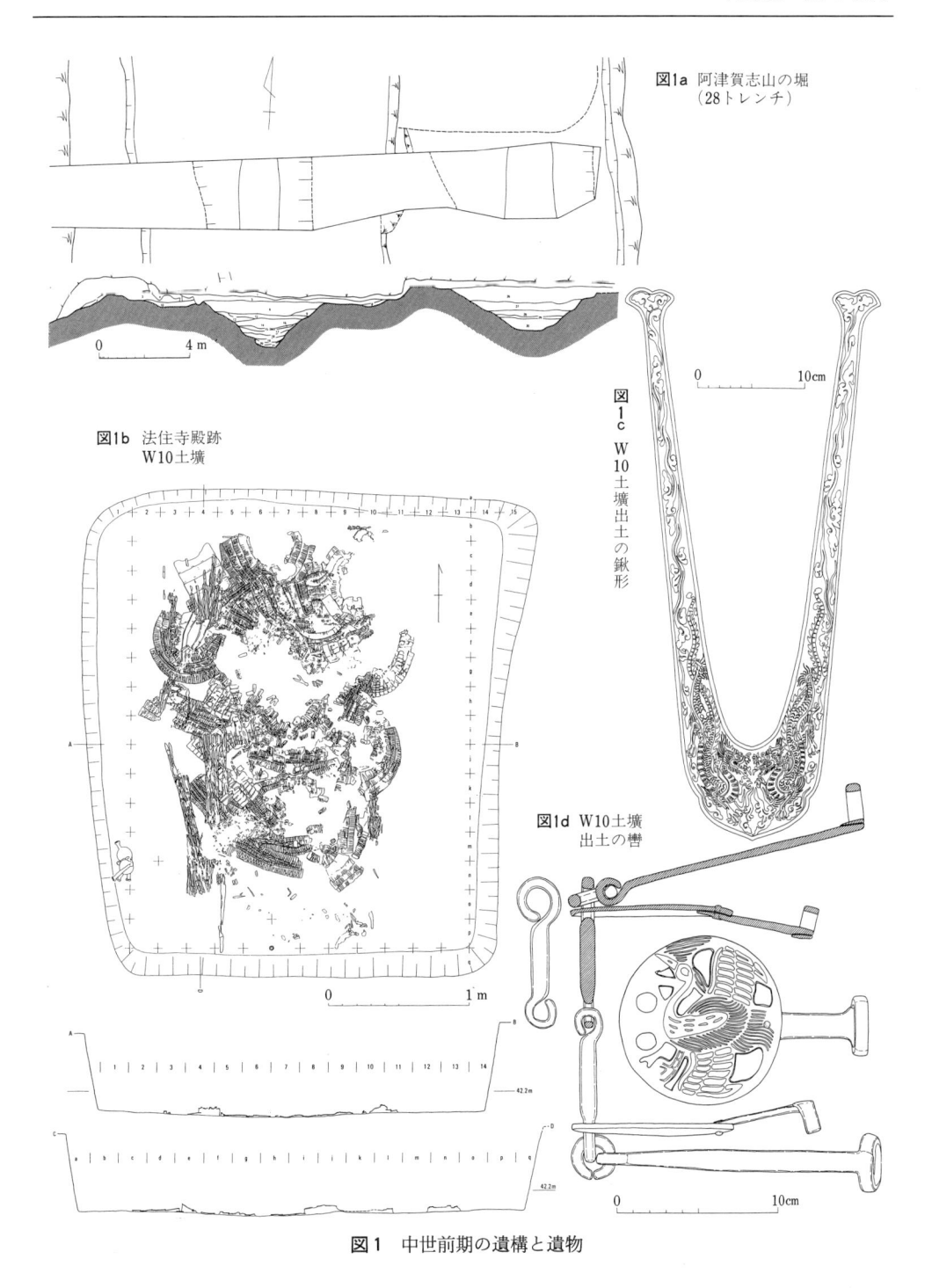

中世前期の戦争と考古学

図1a 阿津賀志山の堀
（28トレンチ）

図1b 法住寺殿跡
W10土壙

図1c W10土壙出土の鍬形

図1d W10土壙出土の轡

図1 中世前期の遺構と遺物

品は，多くがバラバラの部品や残欠の形で出土し，武家有職や工芸史の知識がないと「用途不明○○製品」と報告書に記されてしまうだろう。

　まして，兵器類の使用法，装着手順，日常の保管や手入れ・修繕などに関しては，文献や絵画史料に頼らざるをえない。ただ，部品の製作については，刀装具の鋳型や未成品の出土から，考古学サイドで語れることも若干はあろう。またそれら製作工人に関して記述した史料はほとんどないであろうから，他の器物同様，考古学が語れるところはもう少し大きいかもしれない。

　中世前期の武器・武具・馬具がまとまって出土した唯一ともいえる例は，京都市法住寺殿跡であろう。W10土壙（図1b）からは人歯・棺の釘と共に，大鎧五領分（鉢金など一部を欠く），弓，箙と矢，馬具（轡〈図1―d〉と蒔絵の鞍）が出土した。中でも竜文の鍬形（図1c）はみごとなものであった。これは，寿永2年（1183）11月19日，木曽義仲方が院の御所（法住寺南殿）を襲ったときの，院方の戦死者（武将か）の墓と考えられている。報告者は武具甲冑史で知られているところと出土品を詳細に比較しており，考古学上稀有な例として重視できる。

　しかし，兜の鉢金を欠き，鎧は裏返しに置かれ，太刀関係の物が認められないなど，きわめて特殊なあり方といわざるをえない。そして何よりも，この例以外には大鎧を副葬する墓は一例もみつかっていない点で，「類例」集成を基礎とする考古学にとって，扱いにくい例とさえいえよう。

f　勲功と損害

　合戦における先陣，討死，手負などの武勲が記録され，「軍忠状」が恩賞につながるといった事情に関しては，考古学サイドで語れることはまずなかろう――"戦勝記念碑"などはないのだから――。また，分取りの処分，戦死者の遺体処理，捕虜の処遇や処刑，さらに犠牲者の鎮魂・供養（注4）に関しても，物質的な証拠が残されない限り考古学から言えることはない。ただ慰霊碑的な石造物（板碑や塔）の例は若干のこっており，そこに銘があることによって事情が判明する――銘文がなければ平時の死者に対するものと区別できない――。

　鎌倉の材木座海岸では昭和29年に千体をこえる人骨が出土し，中には刀創や刺突傷痕を留めるものもあって，合戦の死者を浜地に埋めた可能性が強く示唆された（注5）。その後，周辺の発掘で同様の人骨群が多量に検出されているものの，矢疵を留める例や鏃の遺存した埋葬例はなく，武器・武具の断片さえ伴った例はみつかっていない。だからといって，合戦の死者をまったく含まないとは言えず，より詳細な分析がなされることに期待したい。

　以上六項目にわたる検討を経ていえることは，とにかく考古学的な遺構・遺物がないことには物も言えないという単純な結論になってしまう。逆の見方をすれば，文献史学や工芸史の扱いえない部分を，遺構・遺物から補って，かつ彼らと協力して歴史像を描いていく他はないの

だろう。それでは考古学は歴史学の「補助学」かという議論になるが，史料に乏しく物質資料の多い中世前期の日常生活・居住様態などは，むしろ考古学の方が優位とさえいえるのだから，嘆くには及ばない。文献史学も考古学もそれぞれの長所を生かして協力しあえばよいまでのことである。

[4] 鎌倉における戦争関係の遺構・遺物の出土例

　鎌倉は「武士の都」ともいわれるが，武器・武具の出土例は決して多いとはいえない(注6)。太刀や甲冑などは古くなったからといって全体が捨てられるものでなく，修理・再生されて伝世する性質のものと考えられ，そのためであろう。出土品の大部分は小さな部品の形でみつかり，修理の際に取り替えられたものと思われる。このことを証するには出土遺跡地の場の性格を合わせて検討しなければならない。また部品の製作にかかわる工房の存在についても考察を加えるべきだろう。

　一方，鎌倉を「鎌倉城」という城塞都市とみなす動きもある(注7)。しかし都市内の武士の屋敷（屋形・館）の防禦性はさして高いものではなかった。土塁はほとんどなく，堀は道路側溝を兼ね，寺院の境内を限る施設や，鎌倉の三方を囲む山に刻まれた痕跡については，開削年代のはっきりしない点がある。

　これらの諸点について，以下個別に検討を加えてみたい。

A　武器・武具などの出土品

a　弓箭関係

　弓　鎌倉時代のものとしては，呪術用の形代の中に弓を形どったものが若干見られるだけで，実物はまだ出土していない。15世紀に降る例として，二階堂永福寺の奥の杉ケ谷の屋敷の井戸より，「重籐の」と表現してよいような漆塗り糸（籐?）巻の合わせ弓（図2－1）が出土している。この屋敷内からは鹿の骨が多量に出土しており，弓は主に狩猟用に使用されたと思われる。屋敷地は永福寺の僧坊のある谷に位置し，殺生を業とする者の居住に軽い驚きを覚える。

　矢　鉄製の鏃は，丸根・平根・雁股（図2－2～8）などさまざまな形のものが，鎌倉の街なかや浜地で多く出土している。特に武家屋敷に多いというわけではなく，また浜の職人居住域に未成品が見られるわけでもない。戦闘用というより，儀礼・狩猟用に広く存在していたと思われる。弓弦に矢をつがえる部品の矢筈（図2－19・20）は，鶴岡八幡宮境内と由比ケ浜の倉庫密集地の2カ所で出土しているが，いずれも戦争を前提とした場とはいえない。呪術用形代（図2－23～26）で矢羽根の形まで表現したもの（折敷板の切り抜きか）が，JR鎌倉駅北方の地点で，刀

中世前期の戦争と考古学

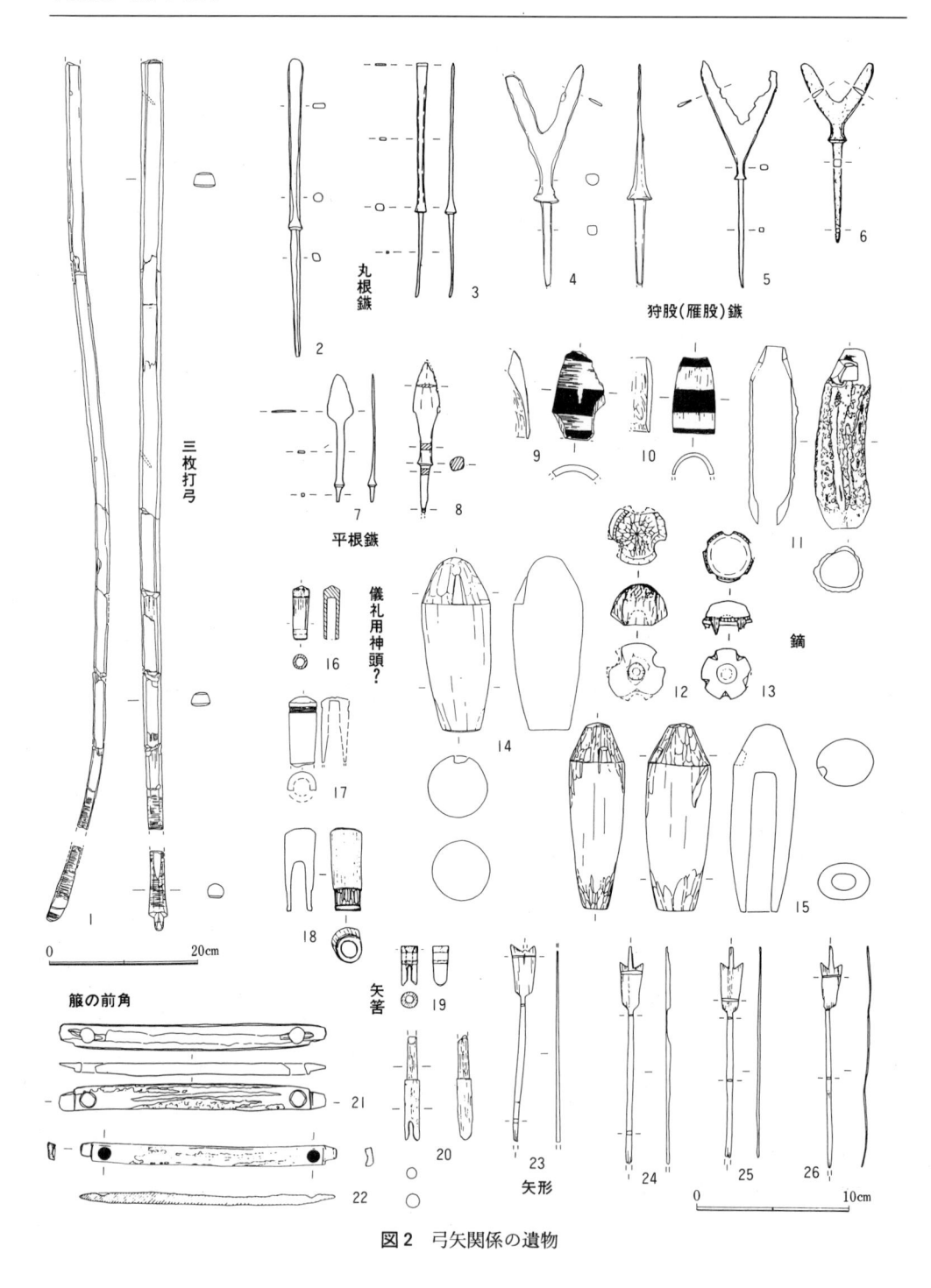

図2 弓矢関係の遺物

形・犁形や硯形と共に出土している。呪符・呪具の多く出土した地点であるが日常生活用具の出土も膨大で，とくに戦勝祈願的な場とはみなせない。木製または鹿角製の鏑（図2—9〜15）も市内のあちこちで出土している。先端に雁股鏃をとりつけるものもあるが，鏃を付ける孔がなく犬追物などに使われたと思われるものもみられる。出土地点としてとくに軍陣とかかわるような所はないが，由比ヶ浜の若宮ハイツ地点においては，下層から鎌倉時代初期の円形馬場跡が検出され，犬追物の場の可能性が指摘されている（注8）。市街より川一つ西方の谷にある佐助ケ谷遺跡では，塗りの施されていない未成品と思われる白木の「鯰目鏑（ぬためのかぶら）」（図2—14・15）がみつかっている。この地は寺院境内に職人などを集住させた工房と考えられ，武器製作にかかわる者のあり方を示唆してくれる。

箙 箙の「前角（まえづの）」（図2—21・22）と考えられる鹿角製の横木状のものが，千葉地遺跡と諏訪東遺跡で出土している。両地点とも小規模の住宅が密集する"町屋的"な場であるが，鏃も出土しており，小身の武士の居住地とも製作工人の場とも決めがたい。

b　刀剣関係

太刀 刀身の出土例は1例しかない。由比ヶ浜のやや内陸側で，鋒（きっさき）から10cmほどで折れたもので身幅は4cmほどあった。錆がひどく，鎬の状態などは明らかでないが，大きさからみて太刀の身と考えられる（注9）。出土地点は浜には珍しく礎石建物跡がみられ，武家屋敷跡と考えられているが，古い時点での調査で報告書も出ていないし，現物の所在も不明で詳細を明らかにできないのが惜しまれる。刀剣の伝世品には古刀を摺り上げたものも多いという。刀身の出土例がないのはそうした再利用のためか，折れたものさえ鋼の古鉄として再生に資されたためと思われる。

刀装具（拵（こしらえ）） 今小路西遺跡では鉄製の鐔（つば）（図3—12）が出土しているが，これも鎌倉唯一の例である。大ぶりで分厚く，透しはない。駅北方地点で矢形と共に出土した刀形（図3—11）は，これに似た大きな鐔を付けている。出土地点には床下に竪穴状の掘り込みをもち，木製礎板を数多く埋め込んだ，何らかの工房ではないかと思われる建物跡と，山砂の充塡された土壙などがあり，武家屋敷跡ではなく職人の工房のあった場と考えられる。太刀の柄（図3—1）は佐助ケ谷遺跡で出土している。木製で茎の入る部分は彫りくぼめてあり，目釘穴ものこる。表側には鮫の皮が貼られたものが残存している。これの出土地点は先にふれたように職人を集住させた工務所的な場で，他に鎧の小札も出土しており，武器・武具関係の職人の存在が考えられるところである。太刀の柄頭の兜金（かぶとかね），鞘尻の石突（いしづき），責金（せめがね），刀身の区周辺の鯉口（まち）（図3—7），鎺金（はばきかね）（図3—8）と思われるものなどは，市内各所で少量ながら出土がみられる。出土地は武家屋敷本体というより，工芸職人の居住地と考えられるところで，部品が組み合わさった状況での出土例は皆無である。

中世前期の戦争と考古学

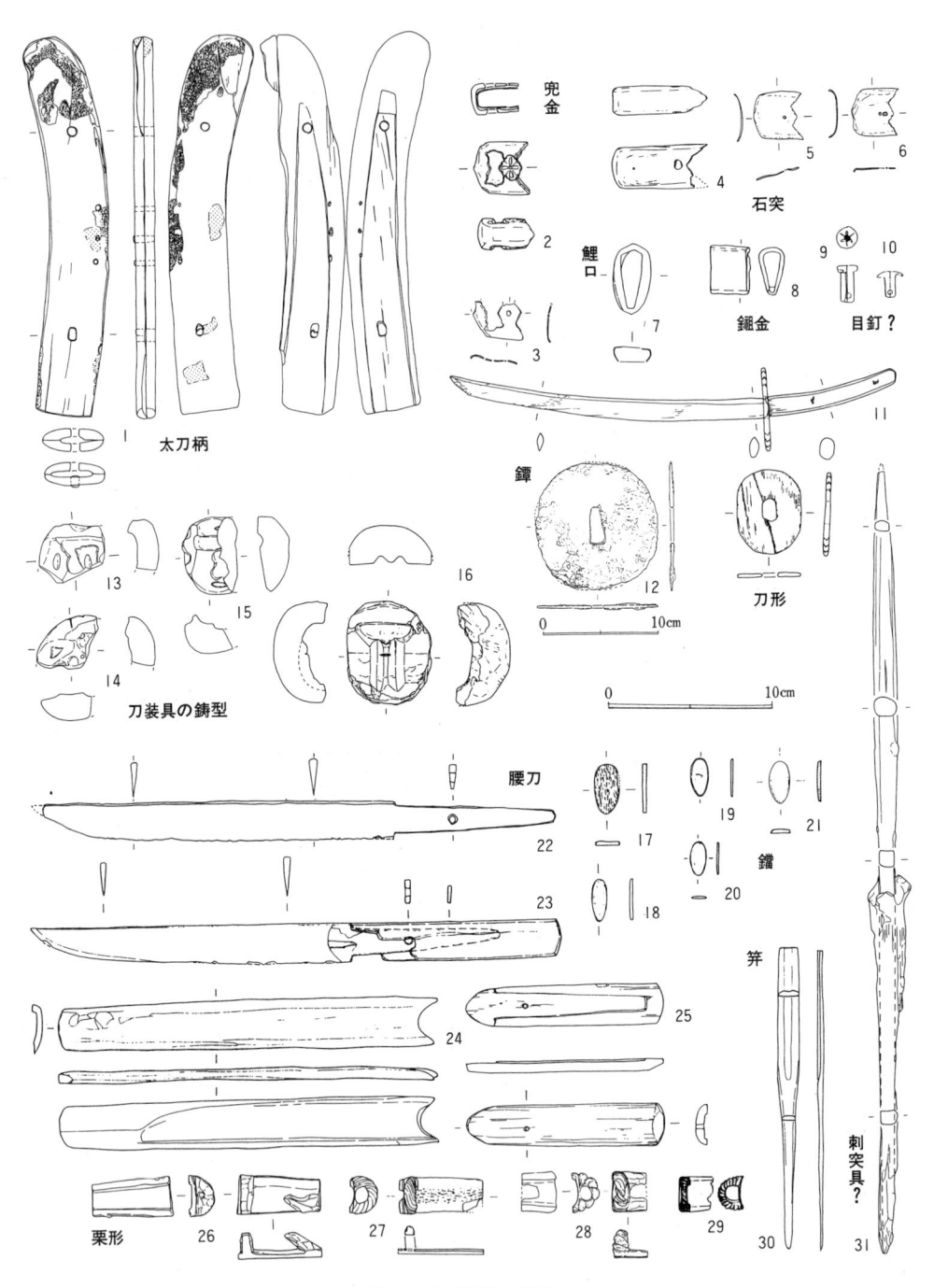

図3 刀剣関係の遺物

佐助ケ谷遺跡をはじめとして，道沿いの町屋的な場，浜地などでは，刀装具の鋳型（図3—13〜16）の出土が認められる。鋳型は製品を取り出す際に壊されてしまうので，製品の種類の判別できるものは少ないが，兜金，足金具とわかるものもみられる。今小路西遺跡（御成小学校内）では，武家屋敷の前庭に小屋掛けをして，刀装具や仏具（？）を鋳造した痕がみつかっている。工人は小屋をたたんで退去する際，鋳型断片を小屋の柱の抜き穴に捨てており，「銅細工」とよばれる小規模な銅製品職人が，武家屋敷に出張して製作したさまがうかがえる。鎌倉での武器・武具のあり方を如実に示してくれよう。

　腰刀　腰刀（図3—22〜25）は武器というより成年男子の象徴的な持ち物であり，時には工具や庖丁として日常生活に使われたようで，市内のどんな場所でも出土する。刀身のみが出土した場合，「刀子」と報告されることが多いが，粗末な白木の柄や鞘の付けられたものから，糸巻きや漆塗りの施されたもの，さらに「打刀拵」に作られたものまでさまざまある。この拵に特徴的な栗形（図3—26〜29）もまた多く出土している。銅製のものは少量で，骨角製が大部分を占めるが，返角まで一体作りにしたものもある。栗形の鞘に接する部分には笄櫃という凹みが必ずつくられており，そこにおさまる笄（図3—30）の出土例もまたきわめて多い。これも銅製は少なく，骨製が圧倒的である。永福寺経塚では外容器外の土壙底から出土し(注10)，光明寺境内の鎮壇（？）焚火跡では拵の整ったものが焼かれており(注11)，宗教的な用途も考えられるが，市中いたるところから出土するという事実は，武器・武具として大切にされるものではなかったことを示しているだろう。

　長刀などの武器についてはそれとわかる部品の出土例はない。ただ，鉄製の刺突具（図3—31）（穂先の長さは20cmをこえるが，断面形状は丸い）らしきもの，丸い柄に付けた責金具，石突的な円錐形の鉄製品などの出土例はあるが，武器部品かどうか判然としない。

c　甲冑関係

　鎧　大鎧または胴丸の小札（図4—1〜6）が千葉地東遺跡で数点，佐助ケ谷遺跡で1点出土している。千葉地東遺跡での出土場所は旧河川の堆積土であり，鎧の「仕返し」（再生）で不要なものが川に捨てられたものと思われる。佐助ケ谷は前述の通り職人の存在が考えられ，いずれも鎧が収納状態にあったものでなく，修繕・再生に伴う結果といえる。この他，総角付の座金（図4—10）と思われるものが千葉地東遺跡で，高紐の鞐（図4—7〜9）と思われるものが市内何カ所かで出土しているが，確実に鎧の部品かどうかわからない。

　兜　鉢金の頂辺の孔に付く八幡座（図4—11）と思われるものが1点，千葉地東遺跡で出土している。これも遺物包含層からの出土で，修繕などのとき取り替えられたのではなかろうか。

　籠手　手甲（図4—12・13）の部分が千葉地東遺跡で2点，北条時房顕時邸遺跡で1点出土している(注12)。前者は小札と同じく修理の際の廃棄品であろうが，後者は若宮大路西側の武家屋

中世前期の戦争と考古学

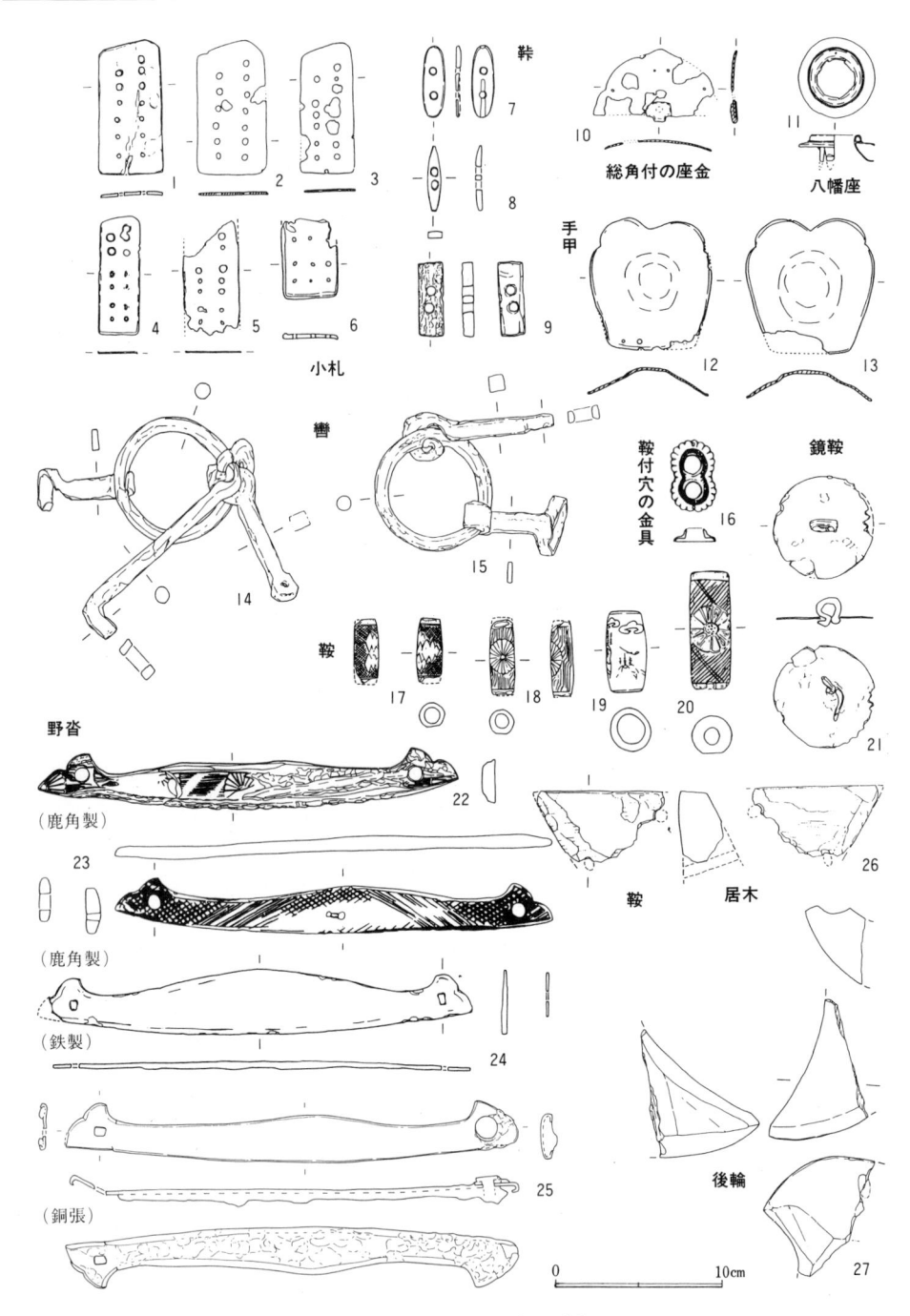

図4 甲冑・馬具関係の遺物

敷内での出土で，同地点からは後述の鞍も出土していて，収納状態にあったものが災害などで破損した可能性絶無とはいえない。しかし，同地点といえども他の部品は見当らず，屋敷の裏手には郎従，下人などを居住させていたと考えられ，そこで武具の修繕が家内的に行なわれていたともとれる。

d　馬具と馬

　轡　鉄製のもの（図4—14・15）が由比ケ浜の倉庫密集地で出土している。鏡板は単純な輪状で，法住寺殿出土の華麗な金銅製のものとは較べるべくもない。出土地が物資集積の倉庫群地帯ということからも，軍馬用のものか疑問がある。

　鞍　北条時房顕時邸遺跡から，黒漆塗りの居木（いぎ）断片（図4—26）と，螺鈿装飾を施した後輪（しずわ）の断片(注13)が出土している。後者は火災に遭ったのか木部が炭化しかかっていた。前述のごとくこの地点は若宮大路沿いの高級武家屋敷地と考えられ，納殿（おさめどの）か塗籠あたりに収納されていた鞍が，火災で焼け落ちたとも考えられる。しかしこれとても，武家屋敷内に高級な鞍があったことを示すだけで，戦争の実態を物語るとはいえまい。これに対し，佐助ケ谷遺跡では，白木のままの後輪の断片（図4—27）が出土している。工房址的なこの地点では，漆塗りに用いる刷毛が複数出土しており，塗師（ぬし）を含めた鞍作りがいた可能性もある。

　鞍下の切付（きっつけ）にとりつけられる野沓（のぐつ）（図4—22〜25）は，鉄・銅製のものが若干，鹿角製のものが多く出土している。出土地は市内ひろくに分布し，特定の場所に限らない。乗用の馬が鎌倉中に充満していたとしてもかまわないが，鞍の出土例が少なく，まして鐙関係の出土品がみられないことと，どう関係するのであろうか。

　この他に鞍に付けられる鞦（しで）関係の部品（図4—16〜21）とみられるものも若干あるが，そういえるかどうかはっきりせず，また出土地に特徴が見出せるわけではない。

　馬　馬の骨格としての遺存例では，御成小学校内で解体途中のほぼ1体分がある(注14)。使用されなくなった道路上で，首と前肢が切り離された状態であった。推定体高140cmほどで，馬体としては立派なものといえる。しかしこの馬が武士と共に戦場に立ったと言える証拠はない。馬の骨格は由比ケ浜一帯でもかなり出土しているが，運搬用かどうかの分析はいまだしである。なお，由比ケ浜南遺跡で大量の人骨と共に馬の骨も出土したが，戦闘で傷ついたことを示す（例えば鏃が伴うといった）例はなさそうである。

e　陣具その他

　鎌倉の武家屋敷では境界施設の塀に板が多用されている。これらが楯に転用されることはなかったのだろうかなどと考えてしまうが，実例はいまだみつかっていない。最近，政所郭内で幅広で長大な墨染めの麻布がたたまれた状態で検出され(注15)，陣に張る幕ではないかとの声も出ている。佐助ケ谷遺跡と釈迦堂遺跡では法螺貝(注16)が出土している。中世前期に"陣貝"

が出てくるかどうかはっきりしないが，むしろ修験者の存在を考える方が妥当だろう。

B　防禦施設について

　鎌倉においては和田合戦，三浦合戦，霜月騒動，新田義貞の鎌倉攻めなど，たびたび戦闘がなされている。となると，鎌倉内の館や公的な場には防禦施設がしつらえられていたのでは，という疑問がわいてくる。遺物の上からばかりでなく，遺構からみてみよう。

a　鶴岡八幡宮の三方堀

　境内東端での発掘調査では，八幡宮創建期のものかとみられる，12世紀末の遺物を含む堀が検出された(注17)。これは今日の境内東限ラインより内側（西）にあり，その後東方へ拡張され今日とほぼ同じ位置に，東・南・西の三方堀が成立したと考えられる。その時期は13世紀の前葉とみられる。堀幅と深さは不明だが，内側には幅広の土塁が築かれており，後世の「方形館」の大規模な形に似る。

　八幡宮に東隣する政所跡でも，横大路（南面の道，幅20m以上あり）の側溝に面しては土塁が築かれている(注18)。築造時期ははっきりしないが13世紀中葉には降るまい。若宮大路に面した館群には土塁がみられないことから，八幡宮や政所は特別の場として，防禦というより威信を示すために土塁がつくられたのではあるまいか。

b　武家屋敷の境界施設

　若宮大路東側の第二・三代幕府跡でも，若宮大路に面するところは道路側溝を堀がわりとし，内外を仕切るのは板塀であったと考えられる。大路西側の屋敷もまた道路側溝に沿って板塀を設けている(注19)。

　今小路西遺跡（御成小学校内）では，南北に並ぶ二口の大規模な屋敷の間にこそ小さな土塁があるものの，外周は板塀を用いており，その外方の堀は排水溝程度のもので，防禦性という点ではまったく甘いと言わざるを得ない。南側武家屋敷では板塀の内側に土をかき上げていた可能性はある。この屋敷で防禦性に富むのは門で，太い門柱の後方には控え柱が立ち，両者は地中梁で補強されていて，絵巻物に見られる"櫓門"だったのではないかと思われる。実質的な防禦力よりも，武威を張ることに重点を置いたともみなせる。

　次項とも関連するが，石垣をもった屋敷が南北朝期にはみられる。足利御所に程近い浄明寺稲荷小路遺跡では，屋敷地の六浦路に面した所に石垣を積んでいた(注20)。鎌倉時代後期から南北朝期にかけて，武士の館は城郭的防禦施設を持つようになるのかもしれない。

c　寺院の城郭化

　幕府滅亡時に北条高時以下が自刃して果てた東勝寺跡では，石畳のスロープ道とそれを扶す石垣がみつかっている(注21)。鎌倉時代には屋敷地であったところが寺にかわる名越の長勝寺

跡では，逗子方向へ行く道に面して，室町時代には大規模な石垣が積まれていた(注22)。山内の円覚寺門前の"釘抜"状の囲いは室町時代以前から存在したと考えられる。その東方，建長寺では今日の総門と築地の線と同位置に鎌倉時代以来，堀と石垣があったことが確認されている。鎌倉の西の入口に位置する極楽寺でも，旧境内南部は道に面して頑丈な築地をもっていたようだ。

　鎌倉の寺院の多くはかつての境内線の内側に寺有地が縮小していることが多く，境内施設の発掘調査例は少ないが，鎌倉時代後期から南北朝期にかけて，実質的防禦力をもつ遺構がみられるようになるといえよう。

d　鎌倉をめぐる山の防禦性

　名越坂や朝比奈の切り通しなど，荷を積んだ馬一頭がやっと通り抜けられる程度の細い道が，陸路での鎌倉への入口であったとされる。さらに切り通しの周囲の山腹には曲輪状の平場が無数に認められる(注23)。こうしたことから，鎌倉は都市全体が城郭となっていたという「城塞都市」論まで出ている。しかしこれらを"遺構"と考えるならば，その開削および使用された時代が問題となろう。今日残る地形のうちいくばくかは，前大戦時の食糧増産のための段畑かもしれない。また近世に地元の人々が通っていた堀割道や棚井戸もある。名越坂周辺には「やぐら」群が多くあり，石塔も多数あるが鎌倉時代に遡るものはまずない。後世の要素を取り去ってゆくと，鎌倉時代はどうなるのであろうか。新田勢を防ぎきったとされる化粧坂，大仏坂，極楽寺坂などについては，実際に発掘してみるしかない。それでも後世の加工によって前代のものが失なわれていたならば，結局は水かけ論になってしまう恐れなしとしない。

[5] おわりに

　冒頭にことわったように，「考古学による日本歴史」という試みにはかなり反する内容になってしまったことを，読者諸氏にお詫びしたい。しかし，考古学が物質資料に基盤を置くものであり，また調査の普及度によっては「無い」ことを立証することが難しいのは言うまでもあるまい。となれば，自らの有する資料の有効性をふまえ，限界性をも自認しないで，史料や伝世品の研究と安易に妥協するのは考えものである。中世後期には城郭に関する遺構は膨大であり，その研究も多方面から進められているが，考古学が発掘調査という手法で充分な成果をあげているかと言われると，まだまだ活躍の余地があると思われる。資料の少ない中世前期について，考古学から何が言えるのかをこまかく検証することも，まだ今後の課題として残されていると考える。

注
1) 米国において，19世紀後半の第7騎兵隊全滅で知られるリトル・ビッグホーンの戦いの跡地で，金属探知機を使用し銃弾などの遺物の分布を調べ，戦闘の推移を当時の証言と照合した試みがあったと記憶する。
2) 青森県浪岡城や埼玉県川越城では，12～13世紀の「手づくね」かわらけの出土がみられたり，栃木県小山城では13世紀の板碑が城の北辺で出土している。
3) 「城館」の発生と展開に関して，千田・小島・前川『城館調査ハンドブック』(新人物往来社，1993年) でも，平泉の柳之御所跡の堀と元寇の防塁に注目している。
4) 合戦史研究者でもこの方面はあまり深く追究しておらず，供養塔なども伝承の域を出ないので"郷土史"に埋もれがちではないだろうか。
5) 鈴木尚ほか日本人類学会編『鎌倉材木座発見の中世遺跡とその人骨』(岩波書店，1956年)。なお，これに程近い由比ケ浜南遺跡では1995年の調査で数千体の人骨が出土しているが，調査担当者の斎木秀雄氏によると刀創や刺創痕のある人骨は比率が低く，全部を合戦の死者と断ずるのは無理との教示を受けた。
6) 鎌倉出土の武器・武具については，菊川泉「鎌倉出土の武具・馬具」(中世都市研究会『中世都市研究』第1号，1991年) に一定の集成と分析がなされている。本稿もこれを大きく利用しているが，若干の資料を追加すると共に，出土地点の性格をも加味した。
7) 世界遺産登録へ向けての議論とも聞く。別に鎌倉市でも周辺山間の遺構分布調査を行ない，鎌倉市教育委員会『化粧坂周辺詳細分布調査報告書』(1996年)，同『亀ケ谷坂周辺詳細分布調査報告書』(1998年)，同『大仏切通周辺詳細分布調査報告書』(1999年) などを出している。
8) 鎌倉市教育委員会『鎌倉市埋蔵文化財緊急調査報告書』9 (1993年)
9) 日産保養所用地出土。以前同所ロビーに展示されていたが，脱塩処理不十分のため割れてしまい，市教委が回収したままになっている。報告書未刊。
10) 鎌倉市教育委員会『永福寺跡―平成8年度』(1997年)
11) 光明寺境内遺跡発掘調査団『天照山蓮華院光明寺』(1986年)
12) 前掲菊川泉論文が言及しているが，図などは未発表。
13) 『鎌倉市埋蔵文化財緊急調査報告書』4に写真のみ掲載されている。
14) 挿図出典文献にあり。
15) 未報告。調査担当宗墓秀明氏の御教示による。
16) 佐助ケ谷については挿図出典文献参照。浄明寺釈迦堂ケ谷遺跡発掘調査団『浄明寺釈迦堂ケ谷遺跡』(1989年) にもあり。
17) 研修道場用地内。挿図出典文献参照。
18) 政所跡発掘調査団『政所跡』(1991年)
19) 「北条義時・泰時邸跡」，「北条時房・顕時邸跡」として数回の発掘調査がなされ，『鎌倉市埋蔵文化財緊急調査報告書』シリーズにいくつかの報告がなされている。
20) 筆者調査，報告書未刊。
21) 鎌倉市教育委員会『東勝寺遺跡発掘調査報告書』(1977年)
22) 長勝寺遺跡発掘調査団『長勝寺遺跡』(1978年)
23) 前掲注7) の諸文献参照。

挿図出土地および文献
▷図1a；阿津賀志山の堀……福島県教育委員会『伊達西部地区遺跡発掘調査報告書』福島県

文化財調査報告第 82 集，1980 年
▷図 1b；法住寺殿跡 W10 土壙……古代学協会『法住寺殿跡』1984 年
▷図 2—1；永福寺境内杉ケ谷……鎌倉市教育委員会『鎌倉市埋蔵文化財緊急調査報告書 10』1994 年
▷図 2—2・6・22，図 3—17・21；諏訪東遺跡……諏訪東遺跡調査会『諏訪東遺跡』1985 年
▷図 2—3・5・7・18・21，図 4—2〜5・10〜13・16・23；千葉地東遺跡……神奈川県立埋蔵文化財センター『千葉地東遺跡』1986 年
▷図 2—4・14・15・17，図 3—1〜3・5・6・13〜15・20・30，図 4—1・8・27；佐助ケ谷遺跡……佐助ケ谷遺跡発掘調査団『佐助ケ谷遺跡』1993 年
▷図 2—9・10，図 3—4・9・10・23・25，図 4—21・26；北条時房・顕時邸跡……鎌倉市教育委員会『鎌倉市埋蔵文化財緊急調査報告書 4』1988 年，および『（同）6』1990 年
▷図 2—11，図 3—19・22・24・27，図 4—24；千葉地遺跡……千葉地遺跡発掘調査団『千葉地遺跡』1983 年
▷図 2—16・19，図 3—7；八幡宮境内……鶴岡八幡宮研修道場用地発掘調査団『研修道場用地発掘調査報告書』1983 年
▷図 2—19，図 3—18，図 4—14・15・17・18；由比ケ浜中世集団墓地遺跡（若宮ハイツ地点）……鎌倉市教育委員会『鎌倉市埋蔵文化財緊急調査報告書 9』1993 年
▷図 2—23〜26，図 3—11，図 4—25；若宮大路周辺遺跡群（駅北方地点）……若宮大路周辺遺跡群発掘調査団『若宮大路周辺遺跡群〈小町 1 丁目 106 番 1 他〉』1999 年
▷図 3—16；今小路西遺跡（御成小学校内）……鎌倉市教育委員会『今小路西遺跡（御成小学校内）』1990 年
▷図 3—12；今小路西遺跡（社会福祉センター用地）……鎌倉市教育委員会『今小路西遺跡発掘調査報告書』1993 年
▷図 3—26・28，図 4—7・19・22；長谷小路南遺跡……長谷小路南遺跡発掘調査団『長谷小路南遺跡』1992 年
▷図 3—29；向荏柄遺跡……鎌倉市教育委員会『向荏柄遺跡発掘調査報告書』1985 年
▷図 3—31；若宮大路周辺遺跡群（太陽設備地点）……若宮大路周辺遺跡群発掘調査団『若宮大路周辺遺跡群発掘調査報告書』1999 年
▷図 4—6；光明寺裏遺跡……北区鎌倉学園内遺跡発掘調査団『光明寺裏遺跡』1980 年
▷図 4—20；（推定）藤内定員邸跡……鎌倉市教育委員会『（推定）藤内定員邸跡遺跡』1985 年

6 城郭防御の発達

千田 嘉博

[1] はじめに

　本稿ではまず，防御遺構を検討することとはいかなる意味を持ち得るのか，検討を行なう。その検討を踏まえたうえで，南北朝期から江戸時代の初頭にかけた城郭の防御施設の展開を具体的に明らかにする。これによって各種防御施設出現の年代観を整理し，それぞれの展開と組み合わせがもった歴史的な意味を論じることを目的とする。

　城の防御機能・防御性をどのようなものとして理解するかは，城郭研究にとってきわめて本質的であるとともに重い課題である。城郭は政治機能やそれと密接に関連した儀礼・儀式機能，居住機能など多様な要素をあわせもった。しかし城郭は第一に防御施設であったことにもっとも大きな特徴があった。堀や土塁，切岸（きりぎし）・石垣といった施設で防御されていたからこそ，わたくしたちはある遺跡を城跡と分類するのである。

　もとより防御機能の高さ－低さを含め，ある城が政治機能や居住機能など複合した多様な要素をどの程度の比率でもったかは，城によって大きく異なった。先にあげたように城郭機能の3大要素は，防御・居住・政治機能といってよいが，一般に居住機能がひじょうに高く防御機能の比率が低いものが館であり，逆に居住機能は低く防御機能を重視したものが砦となる。そして両者の機能をバランスよくあわせもち強い政治機能を備えた城の行き着いた先が近世城郭であったと，諸要素の組み合わせを通史的に概観することができる。もちろんすべての城郭の流れが近世城郭にきれいに収れんしていったのではないことはいうまでもない。

　わたくしは城の防御性は城郭研究において必ず注目しなければならない要素だと考えている。しかしたとえば砦といった場合，使用期間の短さや規模の小ささからそう呼ぶこともあって，個別事例では砦とすべきか城と呼ぶべきか悩むことがある。いずれにせよ恒常的な政治機能を備えたか否かが城と砦の分類基準になるのだが，このように城のもった機能のうち，防御

機能は城の根元的な機能ではあっても，そのすべてではなかったことに留意すべきである。だから防御機能を見落とした研究は城郭の研究とならない一方，防御機能を明らかにしたからといって城のすべてを明らかにしたことにもならないのである。

　さらに城郭の研究を進める前提として考えなくてならないのは，基本的に防御機能は城に迫る敵を効率よく殺傷することを目的としたものであったということである。この点についてはよく注意して研究を進める必要がある。明治期から第二次世界大戦中にかけた軍あるいは軍人による城郭研究は，現実の戦争を肯定したうえで，当時最新の近代要塞を城郭発展の頂点として位置づけ，その頂点へ我が国の城が独自で優れた築城技術を生み出していった発展過程＝「築城史」を明らかにしようとした。確かにある時代にどのような防御施設があったのかを明らかにすることには意義がある。しかしこの視点の枠組みに留まる限り，城の塁線際において敵兵の殺傷方法がいかに効率化していったかを解明するという限界を超えられない。

　現在の城郭研究は縄張り調査や発掘調査などから多面的に推進されているが，その基盤と目的はまったく異なるものとしなければならない。現在の研究は城から地域の歴史を解明することが目的である。そうした転換をはっきりと示したのは，1979年の村田修三による「城跡調査を地域史と在地構造分析の史料として活用する」とした提唱であった〔村田 1980〕。実際，村田の提唱以降，城郭研究は歴史研究を進めるひとつの方法として着実に成果を重ねつつある。

　しかし城郭をあつかう以上，その目的が歴史究明にあるとしても，防御機能をどう史料化し得るのか，という課題を避けて研究を進めることはできない。歴史研究であればこそ，一層この課題とどのように向き合うかが問われている。城の防御機能・防御性を避けていたのでは城郭の研究にならないことは先に指摘したとおりである。ただし防御機能の発達は，直接的には殺傷方法の進化でしかなく，単純にそれを解説するだけでは，おぞましい殺傷方法を詳述しているにすぎない。そしてこうした記述に留まる限り，いかに歴史研究の装いをしたとしても城郭研究の可能性はない，といわざるを得ない。

［2］　防御遺構検討の視点

　各地で行なわれている縄張り研究や多くの労力を費やして行なわれている城の発掘調査の成果が殺傷方法の解説であってよいわけはない。そこで防御遺構を殺傷性を越えて歴史史料として読み込む視点が必要になる。わたくしは以下のような視点を提示したい。

　ある築城主体がある城を築き得たということは，いかに効率的な防御方法を知っていたか，ということには留まらない。堀や土塁，曲輪といったさまざまな防御施設の組み合わせによってできた城の形態は，築城主体の政治性と築城主体と関わった諸集団との政治的関係をよく反

映したものと規定できる。

　こうした城の平面構造－縄張り－に内在した特質によって，防御遺構を殺傷方法の表現としてではなく，中世の政治構造と社会構造を読みとる史料として捉えることができるのである。

　わかりやすく事例をあげれば，家臣の集合体に強く規制された大名の居城は，大名が住んだ曲輪（たとえば主郭）と家臣が屋敷をもった曲輪との階層差に乏しく，横並びの並列関係で城郭全体を構成した。一方，強力な大名権力が確立して行くにつれて，そうした大名の居城は主郭中心のピラミッド状の階層構造に変貌していった。

　城郭の立地は平地や丘陵・山岳など多岐におよんでおり，いずれのタイプか見分けがたいこともあるが，並立的な城郭プランと階層的な城郭プランを区分する手がかりは，城を構成した曲輪群がどのように連結していたかを分析することにある。曲輪の連絡関係が並立的か階層的かによって築城主体の政治的構造を考えていくことができるのである〔千田 1996・2000〕。

　そして中世に城を築いたのは封建領主であった武士だけではなかった。中世は寺社や村落共同体，都市の町共同体などが，それぞれの権力に対応した防御施設を築いた時代であった。つまり防御性を史料として読み解くことは，大名の城から中世を考えるというだけではなく，列島を覆い尽くした防御施設群（城・館城・館・環濠集落・構え・寺内町……）の個別構造と相互関係を実証的に明らかにしていくことで，自力救済に裏打ちされた軍事力の重層的分有を基盤とした中世の政治・社会構造の特質を社会の諸階層にわたって検討できるのである。

　たとえば先に例示した城郭構造の並立性－階層性といったものは，こうした防御遺構史料化の視点を研究として具現化するためのひとつの指標であって，二大別することに目的があるのではない。また実際には並立構造と捉えた城のなかにも自ずから求心的な階層構造は一定度意図されているのであって，つぎにはその微妙な差異をいかに読みとるか，ということが課題になる。同じことは階層構造とした城にももちろんあてはまる。

　さらに石垣や土塁，堀や畝状空堀群，出入り口や天守といった城郭の構成要素を機能的に解釈し意味づけるだけでなく，象徴考古学的解釈を行なうことによって，政権目標あるいは目指すべき社会を表象したものとして歴史的に位置づけていくことも，防御遺構を歴史史料として捉える有効な方法である。すでにこの分野では瓦の文様の伝播や金箔瓦の系譜に関する研究が，新しい地平を切り開きつつある。

　城郭の防御遺構の検討は，こうした研究の展望と組み合わせてはじめて歴史研究としての意義を備えると思う。もちろん城郭研究において防御遺構の検討はもっとも基礎になる部分で，第一に防御施設を把握する意味は大きい。しかし城郭における殺傷技術の進化を，有意な歴史史料としてどこまで読解できるのか，不断に問いつづけていかなくてはならない。

　次章以降検討を進める防御遺構の展開も，そうした展開を見通した基礎作業である。城郭の

城郭防御の発達

防御施設の展開は，ひとつは塁線構造の進化，もうひとつは出入り口構造の進化を軸に進んだ。出入り口構造の進化については別に詳しく検討を行なっているので〔千田 2000〕，本稿では塁線構造に注目して歩みをたどっていきたい。

[3] 南北朝期の城郭

　16世紀の戦国期城郭では，石垣・切岸・横堀・堀切り・竪堀・畝状空堀群などといった多様な塁線防御施設を使用した。しかしこうした施設はもとより一度に現れたのではなく，さまざまな過程の末に到達した姿であった。14世紀の南北朝期には千早城・赤坂城をはじめとして全国的な内乱状況に対応した比高差の大きな山に城を築いた。中世における山城の出現であった。しかしこうした山城は大きな比高差の山に占地したため，日常の生活・政治拠点には適しておらず，戦況に応じた時限的施設であった。

　2000年に高知県春野町教育委員会によって，南北朝期の山城が完掘された。14世紀から15世紀前半にかけて機能した木塚城である。木塚城は比高30m程度の丘陵に占地した城で，この点，一般的にイメージされる南北朝期の山城と異なる。しかしこの城は北側山嶺の比高差300mほどの高所に立地した同時期の山城と組み合わせて機能していた。そして盆地と交通路を直接押さえることに意義があった出城的施設であったことを容易に読みとることができる。幸い室町期以降には城として再利用されておらず，南北朝期の典型的な防御施設を観察することができる事例である。

　調査を担当した春野町教育委員会の徳平　晶の教示によると，木塚城は曲輪の周囲に厳重な切岸を施すことで城郭として成立していた。切岸とは人工的に構築した急斜面をいう。木塚城の場合，比高差の大きいところでは3mにもおよんで自然斜面に人工的加工を施し，60度程度の地山急斜面をつくり出していた。

　現地での体感では運動靴で足元を固め，両手を合わせて使っても切岸を登坂することは，きわめて困難であった。木塚城では尾根筋の鞍部に堀切りを添えた部分も見受けられるが，基本的に切岸を活かすための補助的な位置に留まっていた。このように日本の中世城郭では一般に堀によって城内への侵入を阻止したと捉えがちであるが，堀が防御施設の主役になる以前に曲輪まわりの人工急斜面・切岸を防御施設の主体とした時代があったのである。

　また注目されるのは，切岸の直下に塹壕状の施設を組み合わせることで，切岸外に出て防御することを意図していたことが明らかなことである。さらに尾根鞍部と主要な曲輪が接した部分には小規模なものであるが竪堀状の切り込みを斜面に入れることで，切岸部分を横移動して，主要な曲輪の直下に回り込むことを効果的に阻止していた。

写真1 木塚城全景
南側から見た全体。遠望でも切岸の段をはっきりと見ることができる。

写真2 木塚城の切岸

 塹壕状施設は武者隠しに，竪堀状施設は竪堀にそれぞれ戦国期には進化しており，そうした施設の初源をここにはっきりと読みとることができる。なお木塚城では意図的に城内へ運ばれたことが明らかな河原石が多数検出されており，石を投げつけることで城内への敵兵の侵入を防いだ「礫（つぶて）」と評価される。切岸を防御の主体とした場合，曲輪直下の攻防がとくに焦点になった。だから投げ下ろすことで強い殺傷力を発揮し得た礫はひじょうに有効な武器であったに違いない。

 なお平地の館では堀のような区画施設が不可欠であったから，早くから堀による囲郭を行なっていた。ただし台地地形や丘陵端部などの比高差を利用した場合は切岸を用いたものが多く見られる。こうした防御施設の選択は，いかに地形を活かして省力化して効果的な防御機能を備えるかということで，単純に堀の有無を問題にするのではなく，全体としてどのような構成になっていたのかを分析することが重要であろう。

[4] 室町期の城郭

 15世紀後半には切岸に加え要所要所に堀切りを加えることで，山城はより強固な防御機能を発揮した。こうした様相を典型的に示したのが福島県小野町の猪久保城（ししくぼ）である。猪久保城は比高差100mほどの丘陵先端にあり，城の背後を堀切りで遮断したほか，曲輪群をまとめ，あるいは効果的に区切った堀切りを併用した〔大越・飯村ほか 1994〕。

山城でもっとも登りやすい尾根筋において曲輪周囲の切岸前面に堀切りを備えたことで，切岸到達前に物理的に堀を越えなければ曲輪にとりつくことはできなくなった。堀によって曲輪攻防の最初の焦点を堀の対岸部分に遠ざけることが実現された。これによって城兵側は切岸だけを施していた段階と比べ，弓矢を効果的に使用することが可能になった。

　そして堀切りを突破された第2段階で，ようやく切岸防衛の段階になったのである。このように防御施設の組み立てを分析していくと，切岸に堀切りが加わったことが城郭の防御機能にとって大きな前進であったことがわかる。そして堀切りの先端を斜面部に伸ばしていくことで（竪堀），尾根筋から側面に回り込んで城郭の中心部に近づこうとする敵を阻止することも実現した。そして切岸・堀切り・竪堀という防御施設の組み立ては16世紀の城郭にも引き継がれることになったのである。

　もうひとつ猪久保城で重要なことは城内に主殿と評価できる建物を備えていたことで，軍事的比重の高い山城であっても政治・居住機能を併せもつという室町期の城郭の基本性格をも読みとれることである。前段階の南北朝期の山城が基本的に日常の政治・居住の拠点としては機能しなかったことと比較して大きな違いである。ちなみに先述の木塚城では多くの陶磁器を検出したのに対し，明確な建物跡は発見できなかった。発掘調査ではっきりと検出できない程度の仮設建物が城内施設のほとんどを占めていたことを示しており，城はあくまでも戦いに際しての籠りの場であった。

　15世紀の平地城郭についても概観しておこう。周防国の守護の館として著名な大内氏館は，山口市教育委員会の古賀信幸らのねばり強い調査によってその全貌が判明しつつある。古賀の分析によると〔古賀 2000〕，大内氏館は15世紀半ばの段階には幅1.5～1.8mの区画溝と，板塀によって囲郭されていたにすぎなかった。つまり平地の守護館は最初からいわゆる平城として構えられたのではなく，「洛中洛外図屛風」が描く室町将軍邸や細川管領邸などを規範とした館として意識されていたのである。

　岐阜県神岡町の江馬氏館では大平愛子の教示によれば，館の正面はみごとなV堀で固めながら，側面は溝程度といった一見アンバランスな堀の組み合わせであったことが判明している。足利義満の花の御所も館正面をV堀で固めたことが発掘で知られる〔堀内 1995〕。江馬氏は足利将軍の直臣である御家人で，館の特徴的な構造は庭園の存在を含め将軍邸を規範としたものと解釈できる〔小島 1996〕。

　大内氏館の場合，15世紀末～16世紀初頭になって堀の拡張や土塁の構築といった城郭化を進めており，館に対する意識が大きく変化したことを示している。この時期は応仁・文明の乱をはさんで守護大名から戦国大名へ，大名自身の意識が大きく移り変わる時期でもあり，そうした政治構造の変化に館の城郭化という動きが連動したと評価できる。

[5] 戦国期の城郭

A 日本の畝状空堀群

16世紀第2四半期ころから戦国大名の拠点が山城あるいは平地城郭に変化した。本格的な戦国大名権力の成立に対応した動きであった。この時期から関東の北条氏や甲斐の武田氏は印判状と呼ぶ非人格的で組織的な文書を発給するようになる。それまでは大名と家臣の個人的な人間関係を基盤とした書状に頼っていたことを考えれば、戦国大名権力が着実に公権力として踏み出していく様子を城と文書の両面からうかがうことができる。

そしてこの時期には、今日地表面から容易に観察できる多様な城郭が出現した。山城では多彩な防御施設を使用した。16世紀から加わった新たな防御施設には畝状空堀群をあげることができる。畝状空堀群は城域の端の自然斜面部に山麓に向かって竪堀と土塁を交互に並べ築いたものを基本とする。この特異な施設は南九州から青森県まで分布しており、16世紀の山城を特色づける防御施設であった。

畝状空堀群を構成した竪堀と土塁の規模は大小さまざまであった。大きなものでは堀の幅が4mを越えたものがある一方、1〜2m程度の狭いものまである。発見された遺構は多くの場合、地表面観察のデータによっているので、保存状態の違い（畝状空堀群の設置された場所の多くは斜面部で雨水などの影響を受けやすい）を考慮しなければならない。このため詳細に規模による分類を示すことは困難であるが、いずれにせよ大小の違いがあり、年代や機能の差異の表われである可能性がある。

この施設は多くは曲輪の切岸直下の自然斜面部に敷設された。施設の外観は大きな畑の畝が並んでいる様相で、断面を見ればのこぎりの歯のような形態であった。現状では土塁部の頂部は雨水で丸くなっているが、築造当初は整った三角形になっていたと復原できる。このため土塁の頂部を歩くことはできず、たとえ歩こうとしても左右の竪堀底に転落することになった。

これらを前提として畝状空堀群の機能を復原する。たとえば敵兵が畝状空堀群を突破して城に近づこうとすると、土塁の上を歩くことはできないので、竪堀底を城に向かって歩くことになる。通常、城に近づくにつれ、矢や礫、あるいは鉄砲による防射が激しくなるため、攻め手の兵士は散開しながら斜面部を登坂する。しかし畝状空堀群のために兵士は散開できず、100人であっても1000人であっても竪堀の数に整列して斜面を登らなくてはならなかった。

城兵側としては曲輪側に向いた竪堀開口部に注意を集中し、狙いに悩むこともなく、つぎつぎと手前の敵兵から倒せばよくなるわけで、畝状空堀群を敷設した際の城兵側の有利さは圧倒

的であった。大きな石を城兵が用意できたならば，竪堀に向かって石を転がせば，竪堀内に整列させられている敵兵を一気に殺傷することができたのである。

さらに畝状空堀群を敷設した部分は，その機能を発揮させるため，立木は完全に切り取られていたと考えられる。このため味方だけでなく敵方にも畝状空堀群の存在は明瞭に知ることができたと復原される。このため畝状空堀群は見せることによって，敵の攻撃を逡巡させる象徴的な機能をも発揮したと推測される。

畝状空堀群の築造年代は列島の各地で盛期の差があったようである。文献史料との照合からもっとも古い時期に遡ると考えられる奈良市の古市山ノ城は，1520年（永正17）に機能していたことが『祐維記』などの記述から確実で，その後，古市氏の没落とともにこの山城を再利用した可能性はきわめて低いので現状の遺構はこの時期のものとみてよい。そして古市山ノ城は初源的な畝状空堀群を6条にわたって備えた。この畝状空堀群はひじょうに粗雑なつくりで，後述する横堀などほかの堀と組み合わせない単独使用であった〔村田 1983〕。形態・使用状況とも，まさに畝状空堀群成立期の構成と評価してよい。畝状空堀群の単独使用のタイプを第Ⅰ類型と分類する。

この後，16世紀第2四半期の天文期以降に畿内から各地へ技術が急速に伝播していった。関東地域ではこの時期から後述する横堀が展開し始めており，この結果として関東地域では畝状空堀群の分布は目立って少ないのである。そして16世紀後半になると西日本の各地でも横堀が出現してくる。横堀は山城で曲輪の切岸直下に曲輪に沿って伸びた堀を呼ぶ。もともと防御性に富んだ地形を求めて築いた山城では，平地の城館と異なり16世紀段階にならないとこうした念入りな施設は登場しなかった。

ちなみに東北北部から北海道の渡島半島にかけた地域では，11世紀の律令政府との戦いに際して横堀的な堀を備えた丘陵・山岳の防御集落を形成した。曲輪の役割分担につながらなかったものなので戦国期の横堀とは異なるが，防御線ということでは同様の機能を発揮した。北の地域の独自な防御施設の発達を示すものといえる。

12世紀末に成立した奥州平泉の柳之御所も河岸段丘を利用しつつ，平野側には大規模な堀をめぐらした。発掘の成果を勘案すると，塁線際には帯状の遺構が希薄な部分が認められることから土塁を備えていたことが復原できる。こうした城郭構造は柳之御所が王朝国家期の鳥羽離宮など畿内からの影響とともに，北方の城郭要素を受け継いで成立したことを示すものと考えてよいだろう。

横堀は切岸直下を全面的に堀にしてしまうことで直接的な防御力の強化に役立っただけでなく，曲輪群をグループ化して，内外関係を明確化する働きももったので，城郭構造全体を並立的な構造から階層的な求心構造に進化させる役割も担うことになった。ただし横堀を城郭の求

心構造化の手段として利用できたのは，そうし得る築城主体の政治構造があってのことであり，横並び的に曲輪群ごとに横堀をめぐらしたのでは，並立的な城郭プランの防御力強化といわなくてはならない。同じ防御施設を取り入れるにしても，城郭プランはこれほど鮮やかに築城主体の政治構造と地域社会の様相を反映したのである。

関東などでは台地地形の縁部に沿って横堀を通して城域を確立していったのに対し，西日本と東北地域では，山城で横堀と組み合わせて畝状空堀群を使用する方向に進化した。横堀自体が16世紀第2四半期以降にはじまり，16世紀後半～16世紀末にかけて列島各地に展開したものであった。だから横堀と組み合わせた畝状空堀群は，当然その時期まで使用時期が下り，単独で使用した畝状空堀群より後出の形態であった。第Ⅱ類型と分類する。

横堀と畝状空堀群の組み合わせでは畝状空堀群の頭部（多くは切岸直下）を横堀で連結する例がもっとも多く，畝状空堀群の中程や端部を横堀でつなぐ事例もある。前者は切岸と接した畝状空堀群の土塁頂部を駆け上がって曲輪内に敵兵が侵入することを防ぐために有効であった。畝状空堀群の土塁と切岸が密着していると，土塁部分では切岸の比高差が少ないので防御上はよくないからである。そして畝状空堀群の頭部の横堀底を塹壕としても使うことで城兵が畝状空堀群に接して展開し，曲輪上から防御にあたった城兵とともに重層的な防御線を構築できるという戦術的効果をもたらした。後者は畝状空堀群の竪堀底を伝って城兵が城外に進出し，横堀部分で展開して防戦に当たるという作戦を目論んだものであろう。

畝状空堀群を使用した実年代がわかる山城には，毛利氏が1564年～66年（永禄7～9）に尼子氏の立て籠る月山富田城を攻めたときの陣城，勝山城をあげることができる。島根県広瀬町に所在する城で，畝状空堀群は横堀と組み合わせない単純な構造である。さらに九州では福岡県北九州市に所在する長野城が実年代の確実な例である。長野城は1565年（永禄8）と68年（永禄11）の2度にわたって毛利氏と大友氏に攻められており，私見では現状の遺構は1565年の毛利氏との戦いに備えてできあがったものと評価できる。そしてこの長野城には総数248本もの畝状空堀群を城外に向かってびっしりと築き並べていたのである。緩斜面や尾根筋では2段にわたって横堀と組み合わせた畝状空堀群を敷設し，また畝状空堀群自体が複雑に連結分散したことで高い防御力を発揮した〔栗山編 2000〕。これより第Ⅱ類型と分類される。

長野城は現在判明しているなかでもっとも多く畝状空堀群を敷設した山城である。北部九州は第Ⅱ類型段階までの畝状空堀群が濃密に分布した地域だが，これほど純粋・大規模に畝状空堀群に依存したものはなく，畝状空堀群を採用した山城の到達点を示す。こうした点だけでも長野城は重要だが，栗山伸司を中心とした北九州市教育委員会の調査によって長野城周囲の山塊に長野城を包囲した攻め手の包囲陣が完存していることが判明した。長野城は守り手側・攻め手側双方にわたってくり広げた戦国期の攻城戦の壮大な土木工事を目の当たりにする希有な

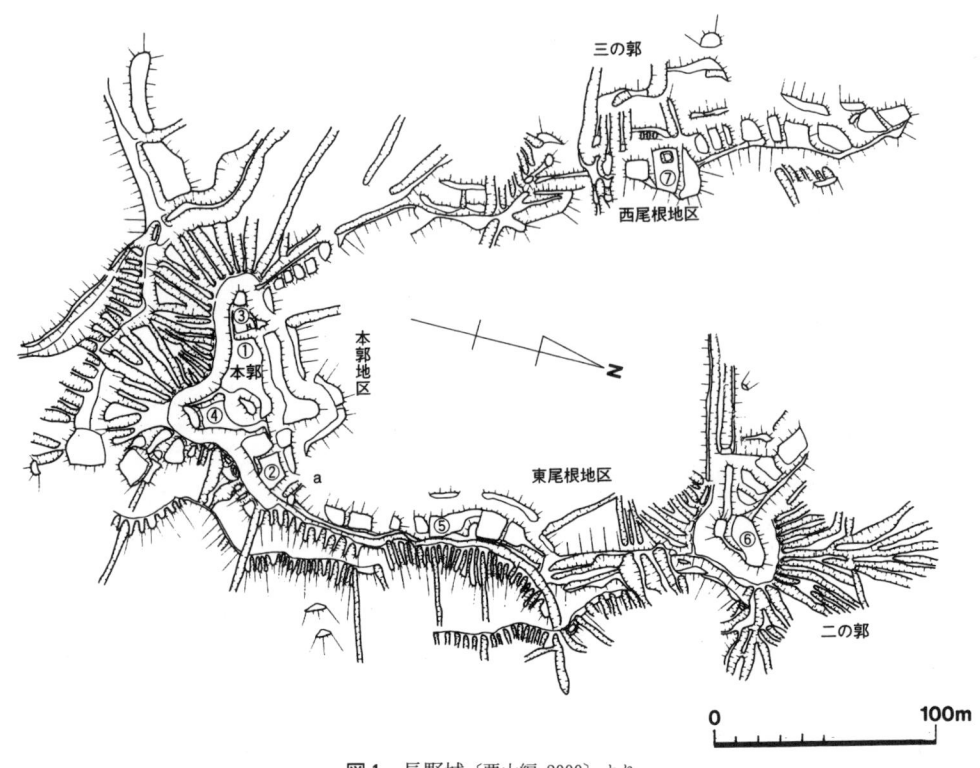

図1 長野城〔栗山編 2000〕より

遺跡なのである。

　四国では1575年(天正3)に長宗我部氏が土佐国を統一し，居城の岡豊城本丸に礎石建ち瓦葺きの櫓を造立するなど，政権の画期に対応した城郭の改修が認められる。この岡豊城も畝状空堀群を使用した。

　そして長宗我部氏はその後，1583年(天正11)に四国統一を達成した。高知県埋蔵文化財センターの松田直則の教示によると，長宗我部氏の四国統一戦の各段階に長宗我部氏の拠点城郭となった山城の多くに畝状空堀群が礎石建物と組み合わせて見られるという。こうしたことから1570年代から1583年ころにかけて四国では，長宗我部氏の四国統一という政治的な動きと連動して畝状空堀群が広まったと推測される。

　東日本では新潟県村上市に所在する村上城が畝状空堀群の使用年代を考える手がかりとなる。村上城は近世の城郭として著名だが，城の東南山麓を中心に織豊期にさかのぼる大規模な土づくりの遺構が完存している。村上城の畝状空堀群は山上と山麓をひとつづきに結んだ総構えラインや馬出しと併用したことから，上杉氏に仕えた本庄氏の最終段階としてよく，文禄期から慶長初年(上杉氏の会津転封は1598年・慶長3)まで畝状空堀群を発達させながら使用しつづ

図2　長野城本郭周辺の畝状空堀群〔栗山編 2000〕より

けたことがわかる。

　畝状空堀群の展開をまとめる。(1)16世紀第2四半期から16世紀第4四半期まで使用された，(2)畿内地域でいち早く成立し各地に急速に伝播した，(3)畿内・東海・甲信・中国の地域では，天文期〜永禄期に盛行した，(4)九州では永禄〜天正期に盛行した，(5)関東では横堀がいち早く盛行したので，あまり用いなかった，(6)東北地方では永禄期以降から，一部は慶長期まで使用した，(7)沖縄・北海道には分布が認められない，となる。

B　ヨーロッパの畝状空堀群

　日本の戦国期に盛行した畝状空堀群と同様のものがヨーロッパの城郭にも見ることができる。時代を超えてドイツ・オーストリア・ハンガリー・イギリスの各国で畝状空堀群を使用したことを確認している。おそらく詳細な調査を行なえば，さらに分布範囲は広がるものと思われる。近年まで畝状空堀群は日本独自の施設と考えられてきたが誤りである。こうした共通性は城郭を国際的に比較検討していく手がかりとして興味深いだけでなく，そうした比較の必要性を明確に示すものである。

　日本と異なってヨーロッパでは畝状空堀群を二つの時期に使用していた。古くは紀元前1〜3世紀頃に用い，断絶の後，10〜11世紀に使用した。わたくしが確認した古い段階の北限は，イギリスのヒルフォート（城塞集落）〔都出 1997〕，イングランドのオールドオスウェストリーのみごとな畝状空堀群である〔CAVENDISH 1983；CUNLIFFE 1991〕。この畝状空堀群は横堀と横堀の間の緩斜面をつぶすという，日本の戦国期にもあった放置すると危険な緩斜面を畝状空堀群を敷設することで，敵味方使用不可能地帯とする典型的な使い方であった。

　南限はオーストリアの南チロルにあるゲシュリール城である〔SCUBERT 1991〕。ゲシュリール城の畝状空堀群は，曲輪下の緩斜面をつぶす放射状の配置で，日本の戦国期のものとまったく同じものである。オールドオスウェストリーもゲシュリール城も基本は土づくり，という点でも日本の畝状空堀群をもつ城と一致した。現在，古い段階ではわずか2例のみを知るが，実際はかなりの数であったに違いない。

　新しい段階では，ドイツ南部に5例，北部に1例を知り，ハンガリーに類似の例1例を数える。ドイツへのハンガリー人の侵入に関わるという説もあり，「ハンガリー土塁群」とも呼ぶ〔FREI・KRAHE 1979〕。しかしそれは城郭強化の契機であって，畝状空堀群がハンガリー原産ということではないと考える。その証拠にハンガリーの中世城郭の構造，いわゆる縄張りを論じた諸研究〔DÉNES 1989, PLAČEK 1992〕，中欧・東欧の城郭に関する最新成果をまとめた研究集会でも畝状空堀群は顕著ではない〔HENNING・RUTTKAY ed. 1998〕。ただし東欧は城郭の石造化が相対的に遅れた地域であったから，畝状空堀群がドイツに比べてより発達した可能性は高い。今

後の研究の成果が期待される。

　この新しい段階では，畝状空堀群について日本と同じ機能のほかに，台地上の水平な空間に設置したものについては騎馬隊の突進を防いだ，という機能を加えて推測している。このように形態や機能はまったく変わらない日本とヨーロッパの畝状空堀群であるが，ヨーロッパではこれを日本のように畝状空堀群とは呼ばない。ドイツでは Strahlenwälle（ストレーレンヴェーレ）と呼ぶのである。つまり「放射土塁群」である。別にも指摘したことだが，ヨーロッパの研究者にとって土塁こそが着目点なのであり，日本の研究者にとっては堀こそが第一の着目点なのである。無意識の見方の差異を知ることにも，比較研究の意義はあると思われる。

まとめ

　本稿では城郭における塁線防御が具体的にどのような段階を経て展開していったのかを概観してきた。こうしたさまざまなくふうを受けて，いよいよ織豊期には天下統一の歩みとともに列島各地に本格的な石垣を備えた塁線構造が出現していった。九州以北の地域では 16 世紀第 2 四半期にこうした動きが現われたが，それは古代以来寺院勢力が保有してきた技術を新たに編成し直したもののひとつであった。

　石垣とともに各地の城郭に採用された瓦もそうしたもののひとつといえる。しかし最初は寺院の石垣技術や瓦の文様をそのまま転用したものであっても，織豊期の急激な城郭の発達の中で，城郭独自の構築方法や文様を確立していった。石垣は塁線際に建物を構築でき，防御力，とりわけ天候に左右されず鉄砲などの火器を使用できるという利点を生み出し，瓦は火攻めに対して効力を発揮するという機能をもった。

　しかし石垣にせよ瓦にせよ，機能的な理由からだけで説明するのは充分でないだろう。現代人が今でも高い石垣や深く水をたたえた堀，天守や櫓を見て感銘を受けるように，そうした城郭の構成には新しい時代をイメージさせる政治的シンボル性が強く込められていたことを見逃してはならないだろう。

　天守を至高の頂点として，本丸・二の丸・三の丸・城下と配置した縄張りは，戦国期以来段階的に獲得していった城郭の求心的階層構造を城下にまで押し広げたものであった。統一し一貫したプランは近世封建制の身分序列を都市空間の中にみごとに描き出したもので，武士を中心としたあるべき世界観を具現化していた。こうしたシンボル性を備えていたからこそ，戦いがなくなっても城は維持され，幕末まで象徴としての役割を果たしつづけたのであった。

　そこでは戦国期以来の複雑な出入り口や石垣といった防御のくふうは，物理的な機能よりも藩主を核とした武士層の威光を不断に意識させるものとして象徴的に機能したのであった。ところでヨーロッパでは 14 世紀以降大砲が戦いに使用され，しだいにそれが主な武器になって

いくに従って城郭は大砲に備えた戦う要塞と政治・生活・権威の宮殿に分化した。日本でも17世紀初頭の大坂の陣や島原・原城の戦いでは大砲がきわめて重要な役割を発揮しており，おそらくあと10年争乱の時代が長くつづいたならば，日本の城郭もヨーロッパと同じ変化を余儀なくされていたに違いない。

もしそうであったとしたら，日本人の城に対するその後の意識も今日とは大きく変わっていたであろう。そういった意味では日本の近世城郭は，城が防御・政治・生活・権威を兼ね備えられたぎりぎりのところで踏みとどまった姿といえるのである。

引用文献

大越道正・飯村　均ほか 1994『東北横断自動車道遺跡調査報告 28』福島県文化財調査報告書第 308 集．

栗山伸司編 2000『長野城』北九州市教育委員会．

古賀信幸 2000「防州山口における城・館・寺」『中世都市研究』第 7 巻，新人物往来社，pp. 99-119．

小島道裕 1996「江馬下館と江馬氏」『江馬氏館跡Ⅱ』神岡町教育委員会，pp. 96-103．

千田嘉博 1996「近世大名と領国支配」『考古学による日本歴史』第 5 巻・政治，雄山閣出版，pp. 89-104．

千田嘉博 2000『織豊系城郭の形成』東京大学出版会．

都出比呂志 1997「都市の形成と戦争」『考古学研究』第 44 巻第 2 号，pp. 39-57．

堀内明博 1995『みやこを掘る』淡交社．

村田修三 1980「城跡調査と戦国史研究」『日本史研究』第 211 号，pp. 82-105．

村田修三 1983「大和の城跡⒀鉢伏城（古市山ノ城）」『月刊奈良』第 23 巻第 3 号，現代奈良協会，pp. 54-55．

CAVENDISH RICHARD 1983, *Prehistoric England,* Arutus, pp. 122-124.

CUNLIFFE BARRY 1991, *Ironage Communities in Britain（3rd edition）*, Routledge, pp. 398-399.

DÉNES JOZEF 1989, Die arpadenzeitlichen Burgen des Matra-Gebirges, *CASTRUM BENE,* pp. 51-55.

FREI HANS, KRAHE GÜNTHER ed. 1979, *Archäeologische Wanderrungen im Ries,* Konrad Theiss, pp. 234-239.

HENNING JOACHIM, RÜTTKAY ALEXANDER T. ed. 1998, *Frühmittelalterlicher Burgenbau in Mittel-und Osteuropa,* Dr. Rudolf Habelt GmbH.

PLAČEK MIROSLAV et. 1992, Die Burgen Mährens im Spätmittelalter, *CASTRUM BENE,* pp. 277-306.

SCUBERT ECKEHART 1991, Die Wallburgen Südtirols, *Vorgeschichtliche Fundkarten der Alpen,* Römisch-Germanische Forschungen, Band 48, Philipp von Zabern, pp. 452-499.

特論

青銅製武器の伝播と展開

下條信行

A 朝鮮半島南部の武器形青銅器の諸段階と性格

　日本列島に武器形青銅器を伝え，その性格を規定した朝鮮半島南部の武器形青銅器文化は，以下のような段階と特徴をもって展開した。

　それはⅠ～Ⅴ期の5段階に分けることができる〔下條 1991b〕。Ⅰ期は，遼寧式銅剣に半島創案の有柄式磨製石剣と柳葉形磨製石鏃が伴う青銅器出現期で，前期無文土器段階に相当する。

　Ⅱ期は遼寧式銅剣から変化した細形銅剣が出現し，扁平三角形磨製石鏃，多鈕粗文鏡，銅斧，銅鑿，小銅鐸や剣把形銅器を始めとする多様な形態の装飾銅器が伴う。粘土帯甕を指標とする後期無文土器初頭に併行する。

　Ⅲ期は，細形銅剣のほかに細形銅矛と細形銅戈の武器形青銅器の3種が出そろい，これに多鈕精文鏡，銅斧，銅鑿，銅鉇，各種の鈴，鉄器などが伴う。この期はさらに前葉，中葉，後葉に細分され，列島には中葉段階に伝わる。

　前葉は，扶餘九鳳里遺跡出土品を代表とする。細形銅矛は木柄と矛を強固に固着するため鎏口側部に目釘穴（穿）を持ち，武器としての実用性を残している。多鈕鏡は転換期で粗文鏡と精文鏡が併存し，銅斧は扇形から有肩長方形や長方形に変化し，銅鉇が新出する。

　中葉は有穿細形銅矛（図1－1）と並んで有耳の細形銅矛（図1－2）が出現する。これは目釘穴がなくなりその部に環耳が付されたものである。目釘穴の喪失は強固な着柄という実用機能の放棄を意味し，環耳の出現はそれを利用した矛の装飾化への開始を物語る。鏡は多鈕精文鏡単独になり，新たに各種の銅鈴や鋳造の鉄斧・鉄鑿が出現する。列島にはこの段階に細形の剣・矛・戈の3種の武器形青銅器，多鈕精文鏡，銅鉇が伝わる。咸平草浦里，和順大谷里，益山平章里遺跡などが代表的遺跡である。

　青銅器とその鋳型の出土は，中葉段階までは忠清道や全羅道など朝鮮半島の西南部に集中していたが，Ⅲ期後葉以後は慶州や大邱が所在する慶尚北道などの朝鮮半島東南部に移る。東南部に移ると青銅器に大きな変化がうまれ，ことに武器形青銅器は大型化や装飾化が進み，見せることを意識するようになって，実用性を一段と喪失する。短鋒銅矛は無穿有環耳化し，鎏口は多重節帯，穂袋や葉部には施文，その境には刺状突起，身部は多樋化するなど矛の全身が装

飾で覆われ，見せる矛に転化する（図1−3）。一方これに併存して，中細化など長身化を目指したタイプも出現する（図1−4）。これには文様はないが，その大きさの故に遠目でも矛と識別することが可能となった。細形銅剣は，刺突時の衝撃を受けとめる基部が細身化するという実用性の脆弱化が進み，銅戈は刺突時に血を流すために設けられた樋に綾杉文や截頭山形文を鋳出し，装飾化，視覚化が豊かになる。慶州九政洞，同入室里，同竹東里，義昌茶戸里遺跡が代表的遺跡である。

　Ⅳ期になると儀器化がさらに徹底する。細形銅剣の細身化がさらに進み，その葉部の多樋化，鎬の茎までの貫通など実用上の弱体化や無意味化がさらに進む。銅矛は装飾のない長身タイプが中心となり，長いものは60cmに及ぶ。長鋒化することによって，視覚性はますます強調され，環耳を2個もつものも出現する。銅戈は鋒が膨らむ中細形となり，これに小さな茎が付く。鋒は鋭さを失い，柄の装着も弱化して儀器化は一層進行し，樋に文様も付さなくなるので，使うことも見せることも出来なくなる。これは，この段階に銅戈を挿入する青銅製鞘が出現し，銅戈本体よりも鞘を着装した状態の外装を見せる方に大きな効果を見いだした結果のようである。慶州朝陽洞38号，大邱坪里，同飛山洞を代表とする。このあとのⅤ期もさらに武器形青銅器の儀器化は進む。

　以上の武器形青銅器は墳墓の副葬品で，被葬者個人の威信財としての性格が強い。その展開は実用強化の方向ではなく，威信財としての視覚効果をいかに高めるかの工夫にあった。それを以下に整理してみよう。

　銅矛が出現したⅢ期前葉には目釘穴があって，まだ武器としての実用性を保っていた。次いでⅢ期中葉になると，目釘穴がなくなり，その部に環耳が設けられる。この環耳には，武器としての実用性はなく，織布や瓔珞を取り付ける矛の装飾器官である。矛は長兵であるから，長い柄を翳し，布や瓔珞が翻る様を見せつけ，それによって所有者の威信を高めたものとみられる。Ⅲ期後葉になると，多重節帯，文様，刺状突起，多樋などで矛全身に飾りを加え，それを翳し見せて，さらに威信を高めようとしている。しかし折角のこの緻密な装飾も短鋒銅矛では物が小さいだけに遠目からは見え難く，威信財としての限度があった。その活路を煩雑な加飾より長身化（大型化）に求め，中細化への道を辿るのである。全身装飾で矛を見せ，鞘金具も作らないのは，矛が鞘に頼らず生身でその威信を主張できたからである。

　銅戈の装飾は銅矛に遅れ，Ⅲ期後葉にその樋部に始まる。これも長兵であるから，長い柄を付け，初めは生身のままでその威信を主張していたが，施文部が樋部というあまりにも狭隘な部位のため装飾効果が弱く，そのためⅣ期には，青銅金具を骨格として作られた鞘を被せ，銅戈は外装を見せることによって威信効果を高めるようになった。したがって銅戈本体は実用性も装飾性も不用となり，急速に形骸化した形態に変わったのである。

青銅製武器の伝播と展開

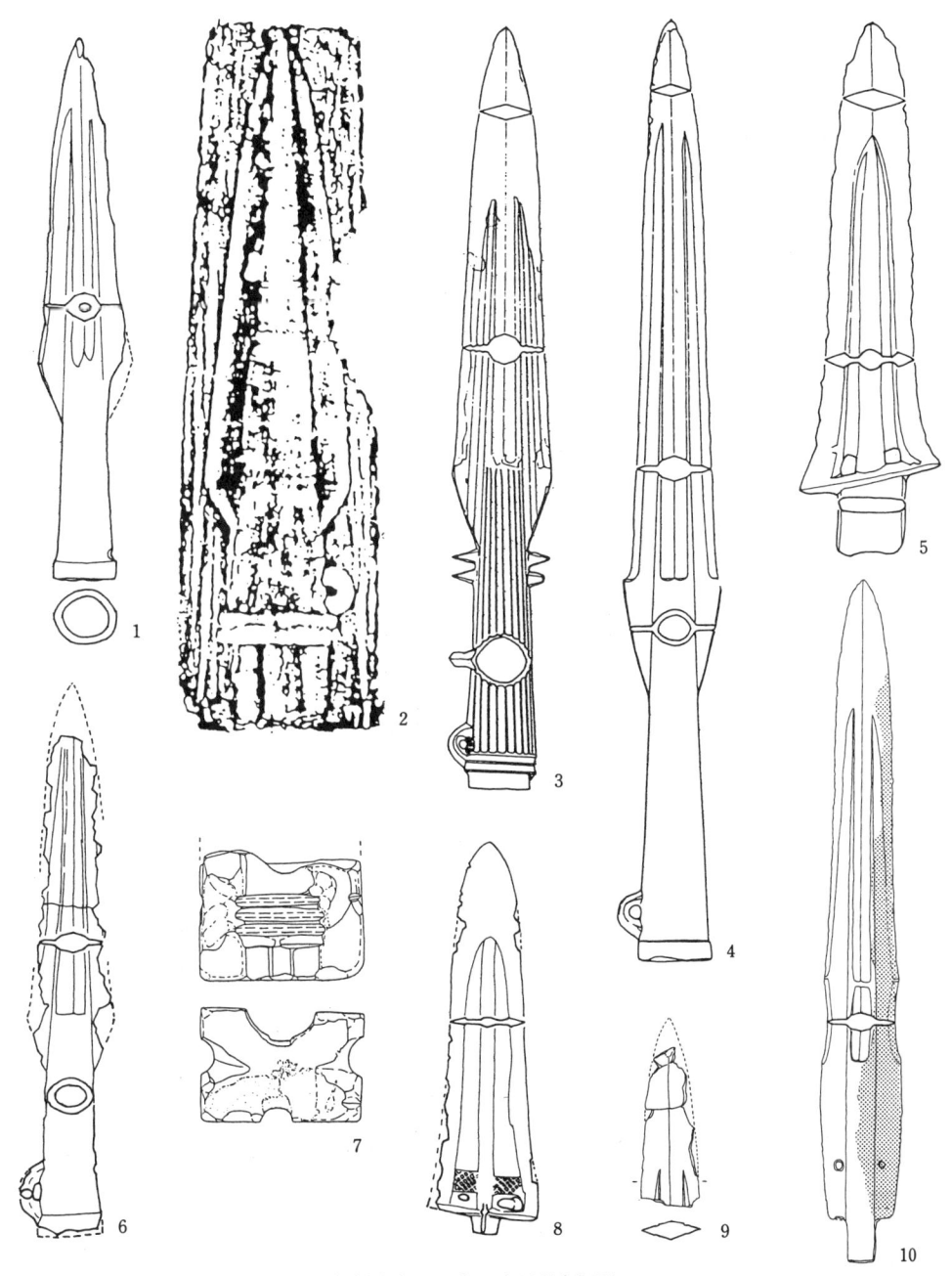

図1 朝鮮半島と日本の武器形青銅器 (1/3大)

1：有穿細形銅矛（全羅南道草浦里）　2：有耳細形銅矛（全羅南道地方）　3：有文銅矛（慶尚北道入室里）　4：無文中細形銅矛（入室里）　5：無文細形銅戈（草浦里）　6：有耳細形銅矛（福岡市板付）　7：有耳多重節帯細形銅矛（佐賀県神埼町・三田川町吉野ヶ里）　8：有文細形銅戈（佐賀県唐津市宇木汲田）　9：祭祀に使われた細形銅剣鋒（大分県宇佐市川辺）　10：埋納された細形銅剣（愛媛県土居町西番掛・網目は錆化部分）

119

銅剣はⅣ，Ⅴ期には多樋化が見られるが，装飾化は弱く，むしろ基部の細身化，つまり受衝撃部の脆弱化として展開してきた。銅剣は短兵なので遠目からの視覚効果が弱く，そのため壮大な鞘に納め，その鞘を見せることによって威信を維持した。Ⅲ期後葉の茶戸里出土の木鞘は黒漆で飾り，鞘と柄部を合わせると長さ60cmにもなる幅広の長大品で，圧倒的な重量感を誇る。これもⅣ期になると青銅の鞘金具が装着されるようになり，鞘の飾りは一段と豪華になった。その内部にあって眼に触れぬ銅剣は実用に耐えぬ細身の脆弱品であった。

　以上のように，銅剣・銅矛・銅戈が出揃ったⅢ期以後，その表現方法や初期装飾は器種によって異なるが，いずれも威信財としての価値を高めるための，視覚的効果の工夫に腐心したものであった。そして儀器への傾斜が強くなればなるほど，逆に武器としての実用性は後退に後退を重ねた。そうしたなかで，Ⅲ期中葉に視覚による威信の高揚を最初に始めたのが銅矛であった。銅矛より装飾の開始が遅れ，やがて鞘の外装に威信効果を委ねざるを得なかった銅戈・銅剣は，やはり銅矛より威信誇示の有効性が劣り，銅矛の後塵を拝して，第2列，3列の威信財にならざるを得なかった。このように，朝鮮半島の南部にすでに武器形青銅器のうちにランクが出現していて，これが列島にも影響を及ぼした。

B　列島の初期武器形青銅器の性格

　列島には朝鮮半島青銅器文化Ⅲ期中葉，つまり銅矛が儀器化を始めるころに伝わり，その性格を継承した。北部九州の弥生前期末から中期初頭のころで，これらを細形型式と言い，中期前半前後まで続く。その時代の武器形青銅器の性格を形態や出土状態から見てみよう。

a　型式の特徴から見て

　銅矛に目釘穴(穿)を残すものはなく，すべて環耳化し(図1—6)，なかには節帯を三重も廻す飾りの著しいものが出現する。文様を付したものはない。朝鮮半島でこのころ環耳化が始まるが，穿を残すものが多く，列島の方がより徹底して儀器化を図っている。佐賀県吉野ヶ里(図1—7)，同惣座出土の細形銅矛鋳型に環耳，多重節帯が彫られているのは，列島の青銅矛が当初から装飾化を指向して製作していたことを示している。銅戈の有文化は，朝鮮半島ではⅢ期後葉から始まるが，列島ではⅢ期中葉平行段階に始まり，朝鮮半島より一段階早く儀器化が進んでいる。そしてこの銅戈は，身が紙のように薄く，柄を付ける茎も薄く小さな非実用品である(図1—8)。同じ段階の朝鮮半島の銅戈は，身は厚く，茎も厚く大きく作られている(図1—5)。

　以上のように，列島で製作された武器形青銅器は初期から朝鮮半島のそれより，より徹底して非実用の儀器化を意図しており，弥生人の指向が武器よりも，儀器による威信の確立にあったことを示している〔下條 1991b〕。福岡市大石遺跡に銅矛の鐏内に木柄を残した例があるのは，朝鮮半島と同じく環耳から瓔珞や布をひらめかせ，長柄を着柄して高くさし翳し，それを見せ

ることによって所有者の威信を高めたことを示す。

b　出土状態から見て

　北部九州ではこれらの武器形青銅器はほとんどが甕棺や土壙墓などの墳墓に副葬されるので，これらは朝鮮半島と同じく被葬者個人の威信財とみることができる。なかには厚葬の風を示し，また布包みで副葬する例があるのも，これらがある種の宝器性も備えた威信財であることを示す。瀬戸内では細形銅剣は墳墓からではなく，土中に埋納されて出土する（図1−10）。これについては後述するが，細形銅剣も武器ではなく，埋納祭器として扱ったことを示している。

c　鋒の出土

　しばしば鋒(きっさき)だけが出土することがある。その出土状況には幾つかのケースがあり，その性格は一律ではない。その例1として，人骨嵌入例がある。福岡県永岡や佐賀県千代田などわずかの例がある。いずれも剣先で，銅剣の一部が利器として使用されたことを示すのであろう。しかしそれは嵌入例に限ってのことで，墳墓出土の鋒がすべて武器痕跡とするのは単なる拡大解釈に過ぎない。その例2として大分県宇佐市川辺遺跡では，M区祭祀土器廃棄土壙から丹塗られた祭祀土器と共伴して銅剣の鋒が出土している（図1−9）。祭祀土器に共伴してしばしば折られた石戈が出土するのと同じである。このように武器形青銅器の鋒は祭器としての性格をもつのである。その例3として鋒は完器の周縁に分布する傾向にある。これなどは完器の補完物と位置づけることができ，それが墓に伴う場合は低級威信財の役を果たしたことになる。

d　ミニチュア青銅器の製作

　熊本県白藤遺跡から，鋒の大部分を欠くが，袋部の長さ2.5cm，幅1.0cmの，小環耳をもつ細形銅矛模倣の超ミニチュア銅矛が出土している。鋳型もあり，この遺跡で製作した可能性が高く，これはどこから見ても儀器である。

　以上のように，列島の武器形青銅器は朝鮮半島の武器形青銅器の儀器性を継承し〔近藤1969〕，それをさらに徹底化したものである。それを威信財や祭器として活用するのが列島武器形青銅器の基調であり，方向性であった。その間にあって，銅剣などの限られた器種の一部が偶に利器となったことがあったにしても，儀器・祭器としての基調に影響を与えるものではなかった。

C　武器形青銅器の序列化とその入手および供給

　朝鮮半島における銅矛優位の制は，わが国にも継承され，①銅矛，②銅戈，③銅剣の序列が作られた。この序列は，朝鮮半島では地域差として現われないが，列島では分布差として現象した。すなわち，①細形銅矛（＋銅戈・銅剣）は北部九州の中心部の玄界灘沿岸の諸平野，すなわち唐津，糸島，福岡，宗像平野などに分布し，その鋒は北九州市域や佐賀平野など周辺域に

点在する。②細形銅戈（+銅剣）は，それより一回り広い北部九州から周防灘や別府湾に臨む東北部九州など九州北半に広がり，鋩は熊本など周縁部に出土する。③細形銅剣は九州を越え，中部瀬戸内にまで広がる。

　すなわち序列上位の銅矛分布圏を中核にして，序列下位の銅戈，銅剣が順次それを同心円状に取り巻く分布構図になっている。この構図を主導したのは朝鮮半島と一衣帯水の位置関係にあって，半島の銅矛優位の制を導入して，自ら銅矛を擁した玄界灘沿岸勢力である。

　その際，列島各地はどこからどのようにしてこれらを入手または供給したのであろうか。従前であれば，朝鮮半島南部からの一括入手と考えればよかったが，今日では北部九州各地から細形青銅器段階の鋳型が出土するので，その解釈は複雑となった。

　それを整理すると，第1のルートは朝鮮半島からの入手で，節帯の少ない銅矛，茎の厚くて大きな銅戈などはこのルートからの招来品と考えられる。多鈕精文鏡などとともにもたらされ，主として玄界灘沿岸勢力が掌握した。第2は列島内からの調達で，その生産地として福岡平野，佐賀平野，熊本平野，遠賀川下流域，同中流域などを鋳型の出土から挙げることができる。熊本平野，遠賀川下流域，同中流域は単品生産で自己消費的要素が強いが，佐賀平野は中心的な生産地で主に銅矛と銅剣を作った。片岡によればこの工人は前期末に佐賀平野に集落を営んだ第一次渡来人に次いで中期前半に再びここに渡来した次世代の人々であろうと言う〔片岡 1996〕。彼らは，吉野ヶ里の墳丘墓出土の銅剣，鳥栖市柚比本村遺跡の1137号甕棺副葬の玉飾漆鞘着装細形銅剣が示すように，ことに銅剣の生産と副葬を愛好していた。玉飾漆鞘は朝鮮半島の着装銅剣誇示と同じで，豪華な飾鞘を着装する銅剣によって威信を強調しようとする意欲がよく伺える。

　佐賀平野の青銅器生産は，中期前半までは吉野ヶ里など佐賀平野中央にあったが，中期中頃までには佐賀平野東部の鳥栖地域に移る。ここでの銅器生産もやはり銅剣生産が中心で独創性を有すことは，鳥栖市柚比本村の甕棺出土の4本の武器形青銅器がいずれも銅剣で，早くも中期前葉の汲田式の段階にわずかながらの匙面の樋をもつ中細形銅剣B式という儀器を生み出していることが示している〔渋谷 1994〕。佐賀平野は銅矛所持を許されない地域なので，このように銅剣の生産と新製品の開発に力を注いだのである。他方，吉野ヶ里，惣座，鳥栖市本行などから銅矛鋳型が出土し，佐賀平野でも細形銅矛を生産していたことがわかるが，その成果は佐賀平野にはまったく反映されない。それらは，北部九州のルールに従って，玄界灘沿岸地域に出されたのである〔下條 1997〕。つまり佐賀平野の銅矛生産は玄界灘沿岸に収斂されるシステムの中での生産なのであり，佐賀平野はその反対給付として，玄界灘沿岸から彼らが独占的に掌握していた今山石斧や鋳造鉄器破片などの先進的生産工具を与えられたものと考えられる。

D　瀬戸内の青銅器と北部九州

　上記のように瀬戸内に配された初期武器形青銅器はランク下位の細形銅剣であったが，瀬戸内はそれを北部九州のように威信財としてではなく，共同性の強い祭器として扱った。そのことを以下に例示しよう。

　愛媛県宇摩郡土居町西番掛で工事中に複数の細形銅剣が出土し，2本が現存している。2本とも関上部の棟を挟んで相対する位置に瀬戸内特有の各1個の円孔が穿たれている。孔は銅矛の環耳と同じ役割を果たし，瓔珞や布などをとりつけ，細形銅剣の儀器効果を高めたのである。こうした孔は朝鮮半島や九州の細形銅剣にはなく，瀬戸内に招来後，瀬戸内人の発想で穿たれたもので，山陰や南海地方にもみられる。

　このように瀬戸内に至ると武器形青銅器の使用法や用途に新たな変容が生まれてくる。そしてその変容は，次のように出土状態にも現われるのである。この銅剣を観察すると，棟を境に表裏とも同じ側に錆が著しく付いている（図1─10）。2本ともである。これは，銅剣の身を起こして刃を上下にして土中に埋納したため，その上部側が空気に触れたために起こった現象で，それは銅鐸や中広・広形銅矛など後出の青銅祭器の埋納法と共通するものである。このように瀬戸内は細形銅剣の段階から，朝鮮半島や北部九州のように威信財としてではなく，また後の山陰の中細形銅剣C式，九州の中広〜広形銅矛・銅戈，畿内の銅鐸に先駆けて「青銅祭器の埋納」という独自の青銅器処理法を開発したのである。

　次いで瀬戸内は儀器化が顕著な中細形銅剣B式段階に時代は進む。この型式を創始し瀬戸内に伝えたのは，上述のように佐賀平野であった。佐賀平野では吉野ヶ里や鳥栖市柚比本村遺跡に見られるように九州の伝統に従い威信財として墳墓の副葬品としたが，瀬戸内では土地の伝統に従い，これの関上に双孔を穿ち埋納祭器とした。ただし，祭器埋納習俗の発生が青銅器を嚆矢とするかどうかについては，その発祥地問題とともに検討の余地がある。

　瀬戸内は細形銅剣を九州のどこから入手したのであろうか。九州には玄界灘沿岸と佐賀平野にそれの保有地がある。玄界灘沿岸には，朝鮮半島からの招来品と志賀島出土銅剣鋳型が示すように奴国製品があり，佐賀平野には同平野製品があるが，どれがどの地の製作品か特定できない。この時期，破片の一辺を研磨して片刃工具を作る素材である鋳造鉄器破片の流通を通して，玄界灘沿岸と瀬戸内とは結ばれているので，一定量は玄界灘沿岸から伝わった可能性がある。ただし佐賀平野からの招来も否定できない。

　次段階の中細形銅剣B式になると瀬戸内には佐賀平野産の銅剣が持ち込まれるようになる。玄界灘沿岸が中細形銅剣B式などの長身銅剣を作らないのに対し，佐賀平野はそれを早くも中期前半の汲田式の段階に独占的に作り始めていたのであるから。ただし，瀬戸内東部には兵庫

県田能遺跡出土の中細形銅剣鋳型や淡路島古津路遺跡の有文中細形銅剣の存在があって，この方面でも中細形銅剣Ｂ式の生産があったことは承知しておく必要があろう。だがこの段階における瀬戸内東西の相互関係は未解決の部分が多い。

E　北部九州の青銅器生産体制の再編成と賦与

　佐賀平野東部で各種青銅器が生産されていた中期後半の頃，福岡県春日市大谷遺跡に中細形銅矛，中細形銅戈，銅鐸の鋳型の出土をみるように，玄界灘沿岸の福岡平野でも銅矛を始め各種の青銅器生産が始まり，青銅器の国内生産は佐賀平野の独占するところではなくなった。この段階になると，北部九州の青銅器生産は序列第3位の銅剣が特殊例を除くと生産から除外され，第1位と第2位の中細形銅矛と中細形銅戈の生産に集約されるようになった。これは紛れもなく玄界灘沿岸勢力の論理と意図が貫徹するようになり，それまで創造的銅剣生産をアイデンティティとしてきた佐賀平野東部の銅器生産の自立性が否定されたことを意味するのであった。以後佐賀平野東部は銅剣生産を中止し，玄界灘沿岸勢力の意向にそって銅矛生産に従事することになるが，それは玄界灘勢力の掌握下での管理生産になったことを示す。鳥栖市本行遺跡は鋳型の種類が豊かなのに対して，同安永田遺跡の段階には中細形や中広形の銅矛鋳型に限られているのは上記の事由が反映してのことなのだ。

　こうして北部九州の武器形青銅器の生産が，銅矛と銅戈に限定されると，より下位の中細形銅戈は，福岡平野，佐賀平野西部，朝倉盆地，遠賀川下流域などのやや広域の地で生産され，最高位の中細形銅矛は玄界灘沿岸とその膝下の佐賀平野東部での限定生産となった。したがって中細形銅矛は玄界灘沿岸勢力，なかでも福岡平野（奴国）を中心に一括的に掌握され，その意図のもとに政治的に賦与されてゆくのである。

　このころ，北部九州では，従来の武器形青銅器から中国前漢鏡へと威信財の転換が起こり，北部九州各地の首長はこの鏡の入手と配布を梃子にして，再編成されていった。これを促進し，首長群のトップに立ったのが，前漢鏡を独占的に入手し配布した奴国の須玖遺跡の首長と伊都国の三雲遺跡の首長であるが，なかんづく中細形銅矛の生産を掌握していた奴国首長は，北部九州の各地の首長を多量の前漢鏡と伝統的威信財の中細形銅矛の2種の威信財を所有する大首長とわずかの小型前漢鏡のみを所有する一般首長に二分した。この際，中細形銅矛を入手できたのは，細形銅矛の分布圏であった玄界灘沿岸地域の首長の中でも三雲遺跡，須玖遺跡，飯塚市立岩遺跡など大型前漢鏡を大量に所有する首長に限られ，彼らは大首長となった。大首長はこうした威信財の配布システムを作ることによって，周辺の群小の首長たちとの差別化を図ったのである〔下條 1991a〕。

　大量の前漢鏡と中細形銅矛の2種の威信財を握って北部九州に君臨した玄界灘沿岸の大首長

は，佐賀平野，朝倉盆地などの隣接周辺諸平野の首長たちには小型前漢鏡を1，2枚賦与するだけで，中細形銅矛は与えず，こうした差別化を図ることによって周辺首長を序列化した。さらにその外周の首長には小型前漢鏡も賦与しなかった。だが，中細形銅矛は賦与することもあった。しかし，その場合それは威信財として副葬されることなく，共同祭器として使用され，祭祀後地下に埋納された。

　威信財に基づく北部九州の首長間関係は，以上のように大量の大型前漢鏡と中細形銅矛を所有する玄界灘沿岸の大首長，小型の前漢鏡少数だけの隣接周辺首長，威信財無有の周縁首長に序列化できるが，この威信財無有の周縁地域にこそ中細形銅矛の埋納が顕著になる。この周縁地域とは熊本県や福岡県東部の遠賀川流域などの北部九州の外縁部のことで，威信財によってむきだしにその権力を誇示するような首長の突出が希薄な地帯である。こうした権力析出の未成熟な地域では，威信財の賦与といった権力的手法は通用せず，地域首長の成熟度に見合った使用形態である共同祭器という手段に折衷されたものと考えられる。もっとも共同祭器といっても，共同体成員の共有物といった意味ではなく，奴国と周縁首長が共同の祭祀の場において，共同してかかげた祭器という意においてである。しかし，実は奴国の首長が在地首長に意図をもって賦与した政治的祭器なのであるから，その共同性は表面的で幻想にしかすぎなかったのである。奴国側は，北部九州圏の境域の安定的確定のための同盟の締結・確認やあるいは帰属を求めたであろうし，在地側は以前から始まっていた玄界灘沿岸勢力からの生産工具の安定的継続的供給の保証や庇護などを求めたであろう。在地首長は権力基盤の弱さの故に，共同性という仮面を被って内外に対処せざるを得なかったのだ。

　中細形銅矛の拡張的展開は北部九州だけでなく，瀬戸内にも広がった。佐賀平野産の銅剣に代わっての北部九州玄界灘沿岸の大首長の手による瀬戸内への一元的展開が始まったのだ。愛媛県松山，香川県善通寺，高松，広島県尾道，福山などに各1本と数は少ないが主要な地点を押さえて，中部瀬戸内まで広域に進出した。その使用法は瀬戸内伝統の「共同祭器」による地下埋納であるから，北部九州境界部と類似している。この段階，玄界灘大首長の手により鍛造鉄器やそれの加工技術の瀬戸内への抽送が始まっていた。中細形銅矛はこうした経済的営為と表裏一体となって，中間に東北部九州の首長などを介在させながら，瀬戸内各地の首長に同盟ないし帰属を求めたものとみられる。しかし，北部九州内でのような階層的関係は結べなかったのではないか。瀬戸内には伝統としてきた銅剣祭器文化があり，善通寺市瓦谷遺跡で奴国系の中細形銅矛C式と瀬戸内産と考えられる中細形銅剣C，平形銅剣古式の共伴出土を見るように，瀬戸内銅剣文化の自立的成長があり，両者は共存的競合の関係にあったと見られる。

F　武器形青銅祭器の終焉

　中細形銅矛は弥生後期になると中広形銅矛に発展し，基本的には中細形銅矛の展開を継承するものの，各地において出土地点・出土地域・出土量をより一層増加拡大し，武器形青銅器の中でもっとも活発な時代を迎える。北部九州でいえば外縁地帯に最も濃密となり，さらにその南部地域にも広がり，中細形銅矛の出土がなかった東北部九州にも分布する。瀬戸内にも量を増すが平形銅剣と共存的に競合し，日本海には島根県荒神谷に進出し在地の中細形銅剣C式と対峙する。

　このように，順調に展開してきた銅矛も最後の広形銅矛になって，大きく分布構図を変える。青銅器生産が福岡平野に一元化し，奴国は広形銅矛を筆頭に青銅器生産への掌握力は益々つよめるが〔下條 1982〕，北部九州圏にはあまり賦与せず，九州の外縁部の対馬，東北部九州，高知西半分に集中させる。このころ，瀬戸内では樋の断面形から広形銅矛と同時期と考えられる平形銅剣新式〔高山 1996〕が急速にその版図を東西に拡大し，逆に，広形銅矛は瀬戸内から西に後退して，東九州の周防灘，別府湾沿いに厚く，長い銅矛ラインを敷いて瀬戸内西端で両者は対峙的になる。同じように畿内の突線鈕式銅鐸も後退して徳島南部から和歌山にさがる。最近では銅鐸の配布は生産者・所有者から各地首長への贈与品と考えられているのであるから〔桑原 1995〕，そうであればこの後退現象は九州・畿内の瀬戸内からの祭器の顔をした政治の後退を意味し，逆に瀬戸内は独自の青銅祭器を生み出して政治的自立を果たしたことになる。

　ここに，弥生終末期において九州は銅矛，瀬戸内は銅剣，畿内は銅鐸と三者鼎立した政治圏が形成される〔下條 1992〕。自らの青銅祭器を生み出さなかった高知はその中央部で西の銅矛と東の銅鐸という外来系青銅祭器同士が対峙する状態が続くのである。

参考文献

片岡宏二　1996「渡来人と青銅器生産」『古代』102号.
桑原久男　1995「弥生時代における青銅器の副葬と埋納」『西谷真治先生古希記念論文集』.
近藤喬一　1969「朝鮮・日本における初期金属器文化の系譜と展開」『史林』52—1.
渋谷格　1994「鳥栖市柚比本村遺跡の調査」『九州考古学』69号.
下條信行　1982「銅矛形祭器の生産と波及」『森貞次郎博士古希記念古文化論集』.
下條信行　1991a「北部九州弥生中期の『国』家間構造と立岩遺跡」『児嶋隆人先生喜寿記念論集古文化論叢』.
下條信行　1991b「青銅器文化と北部九州」『新版古代の日本3　九州・沖縄』角川書店.
下條信行　1992「弥生後期の九州・瀬戸内・畿内」『邪馬台国徹底論争』新泉社.
下條信行　1997「玄界灘VS有明海」『青銅の弥生都市』大阪府立弥生文化博物館.
高山剛　1996「樋の形成から見た平形銅剣と銅矛の年代関係」『古代学協会四国支部第10回松山大会資料　弥生後期の瀬戸内海』.

特　論

元寇の遺構と遺物

柳　田　純　孝

　鎌倉時代に蒙古から二度の来襲を受けた元寇は，日本史に残る歴史的な大事件であった。古代の迎賓館であった鴻臚館から博多に拠点が移り，貿易商の問屋街が形成され，幹線道路が通り，聖福寺（1195年）や承天寺（1242年）の禅寺が創建され，博多が国際貿易港として賑わいをみせていた13世紀後半のことである。

　元寇に関する遺構としては，まず元寇防塁がある。文永の役（1274年）では，博多湾岸の今津や百道から上陸され，筥崎宮が焼かれるなど大きな被害を受けた。これに対し鎌倉幕府は，建治2年（1276）博多湾岸に石築地を築いて上陸を防ぐことにした。この石築地を元寇防塁と呼んでいる。1913年史蹟現地講演会が開かれ，このとき今津の2カ所が発掘された。蒙古襲来研究の中で〔川添 1977〕，考古学的視点からの最初のアプローチであった。「元寇防塁」の呼称は，このとき中山平次郎によって提唱された〔中山 1915〕。1968年以降福岡市教育委員会による調査と保存整備が行なわれており〔岡崎ほか 1968・69・70〕，築かれた地区によって防塁の構造や築造法が異なることが指摘されている〔柳田 1984〕。

　元寇防塁は，九州の九カ国が地区別に築造工事を分担している。博多湾岸の西端に位置する今津は日向と大隅，今宿は豊前，生の松原は肥後，姪浜は肥前，博多は筑前と筑後，箱崎は薩摩，香椎は豊後と，一国が1.5〜3kmの長さを分担し，全体としては東端の香椎まで約20kmにおよんでいる。築造工事の期間は3月から8月までの約半年間。いつ攻めてくるかという緊迫した情勢のなかでの一刻も早い完成をめざした突貫工事だった。

A　元寇防塁の構造と築造法

a　今津地区

　今津の防塁は長さ3kmの砂丘上に築かれているが，1968年の発掘調査ではその間に15カ所のトレンチを設け構造や築造法の解明に努めた。最も残りの良い地点では，高さが2.83mあり，基底部の幅が3m，上面が2mの台形状に築いていた。砂丘の西端津舟崎一帯には花崗岩，東端の毘沙門山には玄武岩や変成岩が分布しており，石材は砂丘両端の海岸線や山麓部の転石が使用されている。築造された石の種類を見ると，西側の1/3は花崗岩，東側の1/3は主に玄

武岩，中央の部分は花崗岩と玄武岩を交互に使い分けて築造している。花崗岩 10.1m の西側は玄武岩 7.3m，その西は花崗岩 10.5m とつづくといった具合で，防塁の石積みは一直線につづくのではなく，同一石材の築造区ごとに折れ曲がるようにつづいている。これはあらかじめ築造区の長さを割り当て，同時並行で築造工事を進めながら隣接区に接合したことを示している。

　石築地役は，「国中平均に沙汰を致し候」となっており，"段別一寸"を原則として所領に応じて長さが割り当てられた。例をあげると，現在の大隅半島の佐多町一帯を本拠とする彌寝南俣は，41丁（町）5段のうち3丈5尺を負担しているが，その工事量は3m（基底部幅）×2m（上面幅）×3m（高さ）の台形状に長さ 10.5m 築くことになっていたわけである。石材の接点による築造工事区間の長さは最短の 4.2m をはじめ大半が 30m 以下となっているのに対し，『大隅国石築地役配布案』の郡・院・郷別の割当ての多くが百町以下となっているから，郡・院・郷別に築造工事の長さが割り当てられていたと考えている〔柳田 1984〕。

　石材の種類によって構造と築造法が異なっているのも今津地区の特徴である。花崗岩の部分は前後に大きな石を積みあげ，その間に砂を入れているのに対し，玄武岩側は全体を石積みしているといった違いがある。

b　生の松原地区

　肥後の武将菊池武房らが石築地の上で警固する前を，馬に乗った竹崎季長が出陣する場面を描いた『竹崎季長絵詞』（『蒙古襲来絵詞』）が示すように，生の松原は肥後の分担となっていた。今津に比べ，前面（海側）の石積み幅が 1.5m と狭いためその後を粘土で補強している点に特徴がある。1968年に発掘調査した長さ 100m を露出展示していたため，石材の劣化が目立つようになり，1998～99年に再整備を行なった。石材の補修と樹脂による強化を図り，中央部の 50m を築造当時の高さに復元した。高さが 1.5m しか遺存していなかったものを，発掘調査や絵詞などの検討から 2.5m の高さに復元している。

　生の松原の大半は，西側の海岸線に分布するペグマタイト（巨晶花崗岩）を石材として築造しており，搬出地に近い西に行くほど石材が大きくなっている。これに対し，生の松原の東端に近い地点から東は，ペグマタイトではなく砂岩を主として築いている。築造後はその地区の警備や防塁の修理などにあたっているが，生の松原では修理の石積みも検出されている。防塁の基底部が 40cm ほど埋まった後，防塁の前に玄武岩を2段に積みあげた石列が 43m つづいている。これは防塁本体の崩壊を防ぐため，修理として築いたものである。

c　姪浜地区

　肥前の分担とされる姪浜の防塁は，向浜・脇・柏の浜に点在している。1979年に確認調査をした脇では，高さ3段ほどの石積みが残っており，基底部幅が 4.0m と広く，砂岩で築造されていた。肥前が分担した姪浜向浜の西端がどこかは明確ではないが，生の松原の東端にはペグ

マタイトと砂岩の接点があり、あるいはこれが両国の境を示しているのかも知れない。

d 西新（百道）地区

西新の指定地は1934年、当時の西新尋常高等小学校の生徒により発掘され、1938年には道路工事中に発見された防塁が粘土と砂の互層で築かれていたとの報告がある〔島田 1925〕。1970年の指定地内の調査では、前面の幅1mほどは石積みされていたが、その後方は粘土を砂丘の上に敷き、その上は粘土と砂の互層となっており、前の報告のように粘土による基盤工事を施すという特殊な工法が確認された〔山内 1972〕。基底部の幅も3.5mと今津や生の松原よりも広い。西新指定地の東側にあたる西南大学校内では、1999年にそのつづきが確認されている。

e 博多地区

博多は古くから都市化が進み、防塁は残っていないと思われていたが、1999年、小学校建設の事前調査（博多第111次）で検出された。発掘されたのは「沖の浜」と呼ばれていた地区で、基底部の幅3.5m、石積み高さは3段、1.1mほどで、南西から北東方向に53mつづいていた。「息の浜に軍兵その数を知らず打ち立つ」と『竹崎季長絵詞』に記されている博多地区にも元寇防塁が築造されていたのである。これより西側に位置する博多第68次地点で検出された石塁遺構は、護岸工事とともに元寇防塁の役割もあったのではないかとされている〔井沢 1992〕。

元寇防塁は、1931年国史跡に指定され、7地区10地点に現存しているが、箱崎や香椎では古い調査例しかないため、構造や築造法について語るまでには至っていない。

石築地役の負担は、防塁の築造や修理だけではなかった。田地十町について楯一枚、旗は田地五町につき長さ八尺のもの一流れ、征矢は田地一町につき二筋を負担している。一方、多々良川などの河口には、乱杭・切立を打ち込んで船の進入を防いだ。また、沿岸部の領主には船の提供も義務づけられている。弘安の役（1281年）で博多湾に侵攻してきた東路軍は上陸していないから、20kmにおよぶ元寇防塁は十分にその役割を果たしたのである。

B 元寇と居館址

元寇と直接関係しないが、鎌倉幕府が元寇のあと恩賞を与えた恩賞地に比定される遺跡が発掘されている。福岡市南区柏原K遺跡では、30×20mと120×65mなど3つの方形区画溝があり、その中に多くの掘立柱建物、井戸、広場などで構成される居館が検出された。13世紀中葉から後葉に造営され、14世紀の中葉ごろに廃絶したと考えられている。K遺跡から樋井川のやや下流にあたるL遺跡では、中世の水田址が検出されている〔山崎 1987〕。幕府は、正応元年（1288）に弘安の役（1281年）で戦死した薩摩国渋谷有重の子孫に筑前国早良郡比伊郷の行武名・若国名の田地10町と屋敷2カ所を与えているが、柏原地区に残る地名などから、恩賞地が柏原K・L遺跡を含む一帯にあたると考えられている。

元寇の遺構と遺物

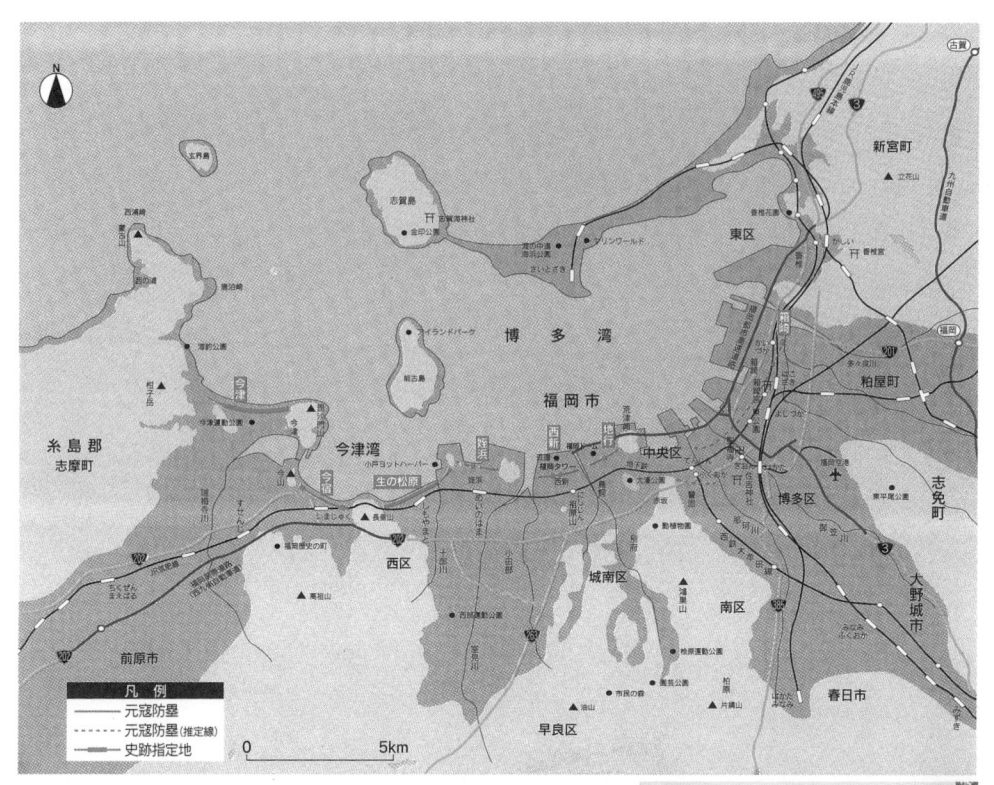

図1　博多湾と元寇防塁の位置図

写真1・2・3　最も残りのよい今津元寇防塁。右上はその全景で曲がりくねってつづく様子がよくわかる。右下は今津の異なる石材の接点（左は花崗岩，右は玄武岩）

写真4 復元された生の松原元寇防塁の全景

写真5 博多第111次調査で発掘された「沖の浜」地区の元寇防塁

図2 元のパスパ文字で刻まれた管軍総把印（6.5×6.6cm。長崎県鷹島町埋蔵文化財センター蔵）

写真6 『竹崎季長絵詞』に描かれた石築地（元寇防塁）

一方，1990年，福岡市早良区入部地区の発掘調査では南北75m，東西35mの方形の溝で区画され，溝の内部には掘立柱建物，井戸などがある居館址が検出されている〔浜石1992〕。時期は12世紀後半から14世紀前半で，遺物の主体となるのは13世紀中ごろ〜後半である。この清末遺跡のすぐ北側にあたる福岡市早良区四箇には榊氏が住職をつとめる明法寺が現存しており，この一帯を本拠とした榊氏の居館址の可能性が高い。正和5年（1316），筑前国早良郡の地頭榊定禅に博多前浜の石築地破損の修理と加佐の造成を命じた文書があり，博多前浜が沖の浜のこととすれば，新しく発見された防塁の破損修理には榊氏が関係していたのかも知れない。

C 元寇に関する遺物

弘安の役（1281年）で東路軍・江南軍が合流して再び博多湾をめざそうとしたとき，台風のため4,500艘といわれる元船のほとんどが長崎県鷹島沖の海底に沈んだ。鷹島沖では，1980年以来鷹島海底遺跡の調査がつづけられており，中国や朝鮮陶磁器のほか鉄刀，船釘，銀製杯，銅碗，石弾，石臼，片口乳鉢，磚，碇石，竹製品や木製品など，2,000点以上の遺物が引き揚げられている〔高野1984・96〕。

a 銅印

神崎免の海岸から採集された元の国字パスパ文字で「管軍総把印」と刻まれた青銅印。印面幅は6.5×6.6cm，鈕は1.4×3.2cm，重さ726gで，背面に至元十四年九月造（1277年）の年号がある。管軍総把は千戸と百戸の間に位置し，200〜1,000の兵を指揮した中隊長クラスの将校と考えられている〔岡崎1981〕。

b 陶磁器類

少量の高麗青磁を除く多くの中国産の陶磁器類は，当然のことながら博多出土の貿易陶磁器類とは異なり，褐釉壺や四耳壺などの日常雑器がほとんどを占めている。多くは口ハゲの白磁皿や碗，龍泉窯青磁碗など13世紀後半から14世紀前半の福州を中心とする江南のものという見解が示されている〔森本1993〕。

c 碇石

鷹島の碇石は長さが1mほどの小型な点に特徴があると考えていたが〔柳田1992〕，1994〜95年神崎沖から出土した「木製碇」は，碇の装着状況を明らかにした貴重な発見となった〔高野ほか1996〕。碇身の両側に碇石2個を1セットとして取り付けた「鷹島型」で，2m前後の「博多湾型」碇石とはまったく別なタイプのものである〔柳田1996〕。

博多湾型は，中国福建省泉州をはじめ，博多湾を中心に長崎県五島，壱岐，平戸，佐賀県呼子，唐津や山口県萩などの北部九州沿岸に分布し，北はウラジオストック，南は鹿児島県奄美大島，沖縄県恩納村，久米島からも発見されている。「博多湾型」碇石は泉州の海外交通史博物

館に発掘された船とともに復元して展示されているように，日中間を航行した交易船に取り付けられていたもので，その出土地は寄港地を示しており，交易の広がりを見ることができる。これに対し，2石を組合わせた鷹島型は，元の軍船のものであり，今のところ鷹島以外の出土例はない。

d 博多から出土した同時代の遺物

博多遺跡群の発掘調査が開始されてから20年余が過ぎ，調査地点は100次を超えている。13世紀から14世紀にかけては，メインストリートに並行する道路や直交する道路などが検出されており，次第に都市化されていく様子を知ることができるようになってきた〔大庭 1999〕。

元寇と直接つながるものではないが，元寇と同時代の遺物が発掘されている。そのひとつにパスパ文字の銅製指輪がある。中央の印面に「キィ」という音の文字を正字で彫っている。指輪の部分は輪にならず，爪状を呈する。土坑から出土した14世紀前半の時期のもの〔大庭 1995-1〕。パスパ文字の銅印と思われるものもある。印面の幅が1.8cm，高さは1.8cmを測るが，これは私印であろう〔菅波 1991〕。この他，銅銭の中にはパスパ文字の「大元通寶」(1310年)が博多35次と博多62次から出土しており〔大庭 1995-2〕，民間レベルの交易が盛んだったことを示している。

元のフビライは民間貿易を許しており，幕府や朝廷も寺社造営料唐船を派遣している。博多を発着地とする新安沈船は，東福寺再建のため派遣されたもので，博多の承天寺や筥崎宮もこれに関与している。13世紀後半から14世紀前半のころの特殊な遺構として今津古墓がある。1958年，今津勝福寺西の砂丘から約200体の埋葬人骨が発見されたもので，副葬品として109個の陶磁器が収集されているが，おそらくその倍はあったと推定されている。内訳は青磁68個，白磁28個，青白磁2個，黄釉陶器盤1個，褐釉陶器10個などで，質量ともに他を圧倒している〔亀井 1986〕。

考古遺物ではないが，今津誓願寺の「延祐二年棟梁禅□杭州油局橋金家造」の銘がある『孔雀文沈金経箱』(国重要文化財・延祐2年は1315年)なども日元貿易によってもたらされたものであることはいうまでもない。

参考文献

井沢洋一 1992『博多32―博多遺跡群第68次―』福岡市埋文調査報告書第287集，福岡市教育委員会.

大庭康時 1995-1『博多44―博多遺跡群第78次―』福岡市埋文調査報告書第393集，福岡市教育委員会.

大庭康時 1995-2『博多48―博多遺跡群第62次―』福岡市埋文調査報告書第397集，福岡市教育委員会.

大庭康時 1999「集散地遺跡としての博多」『日本史研究』448，日本史研究会.
岡崎敬ほか 1968『生の松原元寇防塁発掘調査概報』福岡市教育委員会.
岡崎敬ほか 1969『今津元寇防塁発掘調査概報』福岡市教育委員会.
岡崎敬ほか 1970『西新元寇防塁発掘調査概報』福岡市教育委員会.
岡崎敬 1981「管軍総把印の発見」『海から甦る元寇』朝日新聞社.
亀井明徳 1986『日本貿易陶磁史の研究』同朋社.
川添昭二 1977『蒙古襲来研究史論』雄山閣.
島田寅次郎 1925「西新町（百道原）元寇防塁の横断面」『筑紫史談』34.
菅波正人 1991『博多24―博多遺跡群第61次―』福岡市埋文調査報告書第252集，福岡市教育委員会.
高野晋司 1984『床浪海底遺跡』鷹島町教育委員会.
高野晋司ほか 1996『鷹島海底遺跡Ⅲ』鷹島町文化財調査報告書第2集，鷹島町教育委員会.
中山・木下・竹内 1915『元寇史蹟の新研究』丸善.
浜石哲也 1992『入部Ⅲ』福岡市埋文調査報告書第310集，福岡市教育委員会.
森本朝子 1993「長崎県鷹島海底出土の『元寇』関連の磁器についての一考察」『法哈達』2 博多研究会.
柳田純孝 1996「交易船と元軍船の碇石」『鷹島海底遺跡Ⅲ』鷹島町文化財調査報告書第2集.
柳田純孝 1992「『蒙古碇石』と呼ばれる碇石」『考古学ジャーナル』343，ニュー・サイエンス社.
柳田純孝 1984「元寇防塁と博多湾の地形」『古代の博多』九州大学出版会.
山内・巻内 1972「元寇防塁構造の土木工学的考察」『九大工学部集報』45-3.
山崎純男 1987『柏原遺跡群Ⅲ』福岡市埋文調査報告書第157集，福岡市教育委員会.

特 論

城 の 石 垣

―― 森 田 克 行 ――

A　はじめに

　混沌とした戦国の世から徳川幕藩体制の確立にいたるまでに，じつに多くの城郭がつくられた。それはまた城自体が軍事的拠点から領国支配の政治的拠点へと変貌する過程とかさなり，城と城下町は政治・経済の中心地として大きな役割を担うことになる。したがって城郭の発掘調査は，単に遺構の解明だけにとどまらず，その時代を理解するうえで重要な研究領域となるのである。

　かつて城郭研究の主流は，建築学的な考察や縄張り論であったが，昭和50年（1975）頃から開発や史跡整備に伴う調査が急増，遺構・遺物を中心とする考古学的な研究が進捗してきた。小稿では，こうした近年の調査成果を踏まえ，城郭の防御施設の要となる石垣の発展過程について概論する。

B　城石垣の成り立ち

　城の石垣は，その上に櫓や土塀などの建築物を設置し，防御機能をより一層高めることができる。こうした機能を内在する城石垣は，採用当初より長期にわたる使用をめざすとともに高石垣を指向していたと考えられ，崩壊を防ぐために石垣内の水捌けを保証する裏込め栗石層は必須のアイテムであった。ここが土留め用の単なる石積や貼石と根本的に異なるところである(注1)。また場合によっては軟弱な地盤という悪条件を克服すべく基礎に胴木を組んだり，郭内の盛土の安定を図るのに別造りの石垣・石積を埋設するなど，その保持のためにさまざまな工夫(注2)を凝らすこととなった。

　そこでまず，石垣各部の呼称と石材分類の目安を記しておく。図1は石垣各部を例示したもので，出角・入角などのコーナーにあたる部分を角石部（隅角部）とし，それ以外の石垣本体を築石部とする。角石部は算木積みの完成度，すなわち角石に対する角脇石の有無と個数によって細分され，その度合は基本的に石材の加工度・規格度に比例する。築石部は各段に積まれた石材上面のラインが波打つか否か，換言すれば横目地の整線度の進化によって一定の分類が可能である。無論，このときに生じる石材間の空隙分量は石材の加工度・規格度に反比例し，規

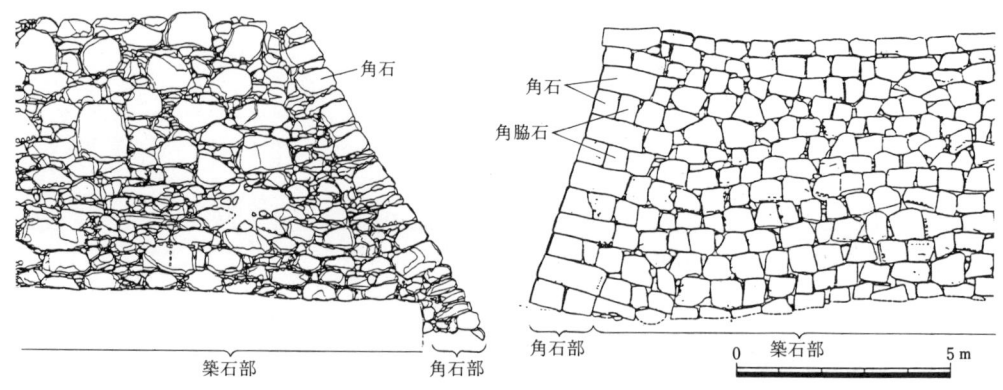

図1　左：名護屋城山里口東面石垣（天正19年）〔高瀬 1996〕
　　　右：丸亀城帯曲輪南面石垣（寛永20年）〔東 1995〕

格度が増せば空隙の割合(注3)は減退していく。また築石部における作業単位の規模は，しばしば横目地の整線度や延長距離によってうかがうことができるが，この点についても，石材の規格度に比例して目地の通りが長くなる傾向が認められ，最も発達した段階では両端の角石部まで目地が貫通する。このように石垣面の様態は石材の形状・規格度（加工度）に左右されることから，石材を以下のように分類する。

　　自然石材　①自　然　石――自然面で覆われた転石を加工せずにそのまま用いたもの
　　　　　　　②自然割石――片岩・堆積岩系などの石材で母岩や転石から節理に沿って割れたもの，もしくは人為的に割り取ったとみられるもので，一部の面が平坦になる
　　加工石材　③割　　　石――石矢で割り取ったもの，直列の矢穴痕がみられる
　　　　　　　④調　整　石――石面をノミなどで丁寧に加工・調整したもの。割石の一部を調整した④aと全面を調整した④bがある

　①もしくは②で構成される石垣のほとんどは，石材を現地もしくは近隣の領地内で調達するという原理においてまったく共通する。ちがいは，その岩質に起因する個々の石材の形状であり，結果として組みあがった石垣の様態は両者でかなり異なったものになる。①でできた石垣はいわゆる野面積みとよばれているものとなり，②は安土城（本城）の例のように，平滑な石垣面が形成されることになる。すなわち自然石材を同じ原理で築きながらも，②は平坦な面を表側にそろえることから，一見して石垣面の形状に差異が生じ，石垣の型式分類を難しくする要因の一つになっている。③については，転石を石矢で分割して成形するもので，得られた石材は，自然面を残すとともに1～2の割面をもつ③aと，形状や法量の規格化がすすみ，割面が数面ときには全面に及ぶ③bに分けられる。なお③bや④には，しばしば刻印が打たれている。

　いずれにしても石垣を築く場合は，ひとつの石垣面を単一の石材で構成するのはまれで，ほ

とんどの場合，安定度を増すために角石部により規格度の高い石材を用いて両端部を収めている。また築石部自体も実際には加工度の異なる石材(注4)が組み合うこともしばしばである。さらに地域によっては，得られた石材の原石性状が石垣構築に大きく作用することもあり，こうしたことも全国一律的な城石垣の分類を困難にしている。

C 城石垣の発生

　城石垣は郭の周縁の櫓などの建物の土台とすべく設けられたもので，当初は防御正面にあたる虎口部分にもっぱら採用されたが，やがて主要郭の各面から城全体を取り囲むようになる。こうした大局観にあって，中井均は，城の石垣は織豊系城郭の継起的な築城経過のなかで，礎石建物・瓦葺き建物の展開と相俟って，技術的にも，規模の点においても飛躍的な進化をみせた〔中井 1990〕とした。その一方で，織豊系城郭以前に構築されたと特定できる「石垣」「石積」の調査例も蓄積されており，表1にはそれらを旧国別に一覧している。

　大きく寺院系と城館系の遺構があり，このうち近畿地方の諸例については，寺院系が多く，城館系は2例である。ただ田辺城の石垣遺構〔石尾・杉本 1997〕については，小振りの瓦が一定量伴出していることから築地塀の土台として築かれたものと判断でき，「虎口」とされる遺構は寺院の「寺門」とも解せよう。また近江守護佐々木六角氏の居城である観音寺城の石垣は，金剛輪寺の普請にかかわった「西座衆」が構築した可能性が高い〔中井 1996〕という。すなわち近畿地方の事例のいずれもが，寺院普請にかかわる石積み技術の系譜に依拠していたと考えられ，しかも裏込め栗石をもつ事例が畿内に突出してみられることは重要である。さらに越前の一乗谷朝倉館の例も，白山平泉寺などの技術が移入されたものとされている。その他の地域については，その多くが城館の土留め用の「石積」とみられ，到底その直上に建築物を設けることはできない。唯一，美濃大

表1　永禄9年以前の寺院・城の石垣と石積み

国	遺　跡	遺構名	時期（世紀）	裏込め栗石	矢穴
摂津	四天王寺	石垣	16C 前半	○	○
山城	田辺城	虎口	15C 末～16C 前半	○	○
	東山殿	SD20	15C 後半	不明	○
紀伊	根来寺	SV14・15 SV20・21	16C 後半 15C後半～16C前半	不明 ×	○ ×
近江	観音寺城	伝御屋形跡 郭石垣	16C 前半 16C 中頃	不明 不明	× ×
	慈恩寺	石積Ⅰ・Ⅱ	16C 中頃	×	×
越前	白山平泉寺	D-16	16C 前半	×	○
	西山光照寺	SV4423・24	15C 末～16C 初	×	×
	一乗谷朝倉館	SD366ほか	15C 末～16C 末	×	○
伊勢	北畠氏館	〔石垣〕	15C 前半	×	×
美濃	大桑城	a地点ほか	16C 前半	○	×
	岐阜城	SV18 など	16C 中頃	×	×
	東殿山城	郭ⅠA	永禄2年以前	×	×
土佐	和田城	石垣1～5	15～16C 前半	×	×
上野	平井金山城	石垣	16C 前半	×	×

桑城は高さ1.5m程度の石垣に裏込め栗石を充填した事例となるが，その後の在地の事例に裏込め栗石が認められないことから，永禄10年（1567）に信長が築いた岐阜城の石垣との間に系譜的な断絶があると考えられる。

　いまのところ，高石垣を築くための技術は畿内の寺院普請にかかわった石垣づくりの集団が創案した可能性が高く，大桑城の石垣構築は孤高の技術とみたい。ちなみに矢穴については，畿内に偏在することはなく，あくまで石材の性質にかかわって穿つことからみても，一元的な系譜はおえない。また割石③aの石垣面に占める割合は，畿内の東山殿においてやや目立つ程度で，ごく少ない。

D　城石垣の展開

　表2は発掘調査などによって構築時期が確定，もしくは確実視できる城石垣資料の覇権別の一覧で，城名に付載した数字は，高石垣を採用した元号の年代を示している(注5)。

　信長期については，永禄10年（1567）の岐阜城を筆頭に，天正10年（1582）の鳥越城まで，すべて信長製，信長系城郭に限られる。すなわち岐阜から出立した信長が，近江を橋頭堡（このとき宇佐山城・安土城などを築城，以下同じ）として，畿内（山城二条新第・勝龍寺城など）を攻略し，やがて中国方面（丹波福知山城・伯耆鳥取城，播磨利神城・姫路城），北陸（越前丸岡城，越後七尾城）へと進攻していった有様と，当該地域での高石垣の採用および展開がまったく符合していることに気づく。この時期における石垣をもつ城郭の分布は，あたかも信長とその配下の武将が展開した版図をみるようである(注6)。このことは，信長自身が畿内系の寺院建築の石垣構築技術を採用することによって，郭を石垣で全面的に囲繞し，その頃から盛んになってきた鉄砲を主力とした攻撃に対して，城郭の防御機能を飛躍的に増大させるという効用を熟知していたからこそであろう。まさに戦うための「戦術的城石垣」である。

　この時期の石垣石材は自然石材①②を用い，石材の供給も現地調達が基本である。また畿内とその周辺地域では，勝龍寺城などにみられるように，墓石や石塔などの転用材も多く用いている。築石部は石材の制約から，横目地の整線度は弱く，順調に通らない。角石部は大きめの石を選んでいるものの，算木積みは見受けられず，まれに角石に控えのある石材を用いている。

　秀吉期になると，高石垣を構えた城は，天正12年（1584）までは山崎城・大坂城など秀吉の居城をはじめ，大和高取城・郡山城など近畿地方での展開が顕著だが，天正13年の阿波徳島城を皮切りに全国展開をみせはじめ，慶長2年（1597）までには，陸奥九戸城から筑後柳川城・土佐浦戸城にいたるまでの事例が検証されている。これらは同時に，天正13年の紀伊・四国，天正15年の九州，天正18年の東海(注7)・関東・東国(注8)と，秀吉がそれぞれの地域を平定した

表2　戦国時代末（永禄10年）～江戸時代初期（慶長16年）に築かれた覇権別城石垣の展開（1997年作成・2000年補訂）

期	信長			秀吉		家康	地域
年代	永禄	元亀	天正	文禄	慶長	慶長	
九州			15 柳川 立花宗茂／15 小倉 毛利勝信／16 名島 小早川隆景／16 佐土原 島津以久／17 人吉 相良義陽／18 松尾 小早川中書家久／18 鞍掛 黒田孝高／18 佐敷 加藤清正／18 名護屋 豊臣秀吉／19 清水山 宗義智／19 角牟礼 島津義弘	3 玖島 大村喜前／3 府内 福原直高／3 岡 中川秀成	6 延岡 高橋元種／6 鹿児島 島津家久／7 唐津 寺沢広高／10 天草 寺沢広高／13 宇土 加藤清正		
中国・四国			8 鹿野 亀井茲矩／9 鳥取 宮部継潤／13 徳島 蜂須賀家政／13 竹田 赤松広秀／16 米子 吉川広家?／16 岡山 宇喜多秀家／18 高松 生駒親正／19 浦戸 長宗我部元親	1 宇和島 藤堂高虎／3 大洲 藤堂高虎／相方 毛利輝元	5 富山／5 松山 池田長政／5 鞍国 加藤嘉明／6 岩国 吉川広家／7 津和野 坂崎出羽守／8 下津井 堀尾吉晴／9 松山 森忠政／12 津山 森忠政／13 松山 小堀政一		
近畿	12 二条新第 織田信長	1 宇佐山 森可成	2 勝龍寺 細川藤孝／4 安土 織田信長／7 姫路 羽柴秀吉／7 福知山 明智光秀／8 黒井 斎藤利三／8 津 織田信包／8 山崎山 山崎氏／8 田辺 細川藤孝／9 鎌刃 堀石見守／10 鳥越 織田信雄／10 山崎 佐久間盛政／12 水口 中村一氏／13 大溝 明智光秀／13 周山 明智光秀／13 郡山 羽柴秀長／13 聚楽第 羽柴秀吉／13 和歌山 羽柴秀長／13 有子 前野長康／13 洲本 脇坂安治／14 大坂 羽柴秀吉／14 八幡山(居館) 羽柴秀次／16 松阪 蒲生氏郷／18 伊勢亀山 岡本宗憲／18 石垣山 豊臣秀吉／18 駿河 中村一氏／18 小諸 千石秀久／18 上田 真田昌幸／18 佐和山 石田三成?／後半 利神 宇喜多秀家?	2 丸亀 生駒親正	5 亀居 稲葉重通／5 田丸 福島正則／5 広島 福島正則／6 今治 藤堂高虎／7 高知 山内一豊／9 萩 毛利輝元／小浜 京極高次／8 彦根 井伊直継／9 出石 小出吉英／14 笹山 徳川家康／16 上野 藤堂高虎	
東海・甲信・北陸		10 岐阜 織田信長	4 丸岡 柴田勝豊／9 七尾 前田利家?／12 小牧山 織田信雄／14 清洲 織田信雄／18 横須賀 渡瀬繁詮／18 掛川 山内一豊／18 浜松 堀尾吉晴／18 二俣 堀尾宗光／18 吉田 池田輝政／2 松本 石川康長／4 金沢 前田利家	3 新発田 溝口秀勝／3 村上 村上頼勝	6 福井 三枚橋／6 加納 奥平信昌／興国寺 天野康景／10 富山 前田利長／15 名古屋 徳川家康		
関東・東国			18 唐沢山 佐野房綱／18 沼田 真田信之／18 盛岡 南部利直／19 甲府 加藤光泰／20 九戸 南部信直／20 唐沢山 南部信吉／2 会津若松 蒲生氏郷／山形 最上義光		6 仙台 伊達政宗／結城秀康 大久保忠佐／11 江戸 徳川家康／16 弘前 津軽信牧		

時期に築城したものが大半である。石垣の構築技術そのものに関しては、秀吉期の当初は信長期のそれとさほどの大差はない。ただ縄張りとの関係でとらえると、山崎城で本城と居館を連結するための竪土塁や竪堀を発達させたり、大坂城や清洲城では「惣構え」による囲郭を徹底させるなど、城づくりにおける秀吉らしさが表出してくる。また、あらたに城郭瓦の生産供給体制の創出〔森田1984a・1986〕や金箔瓦の意匠替え〔中村1978〕など、考古資料の観察のなかにも、その貫徹ぶりがうかがえる。

　信長期の石垣が、防御の実効面で縄張りのなかに配され、一途に発達してきたのに対し、秀吉期も天正年間の後半になると、石垣の配置や規模が城郭のなかで、より効果的になるよう構築していく様子がみられるようになる。その典型は天正18年の小田原攻めに際して築かれた石垣山城の井戸郭である。筆者の知見によれば、郭の東側と北側の石垣はまさに両面高石垣とでもいうべき「城壁」であった。石垣上面には幅1～2mの平場しかなく、せいぜい築地塀程度の建築物を設けるのが精一杯の非戦闘型の郭である。にもかかわらず高さ10m以上の石垣を北東側にむけて現出させることは、小田原城に向けての威嚇にほかならず、それまでの戦術的機能に加えて、よりパフォーマンス性を重視した石垣の戦略的使用と考えられる。小田原攻略後、関東に封じ込めた家康に対する東海道城郭ネットワークとして築かれた秀吉配下の浜松城・二俣城・掛川城などの諸城が、街道に面した「見せる石垣」を主要部に効果的に配置〔加藤1996〕していることも、同前である(注9)。また大坂城や浜松城などでは、現地ではまったく調達できない石材を遠くからわざわざ運搬したことも、「戦略的城石垣」の構築をうかがわせるに十分である(注10)。

　この時期の石垣には自然石材①②を主体に、大坂城などでは割石③aが散見できる。石材は現地調達に加えてやや遠隔地での領地内調達がみられるようになるが、これまでのところ産地での割石の確認例はなく、大半は自然石のまま搬送し、普請場で割られたとおもわれる。また畿内を中心に転用材もしばしば用いられている。築石部は整層的に積むものの、やはり石材の制約から、横目地は断続的に認められる程度である。角石部は大きめの石を選び、城郭によっては角石の引き違えが顕著になってくる。石垣山城の一部の郭で算木積みを意識した角石部が観察されるが、角脇石は未発達である。

　ついで天正19年から明・朝鮮侵攻のために築かれた名護屋城は、近年の調査で多くの新事実がもたらされている。特筆すべきは割石③aを主体とする石材で築かれた本丸旧石垣があらたに発見されたことと、本丸の南側と西側の旧石垣を覆い尽くす現況の石垣が自然石①を主体としていたことである。この事実は「野面積み」から「打ち込みハギ」へ、という従来の石垣編年との照合において、石積み技法の新古と遺構の新旧が齟齬することを意味する。そうしたなかで宮武正登は、割石主体の石垣が天守台と旧本丸、遊撃丸などの中核部分と三の丸の北面

に展開していることを指摘，北側すなわち軍港「名護屋浦」側からのヴィジュアル的効果を高めるために「一枚岩の如き」新手の石垣を築いたものとし，そのほかは従来の技法による石垣だとする卓見を示した〔宮武 1996〕。この割石③ a 主体の石垣は，名護屋城ではじめて採用されたものであり，石垣山城で築いたパフォーマンス石垣が築石部の形状を中心に質的に高められることになった(注11)。とくに名護屋城の場合は，天下普請の先駆けとして，また対外戦争の軍事拠点として構築されたパフォーマンス城郭でもあり，その石垣は明の使節団に誇示〔中村ほか 1985〕せんとした「高度な戦略的城石垣」と位置づけられよう。

　文禄元年 (1592)，割石③ a 主体による石垣構築技術を獲得した秀吉は，伏見城の助役普請に取り掛かる。藤堂家譜『宗国史』文禄3年の項には「当時伏見城忝造歳歳不絶公採石于小豆島属讃岐河運輸之公私称便」とあり，石材を小豆島から伏見城（木幡山）へ運んだことを明記している。その距離およそ 150km。この築城用石材の組織的・大規模な供給を可能にしたのが，大坂城築城時の石材運搬の実績と名護屋城での割石③ a の採石システムの拡大・発展であったことは容易に察せられる。おそらくこのときに規格度の高い割石③ b が母岩や大形の転石から大量に割り取られたと考えられ，遠隔地での大量の石材の採取→大量石材の長距離運搬（水運）→石垣の構築という，あらたな城石垣の石材調達手順が完成したのであろう。極論すれば，きわめて堅固で大規模な城郭を為政者の思いのままに，全国どこにでも築くことができるわけで，水運に便利な領国経営の適地を随意に選択し，また大名の配置換えによる政治戦略的な築城が可能となる。そして，その築城管理体系のなかに，記号印としての墨書と刻印が採石場での石材調達段階に本格的に採用されたと予見される。

　ここに近世城郭は生まれ，伏見城に築かれた石垣は，「政治戦略的城石垣」とでも呼ぶべきものであったろう。その石垣はいまだに明らかではないが，慶長2年 (1597) 築城の丸亀城では，角石部は稜線こそ明瞭ではないものの，不整形ながら明確に角脇石を意識した配石がみられ，築石部は石材の規格化の進捗によって間詰石が減少，横目地はかなり明瞭になる（図2）など，まだ見ぬ伏見城石垣の様態が投影されているようだ。なお慶長5年築城と推定される相方城の角石にはすでに調整石④ a の使用が

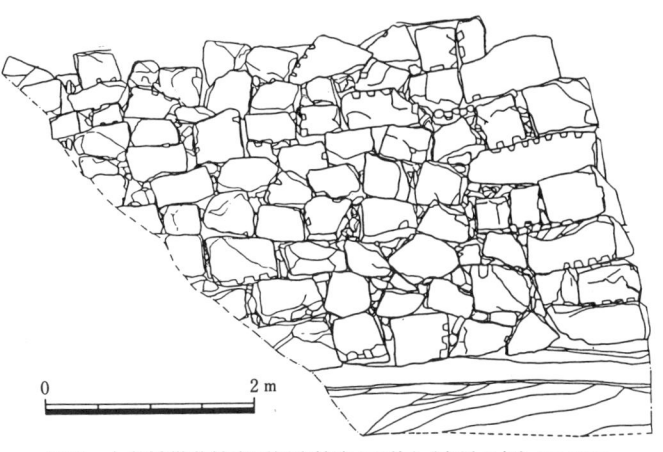

図2 丸亀城帯曲輪南石垣内検出の石垣（慶長2年）〔東 1995〕

認められる。

　関ケ原の戦いを経て覇権を確立させていった家康は，慶長末年までに大規模な大名の転封・改易をおこない，その結果，領国での居城普請がすすんだ。あわせて江戸城・笹山城・名古屋城・駿府城などの助役普請を起こすなど，一大築城ブームが到来した。居城普請の石垣では，地域によって算木積みも未発達で，横目地の通りもままならないが，なかには慶長13年（1608）修築の宇土城のように，規格化のすすんだ割石③ｂを多用し，築石部が整層をなすものもみられる。また助役普請の多くは藤堂高虎・加藤清正など豊臣恩顧の大名が普請を担当しており，それらの城郭においては，かれらが保持していた高石垣構築技術と遠隔地での石材調達システムはさらに進化し，伊豆の採石場では角石・角脇石の用材を峻別していた記録もある。この時期の助役普請の石垣は，角石部・築石部とも割石③ｂが圧倒的で，角石には調整石④ａも散見される。また刻印の使用も顕著となった。

　大坂夏の陣で豊臣一族を滅ぼした徳川幕府は，一国一城令を発布し，400に余る城郭を破却，以後の大名の修築について厳しい制限を加えた。その一方で，覇権を盤石にするために天下普請による徳川製大坂城の改築を画策し，その前段として高槻城・尼崎城・明石城が修築された。高槻城では，検出した石垣遺構ならびに石材，刻印，出土瓦などの分析から，史料にみえない藤堂高虎による築城を考定〔森田 1984b〕した。当時の城石垣の編年観〔北垣 1975〕では，規格化の進んだ調整石④ａによる角脇石は寛永年間以後の所産とされていたが，高槻城という譜代の小城郭に，公儀修築の背景がうかがえる小豆島・六甲・加茂など広範な地域からの石材の供給やクロマツ製の大規模な胴木組の構築などが認められることから，『徳川実紀』所載の元和３年説が妥当と判断したものである。

　この時期の石垣の角石部は算木積みが精緻に組まれ，角脇石も規模等に応じて１～３本を適宜用いている。用材は調整石④ａが多くみられ，後半には調整石④ｂも用いられている。築石部についても割石③ｂ主体から，やがて調整石④ａの使用も目立ってくる。横目地の通りは築石の高度な規格化，言い換えれば角石・角脇石とあわせたすべての石垣石材の規格化の達成によって，水平ラインを有するほどの整美な石垣が形成される。記号刻印は引き続き多見されるが，大坂城などの天下普請にあっては，丁場割りの明示等に大名の家紋を石垣構築後に打つようになる。

E　今後の城石垣研究にむけて

　戦国時代末から江戸時代初期にかけて，城郭の拡充とともに急速に発達した城石垣について，覇権別に概観した。そして石垣の機能を発展的にとらえるなかで，織豊系の武将による城郭普請によって，その性格が「戦術的」「戦略的」「政治戦略的」へと順次変移したものと考え

た。とくに秀吉期にあっては，山崎城・大坂城を皮切りに，城石垣の全国的な展開が認められ，さらには天正18年の石垣山城から天正19年の名護屋城，慶長3年の伏見城と，近世城郭の確立に向けて急速にステップアップしていった状況は目を見張るものがあった。また関ケ原の戦いの後の助役・天下普請で，修築を主導したのは外様大名であったことも検証した。こうした歴史的事実は城石垣の研究が単に城郭研究の一分野にとどまらないことを意味するが，石垣の考古学的な検討は緒に就いたばかりで，今後は石垣の編年を見通した研究の深化が期される。

現在，城郭の石垣に関して，元和期までは「布崩し積み」の手法による「古式穴太積み」がおこなわれ，寛永期以後に「布積み」による「新式穴太積み」が生じるという変遷基準〔北垣 1987〕が示されている。いま「穴太積み」について詳しく触れる余裕はないが，前記したように，織豊期以降の城石垣の大半は一元的な発展体系のなかで系統樹的にとらえており，もし岐阜城や安土城で発祥したとする「古式穴太積み」が元和期まで存続するならば，寛永期以後にもストレートに受け継がれる技術として認定されなければならないだろう。しかし布積みの形式認定も曖昧ななか，布積み石垣は慶長期には確実に存在するし，天正期にさかのぼるという意見もあるなど，いまだに研究のなりゆきが判然としない。少なくとも概念規定が不確かな「穴太積み」の呼称にこだわる限りにおいては，織豊期城郭石垣から近世城郭石垣への合理的な変遷がみえてこないと考えている(注12)。むしろ城郭そのものが土塁の構築や堀の掘削を根本とする土木工事の統合体であることを思えば，鉄砲の採用によって急速に発展した高石垣も，その技術体系の延長線上でとらえるべきであろう。必然的に堀に面する石垣の普請が土木技術の基本である河川(堤)普請と本来的には同様の機能を果たすことは，すでに北垣聰一郎も指摘〔北垣 1976〕するところであり，石垣基礎の胴木組遺構などはそのことを実証する恰好の遺構となろう。したがって城石垣の発展段階を考察するのにも，実際には城郭の縄張りや地形(ちけい)全体を踏まえたうえでの視点が肝要となる。

今後追究すべき石垣の様式分類については，築石部と角石部の組み合わせによる石垣の立面形状の認識を基本に据え，築石や角石の岩質・形状・加工度，さらには矢穴や刻印の有無などについては分類基準のための要素とすべきであろう。そして個々の石垣面の形式を認定したうえで，その郭や城そのものがどういった形式の石垣の組み合せで成り立っているのかを判断し，城郭固有の石垣型式（例えば名護屋城式・安土城式）が設定され，その上位概念として時代性や地域性を反映した石垣様式が樹立されると考えられる。　　　　　（1997年稿，2000年補訂）

注
1)　①古代山城の「石塁」「城壁」については，裏込め栗石層の不存在から技法上は「石積」

と規定され，小稿では触れない。
　　②沖縄のグスクの石垣についても，九州以東の中・近世城郭とは時代性・地域性が異なるため，とりあげなかった。具体的な理由としては，仕上がった石垣の形状が曲面を主体とする城壁様石垣であることや石造拱門の存在である。また算木積みに発展しない角石部（拱門や基壇の隅部）の処理など，軟質の琉球石灰岩の使用に起因するとみられる石積み技術の違いがあげられる。

2) これまでに胴木組を検出した事例としては，勝龍寺・清洲・甲府・三枚橋・坂本・福井・宮津・駿府・小倉・高槻などの諸城がある。また地形〔ちぎょう〕としての地中石積みは甲府城に調査例がある。
　　八巻与志夫ほか 1996「甲府城の石垣調査」『日本歴史』2月号。

3) この「空隙」について，数値化を試みたものがある。
　　小竹森直子 1996「安土城の石垣」『織豊城郭』第3号，織豊期城郭研究会。

4) 自然石・割石には石面の一部を石矢ではつったりする粗加工の石材があるが，分類の基準とはしない。

5) 一覧した資料は，必ずしも当該城郭の築城年代を示すものではなく，また石垣が数時期にわたって構築されている場合は，発掘調査等で認定し得た最古の遺構をとらえている。

6) 元亀年間頃と考えられる小谷城の高石垣については，いまのところ浅井氏の所産とみられるが，裏込め栗石が不明なため，構築の背景が判然としない。今後の調査が期される。
　　また近江鎌刃城について，平成10年の調査により検出した虎口石垣が織豊期に先立つ浅井氏段階の遺構と判断されている。筆者は他の郭の石垣角部が算木積みにちかい形状を呈していることから，いまのところ元亀年間以降の堀氏段階の所産として，表2に記載した。いずれにしても，安土城の石垣築成を論ずるとき，小谷城や鎌刃城の石垣（石積）技術系譜の追究は必至となろう。ちなみに，安土城では大振りの石材を多用する本城の石垣に加え，近年の家臣邸跡の調査では，小振りの石材を使用した石垣が検出され，城全体としてはさまざまな様態の石垣から成り立っていることが明らかにされている。ただし用材は本城と同様である。
　　ところで天正2年に信長方の荒木村重が築いた伊丹城（有岡城）本丸の著名な北郭石垣は，裏込め栗石が形成されておらず，厳密には郭内への土塁の崩落を防ぐ石積み遺構と考え，表2には記載していない。

7) 秀吉攻略以前の三河では大給城・市場城などのように，徳川家康が石垣を築かなかったわけではないが，縄張り的には，土造りの城と同じで，石垣が縄張りを規定しておらず，また石垣上に瓦葺き・礎石建物がみられないことなど，織豊系城郭の築城理念と基本的に相違する。
　　高田徹 1996「三河における織豊期城郭の石垣・石積み」『織豊城郭』第3号，織豊期城郭研究会。

8) 東国では八王子城・太田金山城などのセットバック方式の後北条氏系低石垣や，それに先行する裏込め栗石層のない平井金山城の石垣や名胡桃城の土留め石積みがあるが，その後城石垣としての発展はみられない。
　　齋藤慎一 1997「戦国期東国の石工と石積み」『織豊城郭』第4号，織豊期城郭研究会。

9) 石垣山城では小田原攻めの翌年にあたる「辛卯」「天正十九年」の紀年銘瓦が天守台周辺から出土しており，秀吉方の城郭ネットワークの要として，なおその機能が存続していたことを証明している。

10) 大坂城では約30km隔てた六甲山の花崗岩を用いたことが発掘調査で検証され，浜松城では大草山の珪岩を水運したことが推定されている。

11) こうした発想に基づく割石主体の石垣構築を可能にしたのは，東松浦半島山間部に分布する多孔質玄武岩の転石を利用したことによるところが大きいと考えている。すなわち，集石場にまとめられた大小さまざまな大量の転石は，石材の規格化を前提とした数段階のグループに分けられ，そのうちの大きいものが 2 分割ないし 4 分割されて利用されたものと思われる。実際に名護屋城の割石のほとんどは，一部に自然面を残す③ a 類であり，これら半規格品の石材が主要な郭にまず築き上げられたものであろう。また残余の大振りの転石は虎口・大手などの要所にある野面積みの石垣に鏡石として，効果的にはめ込まれたものと考えられる。なお本丸の拡張は割石③ a を主体とする家康陣の石垣など，諸陣の修築後におこなわれたと考えられる。また，こうした大掛かりな採石システムにあっては，転用材を持ち込む必然性はなくなっていく。

12) 「石垣築造のスペシャリスト集団」としての「穴太衆」の存在についても否定する意見がある。ただし，史料に散見される「穴太頭」については，もともと寺院などの石垣づくりを含む土木工事に携わっていた穴太とよばれる人々が，織豊系城郭の展開とその後の全国での石垣づくりの城が慶長期をピークに継続したことにより，江戸時代になって各地で指導者の職制化がおこなわれた結果うまれた役職名と考えられる。

松下浩 1996「穴太積の再検討」『織豊城郭』第 3 号，織豊期城郭研究会。

参考文献

石尾政信・杉本厚典 1997「6. 府道八幡木津バイパス関係遺跡発掘調査概要」『京都府遺跡調査概報』77.

加藤理文 1996「石垣の構築と普及」『織豊城郭』第 3 号，織豊期城郭研究会.

北垣聰一郎 1975「近世城郭における石垣様式編年の一考察」『史泉』第 50 号，関西大学史学会.

北垣聰一郎 1976「近世における川普請の一考察」『柴田實先生古稀記念 日本文化史論叢』.

北垣聰一郎 1987「近世城郭の石垣様式の変遷」『石垣普請』法政大学出版局.

北垣聰一郎 1999「伝統的石積み技法の成立とその変遷－穴太積みの意味するもの－」『考古學論攷』22, 奈良県立橿原考古学研究所.

木戸雅寿・小竹森直子・松下浩 1996『織豊期城郭基礎調査報告書 1』滋賀県教育委員会.

木戸雅寿ほか 1999『織豊期城郭基礎調査報告書 2』滋賀県教育委員会.

黒田慶一 1999「四天王寺旧境内遺跡(ST96-4)」『大阪市埋蔵文化財発掘調査報告―1996 年度―』(財)大阪市文化財協会.

仙台市教育委員会 1999「仙台城本丸跡 第 5 回現地説明会資料」.

高瀬哲郎 1996「九州における近世城郭の石垣について」『研究紀要』第 2 集，佐賀県立名護屋城博物館.

中井均 1990「織豊期城郭の画期―礎石建物・瓦・石垣の研究―」『中世城郭研究論集』新人物往来社.

中井均 1996「安土築城前夜」『織豊城郭』第 3 号，織豊期城郭研究会.

中井均 1997『近江の城』淡海文庫 9.

中村質・長正統・長節子 1985「特別史跡名護屋城跡並びに陣跡 3 文禄・慶長の役図集」『佐賀県文化財調査報告書』第 81 集，佐賀県教育委員会.

中村博司 1978「金箔瓦試論」『大阪城天守閣紀要』6.

東伸男 1995「丸亀城の石垣」『織豊期城郭研究会 第 3 回研究会資料』.

米原町教育委員会 1998「米原町鎌刃城跡」『滋賀埋文ニュース』第 223 号.

南孝雄ほか 1996「25 特別史跡特別名勝慈照寺庭園」『平成 5 年度京都市埋蔵文化財調査概要』

(財)京都市埋蔵文化財研究所.
宮武正登 1996「肥前名護屋城の石垣について―その構造の特質と技術史上の意味―」『織豊城郭』第3号, 織豊期城郭研究会.
森田克行 1984a「Ⅳ屋瓦 4. 畿内における近世瓦の成立について」『摂津高槻城』高槻市教育委員会.
森田克行 1984b「付論　近世高槻城の修築とその背景」同上.
森田克行 1986「高槻城三の丸跡発掘調査概要（附 城郭出土の近世瓦）」『大阪府下埋蔵文化財研究会第15回資料』(財)大阪文化財センター.
その他『日本城郭大系』全巻,『織豊城郭』第1号～第4号, および城郭関係の調査報告書を活用した.

コラム

鉄砲と弾　　　　　　　　　　　　　　　　　　　　　松　岡　　　史

a　はじめに

鉄砲史の沿革を述べるに当たって、現代の戦跡考古学にまで範囲を広げると、余りにも複雑多岐にわたるので、日本に伝来してから明治5年（1872）の鉄砲改めまでの経過について概観したい。

b　鉄砲の伝来

火薬の化学反応、その爆発的燃焼力を軍事に利用したのは中国の宋時代である。当初は爆風と爆発音と火薬容器が飛散する破片のもつ殺傷力、つまり爆弾として使用した。日本の体験は13世紀の竹崎季長の戦功を描いた『蒙古襲来絵詞』に文永・弘安の役に炸裂する元軍の「てつはう」が実写されている。

火薬力で弾丸を飛ばして人馬を殺傷し、また防御物を破壊するように発達した銃も宋時代の後半期には出現するが、一般化するのは明時代で、「突火槍」と呼ばれ、今日でも中国では銃を「槍」と呼ぶ。

日本には応仁の乱以前に琉球を通じて「火槍」が伝来していたとも伝えられているが、いかなるものであったか確実な資料がない。

日中文化交流の長い歴史を通じて、不思議なことに中国の三大発明の中の「紙」は早く伝来しているが、火薬と羅針盤の伝来までには空白の時間が存在する。元が広大な版図を持った14世紀後半にはヨーロッパに火炮の原理が伝わり、突火槍と同様のものが「タンネンベルグ銃」として姿を現わす。これは操作性と命中精度が悪く、やがて改良されて点火機構と照準機構の照星と照門を備えた火縄銃が出現した。

エンリケ航海王子の強力な推進により、イスラム圏が独占していた香料貿易に足掛かりを得たポルトガルは、インドのゴアを最大拠点にマレーのマラッカ、さらに中国のマカオに拠点を置き東方貿易に努力する。

この頃、小型軽量化した「アルケビュウス」と称した火縄銃がマラッカやマカオのポルトガル貿易船で多用された。たまたま中国海賊の五鳳王直が便乗していたポルトガル船が、種子島に漂着したのが天文12年（1543）だった。島主の種子島時堯は2丁の前装式火縄銃を入手してその威力を知り、火薬の製法を学ぶと共に刀工八板金兵衛にこの鉄砲の複製を作らせた。

また当時来島していた泉州堺の商人橘屋又三郎がその1丁を堺に持ち帰り、刀工芝辻家により複製された。銃身は鉄の心棒にリボン状の鉄帯を巻き付けて鍛造するもので、新来の鉄砲は

写真1　突火槍　　明時代

強力な武器として急速に普及し，堺は有力な兵器生産地となった。

c 鉄砲による戦術・戦闘の変化

紀州の雑賀衆・根来衆は鉄砲を多数装備し，畿内の騒乱に傭兵として活躍した。鉄砲の有効性に着目した織田信長は，堺鉄砲鍛冶を押さえると共に近江長浜の国友に鉄砲鍛冶集団を育成して，3,000丁の鉄砲をもって長篠設楽原合戦で武田氏の騎馬軍団を壊滅した。このことは弓矢・騎馬を主体とする従来の戦術が変化して，戦闘の主流は火炮の使用により中世から近世へと時代を転換させた。

さらに鉄砲を改良した短銃身の馬上筒が騎馬武者の装備に加わり，朝鮮侵略では鳥銃と呼ばれた長銃身の火縄銃と共に使用された。幕末に元込め式が導入されるまではすべて前装式だった。

d 砲の伝来と実用

一方，砲は朝鮮半島において高麗末期14世紀，倭寇の撃退に「火㷁」の使用が伝えられている。明に火砲の資料があるので，高麗も初期的な砲の使用であったろう。

日本に砲が伝来したのは鉄砲伝来以後であった。天文20年（1551），南蛮の房首という者が豊後の大友宗麟に貢（砲）を贈り，また重火器の入手によって戦力を向上させようとした宗麟の求めによって，天正4年（1576），ポルトガル商船が2門の砲を宗麟に贈った。特にポルトガル砲輸入は船の遭難により前2回は失敗し，3回目は肥後の高瀬に陸揚げして陸路豊後に搬入して臼杵城に据えつけた。フランキと呼ばれ後填めの艦載砲で「国崩し」と命名されたという。

写真2 フランキ砲（鹿児島市磯尚古集成館）

薩摩半島の吹上浜で発見されたフランキ砲はこれと関係があるかも知れない。

フランキ砲は日向耳川の敗退により臼杵城に立て籠った大友軍を包囲攻撃した島津軍に対して有効に働いた。おそらく礫石を散弾として使用したものと思われる。発射薬を装填したジョッキ型の子砲を砲尾の枠内に楔で固定して発砲するもので，操作が簡単であるがガス漏れが大きく飛距離が伸びない（磯尚古集成館）。

秀吉の朝鮮侵略の前進基地「肥前名護屋城」の二の丸には一面に厚く礫石が敷き詰められている。また伊予松山城にも礫石の集積が見られるという。これらは散弾用と見てよいであろう

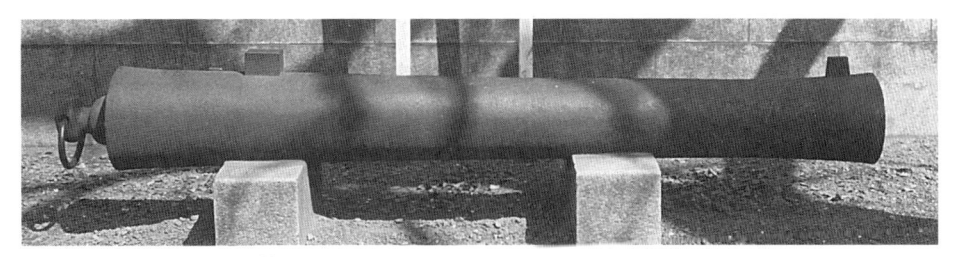

写真3 砲「慶長十六年三月吉日 芝辻理右衛門助延作」（靖国神社蔵）

写真4 砲（佐賀県神埼町櫛田神社蔵）

（靖国神社・津和野資料館）。

一方，信長は石山合戦で本願寺に組した毛利水軍と木津川河口の海戦で，最初は雑賀衆も乗り込んだ毛利水軍に完敗したが，九鬼嘉隆に砲を装備し鉄板で装甲した安宅船6隻を建造させて，第二次海戦では完勝している。鉄砲弾に対抗する装甲船の出現は世界に先駆けたものだったが，皮肉なことに秀吉の朝鮮侵略では，補給に当たった脇坂安治や九鬼水軍が李舜臣の装甲「亀甲船」に完敗している。

砲の戦術的効果を利用したのは徳川家康だった。大坂冬の陣では飛距離を伸ばした「慶長十六年三月吉日 芝辻理右衛門助延作」前装1貫500匁弾によって大坂城天守を砲撃し，主戦派の淀君をして和睦に同意させている（靖国神社）。初期には艦載砲・長砲身前装砲が導入されていたが，攻城用に曲射する短砲身の臼砲も考案されている。

天草・島原の乱では，キリシタン一揆の立て籠る原城に対してオランダ船を原城沖に回航させ艦載砲で砲撃させている。破壊効果より心理的効果を狙ったものであろう。原城から発掘された鉄製砲弾が島原城博物館に展示されている。また熊本県オブサン古墳をトーチカとして立て籠った西郷軍を狙撃した銃弾が発掘され，防弾壁にした石室の閉塞石に弾痕も残されている。

考古学的調査で鉄砲類を発掘する事は希であり，砲弾・銃弾は時折発掘されている。砲身・銃身の発掘例が希なのは，当時としては数量が少ないことに加えて，高価な武器であったため戦場から回収されていたからであろう。韓国で

は日本製火縄銃が発掘されている。おそらく混戦状況下で回収されずに放置されたものか，あるいは民衆のパルチザン的抵抗により倭軍から密かに奪取され土中に埋められていたものであろう（昌寧郷土資料館　5匁弾使用）。

e　点火法の種類

銃の発火機構としては火縄式・燧石式・輪転発火式・管打式があり，前三者は銃身に火皿があり，管打式では銃身後部に雷管をかぶせる管が突出している。日本では火縄式が多用されたが，黒色火薬の吸湿性も加わり雨天の使用は困難であった。火縄は木綿が多用されたが，武家屋敷では笹竹を生け垣にし，その繊維を火縄に加工した。これは雨天にも火が消えなかったという。火縄式の機関部はバネを内蔵した内カラクリ式と外バネ式の外カラクリがあった。

燧石式は寛永20年（1643）南部に来航し抑留されたオランダ船での使用が記録され，その後も記録されているが一般化されなかった。日本産燧石の発火性能不良が理由と思われる。文化11年（1814）には輪転式も制作されたが同様の理由により不成功に終わった。1774年フランスで雷汞が発明され，フォーサイス社が銃の起爆剤として1803年特許を得ている。日本では幕末に江川太郎左衛門らの研究によって雷管式が実用化している。

f　火薬の種類

発射薬としては鉄砲伝来から幕末まで黒色火薬が使用された。硝石・硫黄・木炭の粉末を混合したものであるが，硫黄・木炭は国産するが天然硝石は輸入に頼っていた。朝鮮侵略により尿素含有物の細菌分解による土硝の製法を知り，江戸時代には自給するようになり加賀藩・伊達藩などの煙硝が有名であった。銃弾は大部分が球形鉛弾であり，砲弾は鉄製が多用されている。鉛は多量に南蛮船から輸入し，・鉄は鉱産国であった日本では十分自給できた。弾形に変化が起きたのは幕末以後で，椎実形が使用されるのは，従来滑腔銃身だったがペリーの来航を契機に開国しヨーロッパの旋条銃が導入されてからである。さらに後装薬筴式に変化して行き，アメリカの南北戦争終了後は多量のこの種の銃がもたらされた。希ではあるが，ガトリング機関銃も越後長岡藩に導入されている。

炸裂式砲弾は高島秋帆により導入され，武蔵志村の徳丸ケ原での実験で公開されオランダ式にボンベン弾と呼ばれた。薩英戦争では旋条式アームストロング砲の威力を知り，大山弥助（元帥大山巌）の考案した弥助砲や佐賀藩でもアームストロング砲の製造も手がけた。明治維新では討幕軍の佐賀藩兵による上野の彰義隊に対しての砲撃が奏効している。

日本国内では戦国時代と江戸初期は鉄砲の使用が多く見られたが，幕末までは戦闘よりは狩猟と射撃用だけだった。多用されるのは幕末・明治維新期間とその後の西南戦争だった。考古学の調査対象になるのは主として戦国時代の城跡または古戦場である。鉄砲伝来以後は戦術も変化して築城様式もそれに従うようになる。

参考文献
　有坂鉊蔵『兵器考』．
　有馬成甫『火砲の起源とその伝流』．

特論

倭　　城

沈　奉　謹

A　はじめに

　倭城とは壬辰倭乱と丁酉再乱の際に，韓国南海岸地域およびソウル，平壌に至る地域に日本軍が築造した城郭である。その築造背景については，日本軍による南海岸の拠点確保が主目的であったと考えられ，付随的に御座所や補給基地の役割をも果たしたものといえる。

　現存する倭城の大部分が韓国の南海岸に位置するが，近年の都市計画による宅地造成や，道路拡張工事などのため，日ごとに破壊が進行しているというのが実情である。しかし，幸いなことに，これら倭城の大部分は記念物に指定され，国家の保護を受けているので，さらなる破壊の危険性は少ないものと思われる。

　一方，倭城に関する研究は，従来のような慶尚南道地域における倭城の実測調査に続いて，現在では一般の遺跡と同様にまず地表調査を実施し，位置や規模，残存状態など，倭城の実態把握に重点が置かれている。その過程で倭城の規模が把握され，新たな発見もあるが，すでに破壊され確認が困難なものもある。最近，日本の研究者による現地踏査が頻繁に行なわれるようになり，これらを通して各種資料が補充されつつある。したがって，ここでは南海岸地域に現存する倭城の分布と残存状態などを中心に，築造当時の位置選定について検討してみる。

　ただし，前提とすべきことは，倭城に対する研究がこれまでのように16世紀末頃における日本城郭の典型的な形態や，壬辰・丁酉倭乱時の駐屯軍の実像を把握することを目的とするよりは，倭城の築造過程に動員された人力や築城資材，目的，位置選定，分布状態などの検討を先行すべきであるということである。なぜならば，16世紀後半における典型的な日本城郭は，韓国の倭城より佐賀県名護屋城の方が良好な状態で残っており，駐屯軍の実像や戦闘過程については文献史料に比較的詳細な記録が残されているからである。もしこれらを前提としないならば，現在のような倭城研究は，壬辰倭乱当時の倭軍の戦勝記念碑を確認する一方的な作業に過ぎないという非難を免れ得ないだろう。

B　分布状態

　壬辰倭乱が始まってまもない1592年6月3日，豊臣秀吉が朝鮮に駐屯する諸将に宛てた「高

表 韓国南海岸 倭城一覧表

番号	城名	時期	築城者	所在地	備考
1	蔚山城	慶長2年	浅野幸長ら	蔚山市中区鶴城洞	島山城
2	西生浦城	文禄2年	加藤清正	蔚山市蔚州区西生面鎮下里	
3	林浪浦城	文禄2年	毛利吉成ら	釜山広域市機張郡長安邑	
4	機張城	文禄2年	黒田長政	釜山広域市機張郡竹城里	竹城里倭城
5	東莱城	文禄2年	吉川広家ら	釜山広域市東莱区漆山洞	消滅
6	釜山城	文禄元年	毛利輝元・小早川秀秋ら	釜山広域市東区佐川洞	甑城
7	子城台城	文禄2年	毛利秀元	釜山広域市東区凡一洞	釜山城支城
8	影島城	文禄2年	毛利輝元	釜山広域市影島区東三洞	椎木城, 消滅
9	金海城	文禄2年	鍋島直茂・勝茂	釜山広域市江西区竹林洞	竹島城
10	亀浦城	文禄2年	小早川隆景ら	釜山広域市北区亀浦洞	一名甘筒城・義城
11	新沓城	文禄2年	鍋島直茂・勝茂	金海市酒村面徳谷里	金海城支城
12	馬沙城	時期不明	鍋島直茂・勝茂?	金海市生林面長沙里	金海城支城
13	加徳島城	文禄元年	毛利輝元	釜山広域市西区城北洞	
14	加徳島支城	文禄2年		釜山広域市西区訥次洞	加徳島城支城
15	安骨浦城	文禄2年	脇坂安治・加藤嘉明・九鬼嘉隆	鎮海市安骨洞	
16	熊川城	文禄元年	小西行長	鎮海市南門洞	南山倭城
17	明洞城	文禄2年	宗義智	鎮海市明洞	熊川城支城
18	子馬山城	文禄2年	松浦鎮信ら?	鎮海市熊川洞	熊川城支城
19	梁山城	慶長2年	黒田長政	梁山市勿禁面勿禁里	勿禁城
20	狐浦城	慶長2年	黒田長政?	梁山市東面架山里	梁山城支城 消滅
21	永登浦城	文禄元年	島津義弘・忠恒	巨済市長木面旧永里	
22	松真浦城	文禄2年	福島正則ら	巨済市長木面松真里	
23	長門浦城	文禄2年	蜂須賀家政ら	巨済市長木面長木里	
24	見乃梁城	慶長2年	宗家?	巨済市沙等面広里	倭城洞城
25	馬山城	慶長2年	鍋島直茂・勝茂	馬山市湖洞	昌原城
26	固城	慶長2年	吉川広家ら	固城郡固城邑水南里	
27	泗川城	慶長2年	毛利吉成ら	泗川郡龍見面船津里	船津里城
28	南海城	慶長2年	水軍諸将	南海郡南海邑船所里	
29	順天城	慶長2年	宇喜多秀家ら	全羅南道昇州郡海龍面新城里	

倭　城

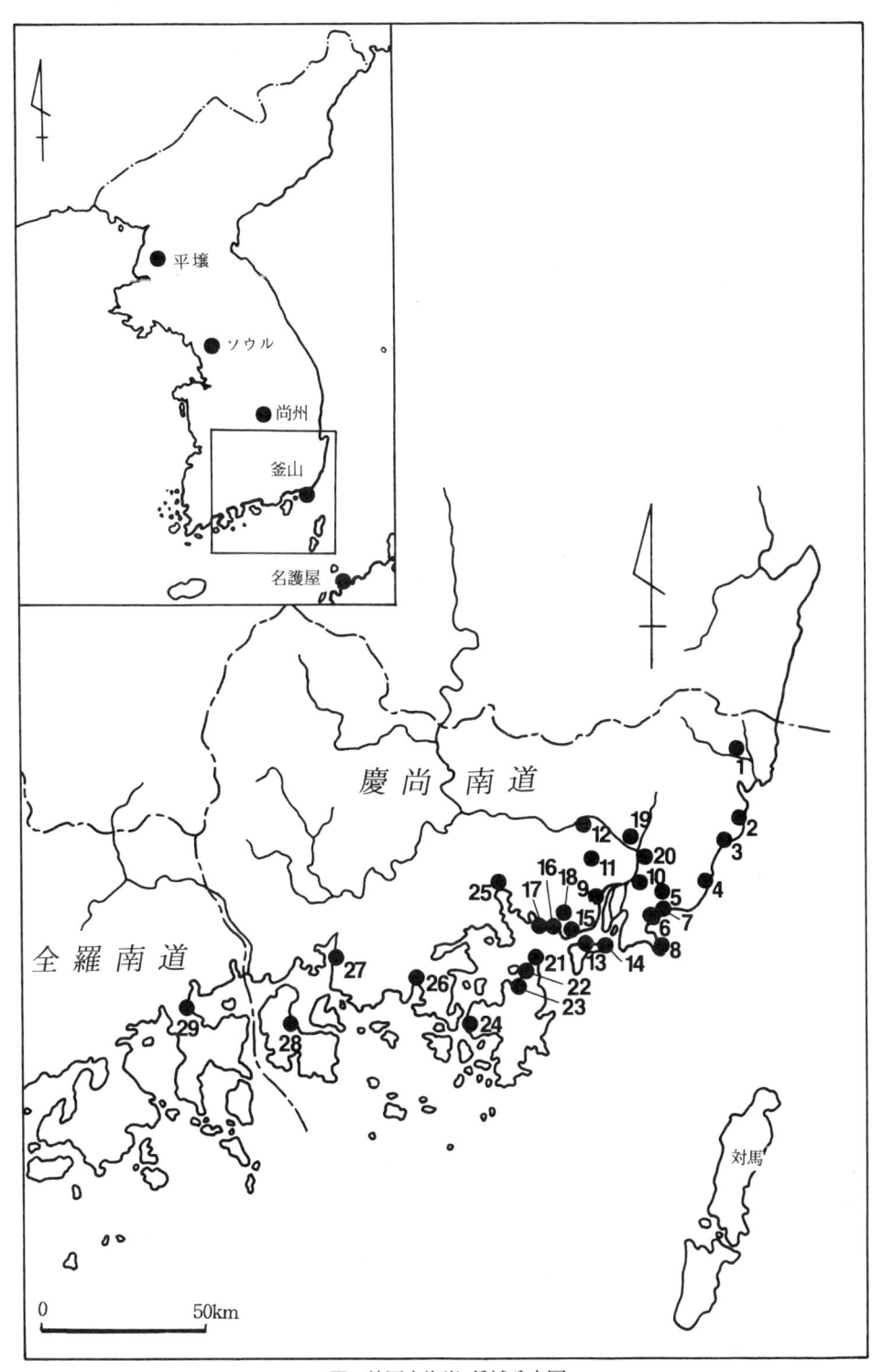

図　韓国南海岸　倭城分布図

麗国の漢城から大明国の端まで行城（繋城）を築造する普請を先衆に命じ，代官を送り監督すること」という史料や，同年11月10日，加藤清正に宛てた「釜山浦から漢城までの路程と小西在城（平壌）までの路程に行城を堅固に築造し，往来に不便がないように重ねて依頼する」という史料は，釜山から平壌の間に御座所の築造を命令する内容のものである。当時，平壌城内の万寿台とソウルの南山に築造された倭城がそれである。

南海岸の倭城は，おもに東側の蔚山から西側の順天に至る中間地域に分布しているが，その現存状態は次の通りである。

もっとも東側に位置する蔚山城（島山城・表-1）は，丁酉再乱時に築造され，朝・明連合軍と日本軍の最後の激戦地として知られている。この城郭は蔚山郡治所である邑城と太和江の間にある島山（鶴山）に連郭式に築造されており，南西側にある太和江を利用すれば船舶の出入りが容易な場所である。現在，城内が公園として整備され，保存状態は比較的良好であるが，東側にあった土城と外郭部分は破壊されている。蔚山城築造時には隣接する邑城だけでなく，兵営城の石築と木造建物も資材として使用された。

西生浦城（表-2）は以前に朝鮮水軍の西生浦鎮が位置していたところであり，丁酉再乱の際にも使用された南海岸最大規模の城郭である。海岸部の平地から北西側の山頂部までを城内とし，頂上部に本丸，その下に連郭式に二ノ丸，三ノ丸がある。北東側に内陸とつながる河川を抱き，南側は海と接しているため，船舶の出入りが容易であり，倭城築造以前には西生浦鎮が設置されていたことからみて，軍事的な要衝地であったことがわかる。とくに，西生浦鎮の石築と官衙建物を築造資材として活用できるという点も，ここに倭城を配置する利点であったといえよう。現在，本丸から周辺の縄張りに至るまで，残存状態は比較的良好であるが，下麓部の大部分は耕作地となっている。この城郭の西南側には林浪浦城（表-3）があるが，保存状態は不良である。

機張城（表-4）は海岸部にある豆毛浦営の南側に位置しており，独立丘陵の頂上部を削平し，本丸をはじめとして二ノ丸，三ノ丸を輪郭式に配置している。西側にある小さな丘陵の頂上部には支城を置いており，海岸と本城を連結するために本城南側と西側に空堀を設置し通路として使用している。築造に際しては前述した朝鮮水軍の豆毛浦営の石築と木造建物を利用したものと予想される。残存状態は比較的良好であり，機張邑城とも近接した位置にある。

東萊城（表-5）は釜山城の支城として知られているが，最近，東萊邑城の東南側の福山洞，漆山洞，安楽洞一帯で残存遺構の一部が確認された。周辺に宅地が造成され，その大部分が破壊されてしまったため，正確な構造や築造手法は不明であるが，築造には東萊邑城を資材として使用したものと推測される。

釜山城（表-6）は本城と子城（支城）に分けられている。本城は水晶山南側に突出した丘陵上

にあり，その東側海岸に出島のように朝鮮時代の永嘉台が位置していた場所に子城がある。南海岸で唯一，壬辰倭乱から丁酉再乱まで継続して使用されていた城郭として有名である。本城は連郭式構造をとっており，縄張りは現在，城内に建てられているアパートの築台に使用されている部分が残存している。子城（表-7）は現在，子城台公園になっており，周辺に釜山鎮城が復元され，良好な状態で保存されている。そして最近，影島城（椎木城・表-8）も東三洞の東側海岸に突出した日山峰頂上付近で確認されている。城内外にアパートと民家が入り込み大部分が破壊されているが，頂上部にある民墓の築台をはじめとして，いくつかの場所でその痕跡を確認できる。

金海城（竹島城・表-9）は金海平野の西洛東江岸にある独立丘陵上に位置しており，東側から西側に梯郭式構造の本城と，その周囲に縄張りが配置されている。今は周辺がすべて民家や水田に変わっているが，当時は西洛東江を利用し，船舶の出入りが容易な場所であったといえる。城内をはじめとして，周辺環境にも変化が多いが，構造や築造手法などの特徴は把握することができる。この城の支城である亀浦城（甘筒城・表-10）は，洛東江本流の東岸にある丘陵上に連郭式構造に築造されており，良好な状態で残存している。洛東江が本城との通路になっていたことはいうまでもない。そして，西側に位置する新沓城（表-11）や北側の馬沙城（表-12）は現在，土塁のみが残存しているが，やはり金海城の支城として洛東江河口を守るための拠点として利用されたといえる。

加徳島城（表-13）は城北洞船倉集落の裏山東斜面の渓谷を城内として，頂上部稜線上に沿って石築を楕円形に配置した形態をとっている。構造上，典型的な倭城ではなく，朝鮮時代の加徳鎮城と関連する遺構を改造して使用したものとみられる。そして，北側の訥次洞の丘陵上に独立して築造された3カ所の支城（表-14）は，これまで保存状態は良好であったが，周辺が釜山新港湾開発地区に予定されており，その変形が懸念されている。

安骨浦城（表-15）は前述した加徳島城と海をはさんで対岸の近接した地点に位置している。朝鮮水軍の安骨浦鎮の東側稜線上に連郭式に築造されており，保存状態は良好である。築造には隣接する安骨浦鎮の石築と木造建築をおもに利用したものと考えられる。

熊川城（表-16）は熊川邑城南側の南山頂上部に連郭式に本城を築き，その北川と南側の外部には二重の空堀を備えた石築縄張りを海岸線まで延ばしている。築造には熊川邑城や薺浦鎮の石築と木造建物が多く利用されたものと予想され，保存状態は比較的良好である。そして，支城と考えられる明洞城（表-17）と子馬山城（表-18）が近接した地点に各々残存している。

梁山城（勿禁城・表-19）は丁酉再乱時に築造されたもので，洛東江東岸の黄山駅裏山である甑山頂上部に連郭式に本城を設置している。比較的緩慢な傾斜をもった北西側には稜線と平行する二重の空堀を設けて本城を保護し，南西側には河岸にかけて縄張りを設け洛東江に連結させ

ている。城内は共同墓地に利用されているため，一部が破壊されているが，良好な状態で残存している。この城郭の南側に近接した河岸に支城とみられる狐浦城（表-20）があったが，城内に民家と地下鉄駅が建設されたため，すべて破壊されてしまった。

永登浦城（表-21）は巨済島北端にあった旧永登鎮とその裏山の頂上部に築造されている。海岸部にあった鎮内には倭城に改築された石築があり，裏山の頂上部には南―北の主稜線上に連郭式に築造された本城と土塁，空堀からなる縄張りが東南側に延びている。陸地にある安骨浦城，熊川城と対面する位置にあり，松真浦城や長門浦城とも近接している。現存状態は不良であるが，戦略上の拠点を確保するという目的とともに，鎮城の体城と木造建物を築城に利用できるという利点を十分に活用した例といえる。

松真浦城（表-22）と長門浦城（表-23）は長木鎮前方に広がる長木湾左右の丘陵頂上部に本城を築き，その下の海岸部にかけて縄張りを配置している。東側にある松真浦城は頂上部から西側の海岸部にかけて縄張りがあり，西側の長門浦城は長木湾に沿って南―北に長軸をとる縄張りをもっている。残存状況は比較的良好であり，隣接する長木鎮や旧栗浦鎮を意識して配置されたものと推測される。

見乃梁城（倭城洞城・表-24）は巨済島西側の陸地ともっとも近接した場所に位置している。現在，石築はみられず，土塁と空堀が広里集落周辺の水田と海岸部に残っている。

馬山城（表-25）は市内の中央にある龍馬山東側の峰を削平して，梯郭式に本城を配置し，その下の海岸部まで縄張りを延ばした形態であるが，現在は石築の一部だけが残っている。

固城城（表-26）は固城邑城を改築したものであり，現在，固城邑水南里に本城の石築の一部が残っているが，城内の大部分は宅地に変わっている。

泗川城（船津里城・表-27）は丁酉再乱時，泗川湾に突出した丘陵上に連郭式構造に築造され，東側の陸地とつながる場所には多重の空堀を配置している。通洋倉と船所が位置していた場所であり，丁酉再乱時に朝・明軍の犠牲者がもっとも多かったところとしても知られている。保存状態は良好である。

南海城（表-28）は南海邑城東南側の海岸部に突出した丘陵頂上部に方台形の築台のみが残っており，周囲にあった縄張りの構造は不明である。この場所も朝鮮時代の船所跡として知られている。

最後に，順天城（表-29）は南海岸のもっとも西側にあり，順天市南側の光陽湾に突出した丘陵頂上部東端に南―北に長軸をとる本城を築き，その西側に多重の縄張りを設置している。丁酉再乱時に蟾津江に沿って南原，井邑，全州を占領した日本軍が南海岸に撤収した後に築造した城郭である。最近，周辺に工業団地が入り，海岸線の埋立てと道路工事が頻繁に行なわれるようになったため，形状変化が懸念されている。

C　倭城の位置選定

　以上，韓国南岸に分布する倭城の現況について述べてみた。これらを中心にその位置選定の特徴について検討してみる。

　まず，朝鮮側の拠点であった場所をそのまま確保するための位置選定についてである。

　倭城の立地条件が作戦上，船舶の出入りが容易な河岸や海岸部に突出した山または丘陵頂上部に築造されているという点は周知の事実である。一方，その位置選定については，倭寇防備の目的で南海岸の戦略上の要衝地に朝鮮側が設置していた水軍や陸軍の鎮・営と邑城，船所などに倭城を配置しているという特徴が認められる。これはまさに朝鮮側の拠点を日本軍がそのまま活用できると同時に，朝鮮軍の拠点を減少させることができるという二重効果と，築城に必要な資材を容易に現場で調達できるという利点を計算した結果であるとみられる。したがって，倭城の築造背景には事前に綿密な計画が立てられており，その築城目的も単純な物資保管や兵士たちが長期駐屯する幕舎のような性格のものではなく，戦術上の拠点確保にあったものと考えられる。とくに，巨済島にある倭城の分布が日本と対面する南側ではなく，閑麗水路側，つまり北側に内陸を向いて配置されている点などは，これをよく示している。

　次に，洛東江河口を拠点の中心軸とするための位置選定についてである。

　地理的に洛東江河口は日本ともっとも近接した地域であることはもちろんであるが，戦略上においても重要視されていた。東側の釜山城，東莱城，影島城，亀浦城，狐浦城，梁山城と，西側の加徳島城，安骨浦城，熊川城，金海城，新沓城，馬沙城など，南海岸の倭城の半数が洛東江河口を眺望できる場所に集中している。これは，洛東江を利用し，内陸の深い場所まで兵士を移動させる主要作戦路として使用するためであったといえる。偶然のことかもしれないが，朝鮮戦争時の人民軍の主力部隊が洛東江に沿って移動したという事例はたいへん興味深い。

　最後に，倭城築造に使用する資材を容易に調達するために，邑城，鎮，営城の周囲に位置を選定している点についてである。

　当時，築城に必要な資材は，おもに石材，木材，瓦であったといえる。このうち，石材は前で言及したように，朝鮮の邑城や鎮城の体城を解体して使用した。蔚山城の場合，隣接する蔚山邑城と兵営城の体城を解体し若干加工を加えた後に石垣として用いている。西生浦城，機張城，東莱城や安骨浦城，永登浦城なども同様である。そして，木材と瓦は城内の官衙や付属建物，城門，鋪楼などの木造建物と，寺院や郷校，民家を壊して調達するなど，あらゆる手段が駆使されており，これらは周辺住民に対し計り知れない苦痛を与えたものと考えられる。これについては倭城跡から収拾された瓦片や陶磁器片の特徴から検証することが可能である。さら

に具体的な事実については，今後の発掘調査による資料の分析を通して明らかになるものと期待される。

参考文献
韓日文化研究所 1961『慶南の倭城址』釜山大学校，韓国.
黒田慶一 1999「倭城の遺物―瓦・陶磁器―」『倭城の研究』第3号，日本.
沈奉謹 1986『蔚山倭城・兵営城』東亜大学校博物館，韓国.
沈奉謹 1995『韓国南海沿岸城址の考古学的研究』学研文化社，韓国.
城郭談話会 1997・98・99『倭城の研究』創刊・2・3号，日本.
東亜大学校博物館 1998『文化遺蹟分布地図―金海市―』韓国.
山崎敏昭 1999「倭城の瓦」『倭城の研究』第3号，日本.

特論

名護屋城の調査

西 田 和 己

　日本では「文禄・慶長の役」，韓国では「壬辰倭乱・丁酉再乱」と呼ばれる戦争は，日本列島と朝鮮半島との長い交流史のなかで，その関係を一時的に断絶させた不幸な歴史である。

　この戦いの本営地として選ばれた名護屋は，佐賀県の北西部，玄界灘に面した東松浦半島北端に位置する。半島の西及び北側は，突出した岬と複雑な湾入を持つリアス式海岸であり，天然の良港として知られている。壱岐・対馬を経て朝鮮半島まで約190kmと近く，古代より文化流入の玄関口でもあった。豊臣秀吉の居城である名護屋城を中心に，半径3kmの圏内に全国諸大名の陣屋が約130カ所築かれ，400年以上を経過した現在もこれらの遺構が良好な状態で残っており，その範囲は鎮西町・呼子町・玄海町3町に及んでいる。名護屋城跡や陣屋跡は，軍事基地として日本の歴史上にも類をみない，広域かつ特異な遺跡群である。桃山時代の政治，城郭，建築，文化等を知る貴重な遺産として，名護屋城跡の他23の陣跡が特別史跡「名護屋城跡並陣跡」に指定されている。佐賀県教育委員会は，地元3町の協力を得ながら，昭和51年度からこの遺跡群の保存・活用を目的とした名護屋城跡並びに陣跡保存整備事業を開始し，現在は佐賀県立名護屋城博物館が特別史跡内の調査・整備，町が公有化・未指定陣跡の確認調査を進めている。

A　文禄・慶長の役と名護屋城

　天正19年(1591)10月，豊臣秀吉の「唐入り」の表明を受け，大陸進出の前線拠点として，名護屋城の築城が始まる。それまでの一漁村が軍事都市として生まれ変わる。織田信長の死後，全国統一を着々と進めていた秀吉は，天正18年の小田原・奥州制圧により国内を平定し，そして際限なき軍役は国外へ，明へと向けられていく。「仮途入明」の名のもとに朝鮮への出兵，天正20年4月第一陣が渡海し，釜山において戦闘の火蓋が切られる。7年間にわたる朝鮮侵略戦争の始まりである。文禄の役（壬辰倭乱）では，当初日本軍はすさまじい勢いで進撃し，わずか二十日足らずで首都漢城を占領，さらに朝鮮全土を戦火に巻き込んでいく。しかし，日本軍の攻勢も最初の数カ月だけであった。朝鮮の義兵の蜂起と官民一体となった抵抗，明の応援，それに加え朝鮮水軍の活躍により海からの補給路を断たれ日本軍は敗戦の一途をたどる。　文禄2

年 (1593) 名護屋で明との講和交渉が行なわれたが成立せず，じりじりと後退した日本軍は南部沿岸に城（倭城）を構築し，戦いは長期化していく。この間明との交渉は続くが，文禄5年交渉が決裂し，慶長2年 (1597) 秀吉は再び出兵を発令する。慶長の役（丁酉再乱）である。この戦いで，日本軍は民衆にまで被害を及ぼし，殺戮や掠奪，放火を繰り返し，多くの人を捕虜として連行している。また敵兵の鼻を切って日本に送るなど残虐な行為が続いた。「目もあてられぬ気色也」この戦いの悲惨な様子を太田一吉に従軍した安養寺の僧慶念が『朝鮮日々記』の中で生々しく語っている。日本軍の苦戦は続くが，慶長3年8月秀吉の死によってようやく終焉を迎える。同年10月五奉行からの撤退命令により，日本軍は次々に帰国し，朝鮮全土に大きな被害と人々の心に傷を与えた不毛な戦いは終わった。

　文禄・慶長の役は，朝鮮半島が戦争の舞台であり，名護屋の地は戦火を被らず，都市としての繁栄を極めていく。名護屋城を中心に，周辺の丘陵には全国諸大名の陣屋が次々に築かれ，その様子は佐竹義宣の家臣平塚滝俊の書状に，「……諸国の大名衆陣取にて候間，野も山も空く所なく候……」という驚きに満ちた一文にすべてがあらわされている。全国から集結した人員は約26万人，そのうち16万人が渡海し，10万人がこの名護屋の地に滞在したとしたといわれる。しかしこの数字も大名たちに動員された人員であり，その他の商人や職人等の数はわかっていない。豊臣秀吉，徳川家康，前田利家，伊達政宗等，名だたる大名が名護屋に集結し，一時的にせよ政治の中枢が集まった大軍事都市ができあがったのである。

　当時の名護屋城の景観を描いた「肥前名護屋城図屏風」（写真1）は，5層の天守閣や多くの殿舎が建ち並ぶ名護屋城を中心に，大名の陣屋や人々が行き交う城下町，名護屋湾に浮かぶ3艘の安宅船等，狩野光信が見た名護屋の世界が，活き活きと映し出されている。この屏風の中には，文禄2年5月に講和交渉のために訪れた明の使節団の行列や，これに対応するような名護屋城内の衣冠束帯姿の人物が描かれていることから，「肥前名護屋城図屏風」は文禄2年5月の名護屋の情景をあらわしたものと考えられている。また，現在の城下町地割りや発掘調査が進む名護屋城跡や陣跡の発掘調査成果から，この屏風がほぼ正確に描写されていることがわかってきており，桃山文化を知るばかりでなく，発掘調査成果と比較検証できる史料として，その重要性はますます高まっている。

　名護屋城の運命は秀吉の死とともに終わり，名護屋城の用材は寺沢広高の唐津城に移され，名護屋は静けさを取り戻した。

B　名護屋城跡の調査

　名護屋城跡は，総面積が17haにおよぶ総石垣の巨大城郭であり，当時の大坂城にも匹敵する規模である。天正19年10月から黒田長政，加藤清正らを総監督役として，九州諸大名の割

普請で工事を行ない，わずか数カ月で完成したとされる。竣工の時期は文献で明らかではないが，翌年4月には秀吉が名護屋城に到着しているところから，石垣普請や天守閣や殿舎などの主要部分の作事は完成したものと考えられる。城の構えは，基本的に渦郭式といえるもので，標高約89mの丘陵上に本丸を置き，その下段に二ノ丸・三ノ丸・弾正丸・遊撃丸・東出丸を，さらに北方下段には水手曲輪・山里丸（上・下）・台所丸の諸曲輪を配置している。大手口・搦手口・船手口・水手口・山里口の出入口を設け，山里丸の北側には鯱鉾池と呼ばれる水堀が掘られている（図1）。

名護屋城跡の発掘調査は，石垣修理に伴う昭和63年の山里口から始まり，各曲輪の調査が行なわれ続けている。本丸御殿・櫓・門・茶室など名護屋城の姿を彷彿させる建物遺構が確認される一方，名護屋城の築城時期を示唆する文字瓦やこれまであまり考えられなかった名護屋城の改造を示す石垣等新たな事実も発見されている。

水手曲輪西側から出土した丸瓦は，一部欠損するものの「天正十八年，四天王侍（寺）住人藤原朝臣美濃（カ），住村与介，五月吉日　吉□」の文字が刻まれている。文献史料にある天正19年築城開始を再考させる資料であるとともに，天正13年9月に秀吉が一柳市介にあてた朱印状では明への進出が表明されていることから，名護屋築城の準備は早くから進められていたことを窺うことのできる資料である。

名護屋城の改造を示す遺構は，大手口，本丸大手，本丸，三ノ丸等に見られる。特に本丸大手では，門の東側で石垣を積み足している状況がはっきりと残り（写真2），大手石段や雁木石段の変更等数回に渡って改変された様相が確認されている。本丸大手の雁木石段東側では，埋め込まれた石垣が発見され，この石垣の塁線は本丸南側から西側を通り天守台まで約162mの長さで続いていることがわかった。この石垣が築城期の石垣であると推定でき，現状の本丸は当初より南側と西側が大きく拡張されているが，拡張の時期や事由については今のところ不明である。

建物遺構では，本丸の御殿・多聞櫓跡，本丸大手・山里口・遊撃丸・東出丸・三ノ丸の門跡などの礎石建物と上山里丸の茶室跡，二ノ丸の掘立柱建物等が確認されている。

本丸御殿の1棟は，桁行27m，梁行18.6mの規模であり，建物周囲には玉石が敷き詰められている。本丸大手よりに位置するこの建物は，「肥前名護屋城図屏風」では，入母屋風の檜皮葺殿舎が建ち並ぶ付近にあり，周辺からは鬼瓦・鯱瓦・丸瓦，平瓦が出土しているが，建物の規模にしては出土量が少ないことから，一部瓦葺きの檜皮葺または柿葺きの建物を想定してある。本丸西側の拡張部分で確認された多聞櫓跡（写真3）は，南北方向に走る旧石垣に並行する桁行55m，梁行は西側石垣が崩壊が激しいためはっきりしないが，石垣の復元位置から8mを推定している。柱間は1m，83個の礎石と5個の抜き跡が確認され，建物内部の区画まではっ

名護屋城の調査

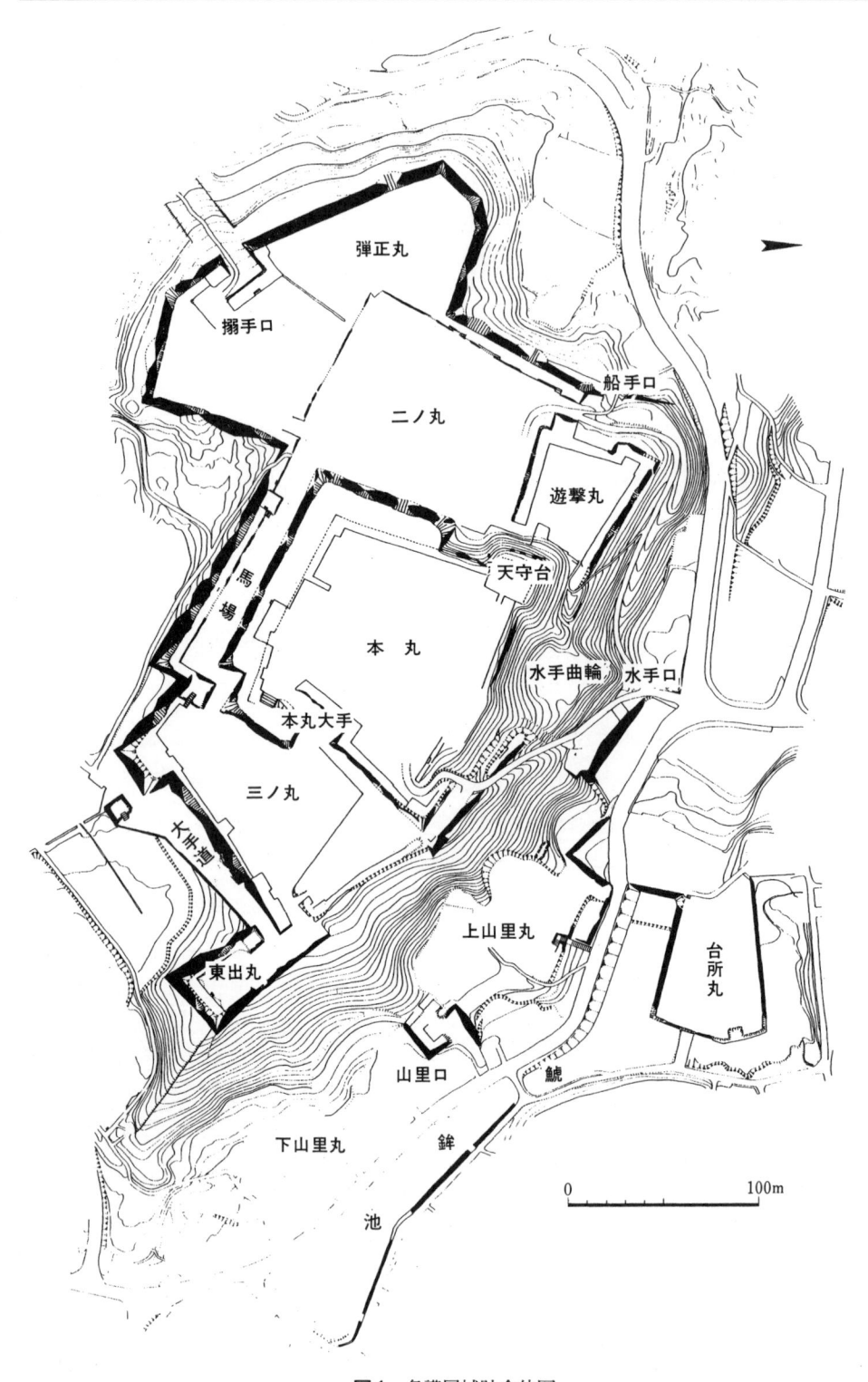

図1 名護屋城跡全体図

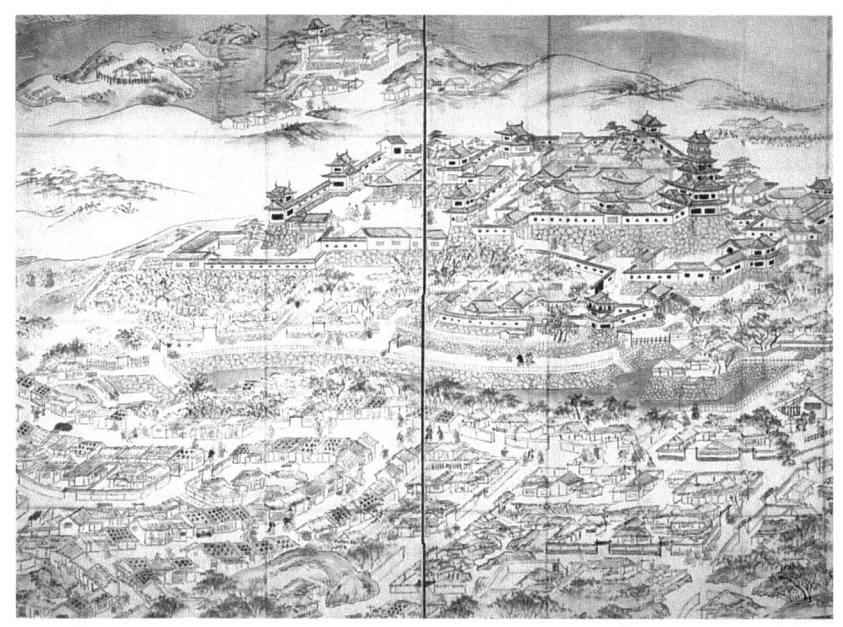

写真1　肥前名護屋城図屏風

写真2　名護屋城跡本丸大手石段及び新旧石垣

写真4　堀秀治陣跡能舞台跡

写真3　名護屋城跡本丸多聞櫓跡

写真5　堀秀治陣跡（整備後）
（写真提供：佐賀県立名護屋城博物館）

きりとしている。この長大な多聞櫓跡は確認されている多聞櫓としては国内最大級のものである。しかも屏風絵にはこの場所に長塀が描かれており，本丸拡張後に建てられた多聞櫓は，文禄2年5月以降に増築されたことも考えることができる。

本丸大手の門跡は8個の礎石が残っており，桁行7.8m，梁行4.68mある。櫓門の存在が推定されるが，前述したとおり本丸大手は石段の改変が見られ，礎石の上部には玉砂利が敷き詰められていたことが確認できており，本丸大手門も変遷していることがわかっている。8個の礎石を利用した門は屏風絵に描かれた時期であり，その後，本丸大手の改変に合わせ，門の形状も変わっていったことが窺われる。伊達政宗の仙台城大手門は名護屋城の本丸大手門を移築したと伝わっているが，この門であるならば形状や寸法からその可能性は低い。山里口の門は，桁行5m，梁行4mあり，4個の礎石が残っている。屏風絵には，檜皮葺の櫓門が描かれているが，これに対応するように門周辺での瓦の堆積した出土状況は見られず，屏風絵と同じ門であった可能性が高い。

山里口の門をくぐった曲輪が秀吉の居住空間である上山里丸であり，東側の広い中心的な曲輪と西側奥にある狭い曲輪で構成されている。この二つの曲輪でそれぞれ建物遺構が発見されている。西側曲輪は，東西約30m，南北約17mしかなく，しかも東側曲輪とは土塁状のものでいったん空間を遮り，北側と西側には石垣，南側は斜面で囲まれた，人里離れた山里の静かな空間を連想させる。東側曲輪から石段を下り，自然石を使った飛石伝いに曲輪に入ると，その先に素掘りの小穴が並ぶ建物があり，小穴の東側には玉砂利が敷かれ，北側には木樋を使った溝や井戸がある。建物は2.35×2.7mの小さな造りで東側に0.75×2.35m，西側に0.9×1.38mの張り出し部を持っている。この曲輪には，この小さな建物とそれに付随する施設しか見つかっておらず，この建物のための空間であることから，建物は茶室と判断された。さらに中門や垣根と考えられる小穴や，雪隠か膳所の可能性がある集石遺構があり，茶室空間を構成する要素がそろって発見されている。神屋宗湛の『宗湛日記』には，天正20年11月山里の座敷開きに秀吉から松浦隆信らを含め5人が招かれた記述がある。「御座敷四テウ半，柱モ其外ミナ竹ナリ，四尺五寸ノ床，ソノ下ニ道籠アリ，二枚障子，大ヘラノ方ミナマドニシテ，腰ニ大竹ヲヨコニ一ツワタシテ候，外ハ柴垣也，……」柱に竹を使い，壁は柴垣，まさにこの遺構に合致する草庵茶室であり，茶室の復元考証も行なわれている。一方，秀吉の居住空間である東側曲輪では，発掘調査はまだ一部が行なわれただけであるが，注目される遺構が発見されている。曲輪の東部山里口の門を入ってすぐ左側に，礎石建物と池状遺構，泉水，配水施設が確認されたのである。桁行4m，梁行3.8mの中心的な建物と，これに渡るための桁行12m，梁行1.8〜2.1mの細長い建物が延び，建物端には20cm程の丸石を敷いている。建物の前面に池状遺構，泉水，配水施設を配置していることから，これらの遺構も山里丸の主要な殿舎に関連するもの

ではなく，趣をもった空間として，建物を御茶屋，前面を庭として想定している。さらに不思議なことには，建物を中心とした区域は，遺構の上に厚さ10cm程の粘土で丁寧に覆われていたことである。これは明らかにこの一画の施設を解体した後行なった作業であり，封じ込める意志が見られる。このような例は初見であり，その性格については秀吉の動向との関連も考えられているが，検討が続いている。いずれにせよ上山里丸の調査はまだ一部が終わったに過ぎず，上山里丸全体や他の曲輪の調査が進むことにより明らかになってくるであろう。

　天守台においても，天守閣の礎石12個や穴蔵が確認されている。礎石の柱間は中央の親柱が約4m，その周囲のものが3mで，屏風絵に描かれた5層7階の天守閣にふさわしい規模である。天守閣の規模は穴蔵の大きさから桁行22m，梁行12mを推定している。天守台直下の玉石敷の上には天守閣の金箔瓦や大きな瓦が出土する面があり，その上に土砂・石・小礫が層序をなしていることから，天守閣の解体時期と石垣の破却の時期差を示している。

　この他，名護屋城跡の調査では，二ノ丸の掘立柱建物や柵列・曲輪造成の基礎となった石列，三ノ丸の側溝・通路状遺構・南東隅櫓台の新旧石段，調査が継続中の鯱鉾池の出島遺構等名護屋城の実体に迫る調査例が増加している。

C　陣跡の調査

　名護屋城の周辺に分布する約130カ所の陣跡は，規模の大きさや陣の構えも異なり，10haを越える城郭を思わせる規模のものがあれば1haに満たない陣屋もあり，さながら城の博物館ともいえる様相である。陣跡の発掘調査は，環境整備や石垣修理を前提として豊臣秀保・堀秀治・加藤嘉明・古田織部・木下延俊・徳川家康（別陣）の陣跡で，史跡の追加指定を目的とした確認調査や開発行為に伴う調査が木村重隆・片桐且元・細川忠興・松浦鎮信・前田利家・徳川家康・氏家行広等の陣跡で行なわれている。陣跡の中では，すでに環境整備が実施されている豊臣秀保陣跡と堀秀治陣跡を中心に見てみたい。

　陣跡の中で，最大の規模を誇る豊臣秀保（秀吉の弟秀長の子）陣跡は，第1陣と第2陣からなり，総面積は20haにも及んでいる。第1陣は総石垣造りの堅固な構えであり，60m×45mの主郭内部から復元推定可能な5棟の礎石建物や庭園が確認され，建物はそれぞれ遠侍・書院・御座の間・櫓・数寄屋（茶室）と想定されている。「肥前名護屋城図屏風」には，主郭と見られる曲輪の中に檜皮葺の殿舎とともにただ1棟瓦葺きの2層の櫓が描かれており，調査結果でも桁行6m，梁行4.2mの櫓付近からしか瓦が出土しておらず，屏風絵に描かれた情景と良く一致している。

　豊臣秀保陣跡の東側に位置する堀秀治陣跡は，10haを越える陣跡である。本曲輪・北西曲輪・西曲輪等から構成されており，主郭である本曲輪は，一部石垣は見られるものの周囲を土

塁と空堀によって区画されている。この曲輪内部からは中央に広間と御殿の2棟の主要な礎石建物があり，2棟の数寄屋（茶室）や庭園の遺構が確認されている。特に注目されるのは，御殿の北側にある能舞台（写真4）の発見である。能舞台は建物周辺に玉石を敷き詰め，舞台から斜めに取り付く橋懸り，そして楽屋の遺構もあり，茶の湯や能など桃山文化の一端を見る優雅な空間が存在している。また本曲輪から北西曲輪に通じる通路では，空堀を埋めて延石を敷いており，陣跡でも改造が行なわれた可能性を示唆している。

　この他，古田織部陣跡では掘立柱建物や露地風の通路，徳川家康別陣では長屋と考えられる2棟の建物や櫓台，茶室と考えられる遺構が確認されている。また木村重隆陣跡や木下延俊陣跡では厠遺構が発見され，木村陣のものは三方の地山を掘り込み，中に2m×1.8mの建物を造っている。建物内部には玉砂利が敷き詰められ，踏石や金隠しをもつ便槽があり，立派な造りの厠である。

D　おわりに

　名護屋城跡並びに陣跡は，文禄・慶長期の極めて限定された大遺跡群であり，城郭構造や建物遺構，瓦・陶磁器等の出土遺物は当時の文化を知る指標として注目されている。昭和51年から開始された発掘調査により，資料も着々と増加し多くの成果を上げているが，その一方新たな事実の発見により今後検討すべき課題も増え，未指定陣跡や城下町の調査・保存の取り組みとともに調査研究の分野も広がっている。

　名護屋城跡では，わずか7年の存続期間しかないのにも関わらず，本丸の拡張や本丸大手の改変に見られるように大きな改造が行なわれており，いつ，何のために行なわれたのか，城の機能に大きく関わる課題である。名護屋城は曲輪の配置においても，本丸から二ノ丸への通路がないこと，大手口の虎口構造に比べ搦手口や水手口の構造がより複雑であることが指摘されており，城の表部分の解明について今後の調査の進展が待たれる。また，上山里丸の文献と一致する草庵茶室や封じ込められた御茶屋遺構等大きな発見も相次ぎ，桃山文化の追求や秀吉の動向との関わり等，城郭史や建築史のみならず茶道史や文化史等各分野との密接な連携もますます高まっている。

　陣跡では，陣主の比定や陣替えの大きな問題も残っている。陣主の比定については文献史料が少ないことから，現在の比定が変わる可能性は高い。しかし，陣跡の調査もまだ2割に満たない状況であることや，文献史料が多く存在し城主が確定できる韓国に残る倭城が大きな手がかりの一つと考えられ，今後の陣跡の調査や倭城の調査に大きな期待がかかる。

　現在，名護屋城跡並びに陣跡の調査・研究は，名護屋城博物館を中心に行なわれており，最後に名護屋城博物館について紹介したい。

名護屋城博物館は，文禄・慶長の役（壬辰倭乱・丁酉再乱）という朝鮮半島を惨状に巻き込んだ戦争の反省の上に立って，名護屋城跡を日本列島と朝鮮半島との長い交流史の中でとらえ，その歴史的位置づけを明らかにすることによって，今後の双方の交流・友好の推進拠点となることを目指して，平成5年に開館している。常設展示室では，「日本列島と朝鮮半島の交流史」をメインテーマにし，「名護屋城以前」「歴史の中の名護屋城」「名護屋城以後」「特別史跡名護屋城跡並びに陣跡」の4コーナーに分け，歴史の事実を事実として受けとめることができるように，双方の資料を展示している。

　名護屋城跡や各大名の陣跡を歩いても，朝鮮半島の戦火に思いを巡らすことはなかなかむつかしい。この戦争に触れるためにも，是非一度立ち寄って欲しい。

参考文献

北野隆 1983「羽柴秀保陣跡にみられる建築について」『特別史跡名護屋城跡並びに陣跡2』佐賀県教育委員会．

五島昌也 1998「名護屋城跡上山里丸検出茶室空間の遺構状況と復元根拠について」『研究紀要』第4集，佐賀県立名護屋城博物館．

高瀬哲郎 1995「名護屋城の築城と改造について」『研究紀要』第1集，佐賀県立名護屋城博物館．

高瀬哲郎・宮崎博司 1998『特別史跡名護屋城跡』佐賀県立名護屋城博物館．

内藤昌 1973「肥前名護屋城図屛風の建築的考察」『国華』915号，国華社．

中村質 1985「名護屋城・陣場の形成と破却」『特別史跡名護屋城跡並びに陣跡3 文禄・慶長の役城跡図集』佐賀県教育委員会．

宮武正登 1995「名護屋城の空間構成再考のための提言―城内石垣の巨石が語るもの―」『研究紀要』第1集，佐賀県立名護屋城博物館．

特論

五 稜 郭

田 原 良 信

A 五稜郭の位置

　北海道南部の渡島半島南端に位置する函館市は，津軽海峡を挟んで本州と対峙し，古くから天然の良港に恵まれた北の玄関口として発達してきた所である。陸繋島の函館山（標高334m）を要に，北東側に扇状形に市街地が広がり，山から約6km離れた中央部付近の平坦地に五稜郭跡が所在している。幕末の頃のこの辺り一帯にはネコヤナギが群生し，「柳野」と呼ばれた低湿地帯であって，標高は13〜16mほどである。

B 構造・規模

　五稜郭の名が示すように，稜堡と呼ばれる五つの突角を持つ星形となる，16〜17世紀にヨーロッパで発達した城塞都市をモデルに築造された西洋流土塁である。この星形の土塁に半月堡または馬出し塁と呼ばれる堡塁が付設し，周囲は石垣積みによる本堀と枝堀によって囲まれている。現存する入口は2か所で，南西側は正面にあたる大手となり，2か所の橋と半月堡を中継して郭内へ通じ，搦手は北側となり，1か所に橋が架かり，かつての役宅や長屋のあった郭外へと通じている。

　なお，築造の設計図「五稜郭平面図」「五稜郭目論見図」（市立函館図書館蔵）などには，橋が5か所描かれているが，現存する橋は3か所であり，残り2か所の橋については，箱館戦争など明治初期の段階で取り外された可能性がある。周囲に土塁が巡らされている郭内は，ほぼ平坦であるが，北側から南側にかけて緩やかに傾斜がみられる。郭内へ通じる開口部を遮蔽する見隠塁は南・東・北の3か所にあり，ま

図1　五稜郭位置図　　扇状に広がった函箱市の中央部付近に五稜郭が存在している。

た土塁石垣に付設する小規模な内堀も6か所に設けられている。

　郭内に現存する地上遺構としては，付属棟の一つであった土蔵1棟と小土塁および庭木の松の木が残る程度である。

　これらの規模が，郭内が125,500m^{2}余りと堀が約56,400m^{2}で，郭外の長斜堤など約69,100m^{2}を含み，史跡の指定範囲は約251,000m^{2}である。

　また，堀幅は約30mで深さ4～6m，郭内土塁の高さは5～7m，郭外堀沿いの周囲はほぼ1.8km程度である。

C　五稜郭の沿革

　安政元年（1854），ペリー提督率いるアメリカ艦隊の来航によって，日米和親条約を締結した徳川幕府は，下田・箱館の開港を決定するとともに，文政年間以来の蝦夷地再直轄を行なうため，箱館奉行を設置して箱館山麓に奉行所を開設することになった。

　任命された竹内下野守保徳と堀織部正利熙（としひろ）の両奉行は，蝦夷地の開拓を行なうとともに港湾防備上などの問題から，港湾入口の弁天岬に台場を設け，港から離れた内陸の亀田の地に奉行所を移転する計画を幕府へ上申した。これに伴い，箱館奉行支配の諸術調所教授で蘭学者の武田斐（あや）三郎成章が台場および役所の設計を命じられ，ヨーロッパのものを参考にした西洋流の砲台と土塁を考案することとなった。

　安政3年（1856），弁天岬台場が着工し，翌4年春には「亀田御役所土塁」五稜郭の工事が開始された。なお，当初は防御上の観点から半月堡を5か所に配置した稜堡の塁が設計されているが，最終的には予算などの関係から，大幅に縮小され半月堡が1か所のみのものとなった。堀割は越後の松川弁之助が請負い，翌年頃には堀の掘削と稜堡の土塁がほぼ完成したが，冬場の凍結により堀割の崩落があったため，安政6年（1859）の段階で急遽予定を早めて備前の石工喜三郎に石垣積みを実施させた。そして，安政6年もしくは翌万延元年（1860）頃から郭外北側に同心長屋・支配向役宅の建設が開始されたのに続き，江戸の中川伝蔵が請負い，文久元年（1861）頃から郭内の奉行所庁舎建設が着手された。

　こうして，それぞれ約7年の歳月を経て，文久3年（1863）に弁天岬台場が竣工し，翌元治元年（1864）には五稜郭がほぼ完成となり，同年6月15日に箱館山麓の奉行所から奉行小出大和守秀実が着任し，新役所での業務が開始された。

　五稜郭に奉行所が移転した後，ここは名実ともに蝦夷地の中心地となり，箱館をはじめとする松前・蝦夷地の統治，開港に伴う外国船の対応および海岸線防備など，極めて重要な政策の中枢機能としての役割を担うこととなった。しかしながら，五稜郭築造後のわずか3年後の慶応3年（1867）に幕府が崩壊し大政奉還となり，翌4年閏4月26日には幕府最後の箱館奉行杉

五稜郭

浦兵庫頭誠から，新政府総督清水谷公考へ事務引継ぎが行なわれ，箱館奉行所は明治新政府の箱館裁判所・箱館府へと移り変わることになった。

明治元年（1868）8月，品川沖を脱走した榎本武揚率いる旧幕府艦隊が，同年10月20日に蝦夷地森村鷲ノ木に到着し，戊辰戦争最後の戦いとなる箱館戦争が開始された。上陸した旧幕府脱走軍は，数手に分かれて蝦夷地の中心地である五稜郭を目指し，10月26日には無人の五稜郭を占拠して本営地とした。この後，松前・江差方面の平定を行ない，12月15日には，榎本武揚を総裁とする蝦夷地仮政権が樹立された。

明治2年（1869）4月以降，新政府軍の進攻により脱走軍は形勢不利となり，5月11日には新政府軍の箱館総攻撃で敗退し，さらに，翌日からの港内艦船の砲撃により，五稜郭内奉行所庁舎の太鼓櫓も破損するなど，脱走軍は壊滅的な状況に追い込まれた。そして，5月18日には脱走軍が降伏して戦争は終結し，五稜郭は新政府に明け渡された。

こうして，五稜郭は再び明治新政府の兵部省所管となったが，これ以降役所として利用されること

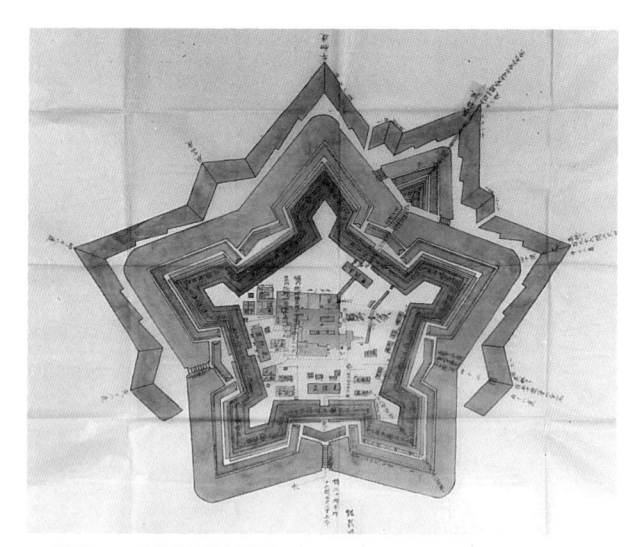

写真1　五稜郭目論見図　（『五稜郭創置年月取調書』所収，市立函館図書館蔵）　最終設計図の一つとみられ，郭内には奉行所庁舎をはじめ付属棟などの配置が描かれている。

写真2　五稜郭内箱館奉行所庁舎古写真　慶応4年（1868）にフランス人が撮影したといわれている。

写真3　奉行所庁舎跡遺構検出状況　奉行所西側部分の礎石・束石地業などが検出されている。

はなく，明治4年（1871）開拓使本庁の札幌移転に伴い，奉行所庁舎や付属棟など建造物の大半が解体され，郭内はほとんど廃墟に近い状態となった。その後，明治6年（1873）から同30年（1897）までは陸軍省が練兵場として利用していたが，大正2年（1913）に函館区に貸与され，翌3年からは公園として一般に開放された。大正11年（1922）には国指定史跡となり，昭和27年（1952），国の特別史跡に指定されている。

　この後は現在に至るまで，桜の名所および市民の憩いの広場としての公園，そして近代国家幕開けの歴史を物語る一大観光地として，幅広く利用・活用されてきている。

　昭和58年度から，郭内の建物関係遺構確認の試掘調査が行なわれ，引き続き昭和60年度から遺構確認発掘調査が実施された。調査にあたり，市立函館図書館蔵の「五稜郭平面図」や「五稜郭内庁舎平面図」「奉行所庁舎古写真」などを手掛かりとして，図面と遺構の整合性の有無について確認されることとなった。その結果，各調査区内では絵図面などに記された当該建物関係の地下遺構が確認され，また膨大な量の生活用具類も採集されている。これまでに，奉行所庁舎跡1棟，付属棟跡18棟，塀・柵跡，上下水道跡などに関係する遺構が確認されているが，その大半は平面図記載のものと整合性があることが明らかとなった。

D　郭内建物跡の概要

　a　**奉行所庁舎跡**：郭内のほぼ中央部に位置し，平面図での建坪は約2,650m²（約800坪）余り，中庭および外庭を含む奉行所の範囲は約3,000m²（約900坪）ほどとされている。調査によって，東西約100m，南北約60mの範囲に建物関係遺構が確認され，建物の各部屋に相当する箇所の配置状況および間取りなどは，「五稜郭創置年月取調書」（市立函館図書館蔵）所収の庁舎平面図（亀田御役所地絵図）とほとんどの箇所で一致していることが明らかとなった。

　確認された遺構は礎石および束石地業であるが，それぞれ大半は解体時に抜き取られ，礎石・束石が残存する部分はわずかである。礎石は，越前石様の緑色で上面約30cm四方となる方形切石が用いられ，それぞれ約1.82m（6尺）間隔で柱の相当部分に配置される。これに対して束石は，一辺60cmほどの礫混じりの地業の上に扁平な河原石を据え，約90cm（3尺）あるいは約1.82m（6尺）間隔で床下の束柱相当部分に配置されている。この他に，平面図に玉砂利敷と記されている白洲跡や訴所跡に相当する箇所では，2〜5cm大の扁平玉砂利の敷詰めがあり，また囲炉裏やカマド跡に該当する所でも，緑色の切石片が一定の範囲に敷詰められている。これらの状況からみて，実施段階の平面図に記載された各仕様については，ほとんど変更することなく施行されたものであることが確認された。

　b　**付属棟跡**：平面図に記載された総数25棟の付属棟に相当するもののうち，現在までの調

査により遺構が確認されたものは，御備厩跡・秣置場・奉行所厩跡・給人長屋跡・徒中番大部屋跡・用人長屋跡・手附長屋跡・稽古場跡・板庫跡・供溜腰掛跡が各1棟，近中長屋跡が各2棟，湯所跡・板蔵跡が各3棟の合計18棟である。

　＜御備厩跡＞　郭内北西部に位置し，桁行11間半（約20.90m），梁間5間（約9.09m）で，切石の礎石が多く残存する。また建物内の区画も明確で，厩舎とみられる区画内には馬用の便槽も確認されている。

　＜秣置場跡＞　御備厩跡の北西側に隣接し，桁行10間（約18.18m），梁間4間（約7.27m）で，礎石は扁平な河原石が用いられる。また，東側の庇相当部分の下には，水はけのためとみられる玉砂利の敷詰めがある。

　＜奉行所厩跡＞　郭内南東部に位置し，桁行4間（約7.27m），梁間3間半（約6.36m），南西側に南北約3.6m，東西約2.7mの範囲で張出しがある。なお，この地業の中には，栗石代わりとして熨斗瓦片などが用いられている。

　＜給人長屋跡＞　郭内北東部に位置し，桁行12間（約21.81m），梁間4間半（約8.18m）で，建物跡西側約半分の地業部分は広い範囲にわたって土取りがされていて，その跡地は幕末から明治初期の生活用品類の塵捨て場となっていた。

　＜徒中番大部屋跡＞　給人長屋跡の西側に隣接し，桁行11間（約19.99m），梁間4間半（約8.18m）で，建物跡北側に出入口と推定される張出しがある。

　＜用人長屋跡＞　郭内南東部に位置し，桁行15間（約27.27m），梁間4間半（約8.18m）で，2か所に用場小用所（便所）跡の張出しと，板塀が付設した痕跡がみられる。

　＜手附長屋跡＞　用人長屋跡の東側に隣接し，桁行10間（約18.18m），梁間4間半（約8.18m）で，地業の構造なども用人長屋とほぼ同一である。なお，この建物跡と重複する形で，大砲の台車などによる轍跡とみられる2本の溝跡が延長している。

　＜稽古場跡＞　郭内北西側に位置するが，小土塁と重複関係にあり，詳細な調査が困難なため，規模や構造などは不明である。

　＜近中長屋跡＞　郭内北東と東側の2か所に位置する。この2棟はともに，桁行14間（約25.45m），梁間3間半（約6.36m）で，建物の南側には板塀が付設する構造である。なお，北東側の建物跡の北側部分に，水はけのためとみられる玉砂利が広範囲に敷詰められている。

　＜湯所跡＞　郭内北東部2棟と東側1棟の計3棟が確認された。北東部の2棟は，桁行2間（約3.63m），梁間1間半（約2.73m）で，扁平河原石を礎石とするものと，桁行2間（約3.63m），梁間1間（約1.82m）で，小規模な栗石詰め地業となっているものがある。また，東側の1棟は，桁行1間半（約2.73m），梁間1間（約1.82m）ほどで，礎石に河原石を使用している。

　＜板蔵跡＞　郭内南東側・東側・北側の3か所に位置し，3棟ともに規模や構造などはほぼ

一定している。桁行4間（約7.27m），梁間3間（約5.45m）で，楕円形や溝状の砂利地業の上に約90cm（3尺）間隔で切石などを配置していたようである。

　＜板庫跡（いたくら）＞　郭内西側の土蔵2棟に挟まれた場所にあり，桁行8間（約14.54m），梁間4間（約7.27m）で，礎石に切石を使用している。

　＜供溜腰掛跡＞　郭内西側に位置し，桁行5間（約9.09m），梁間1間半（約2.73m）で，礎石に切石を使用している。

E　付設遺構

　建物跡に付設する，門・板塀・裏板打柵矢来・上水道・水溜桝・井戸・排水溝などの工作物に関する遺構が，奉行所庁舎跡および付属棟跡周辺の各所において多数確認されている。

　a　門　跡：奉行所庁舎東側奥向の広鋪門の1か所で確認された。方形や長方形の地業の中に栗石を詰め，切石や扁平の河原石を据えて，その上に門柱を立てていた構造とみられる。

　b　板塀跡：奉行所庁舎および付属棟に接続する板塀は，いずれも掘立柱状の構造となっている。円形・楕円形・方形・長方形などほぼ4種類に分類され，大きなものでは長軸180～220cm，短軸60～80cm，深さ100cmほどである。この中に主柱を直立させて，これを支える斜めの控え柱が据えられていたようで，その痕跡も明確に認められる。なお，これらの地業間の柱間寸法は，ほぼ1.82m（6尺：1間）間隔となるように配置されている。

　c　裏板打柵矢来跡：奉行所庁舎に接続しているものと，付属棟の配置する地区割りをするものがある。これらの大半は，幅50～70cm，深さ50～100cm程度の溝状に掘られた地業で，この中に45cm～1.82m（1尺5寸～6尺）間隔で柱を立てていたようである。なお，大規模な柵跡では一定間隔に支えとなる控え柱を設置したようで，約90cm（3尺）程度の張出しがみられる。

　d　上水道跡：五稜郭築造に並行して亀田川から取水し，五稜郭北側の役宅や堀および郭内へ給水していた施設で，暗渠となる木樋が確認されている。郭外の木樋は，長さ約4m，幅45cm程度で内部を銅板で葺いたもので，継ぎ手なしに接続するものである。この木樋は，捌手橋の桁下を通して郭内へ引き込まれ，数か所の水溜桝に中継されて各所へは水圧を利用して給水していたようである。捌手側の見隠塁手前までは幅約30cm（1尺）の木樋が延長し，最初の水溜桝からは幅約22.7cm（7寸5分）の木樋に縮小され，郭内各所の末端の水溜桝と接続する部分では，幅約15cm（5寸）の枝管が用いられている。

　e　水溜桝跡：給水を中継する方形の大型のものや，末端の溜桝となる円形のものなどがある。大型方形のうち奉行所庁舎正面脇のものは，一辺2m，深さ80cmほどで用水的な性格と思われる。また，中庭には約2.4×2.2m，外庭にも3.1×2.6mほどの長方形水溜桝があり，ともに

五稜郭

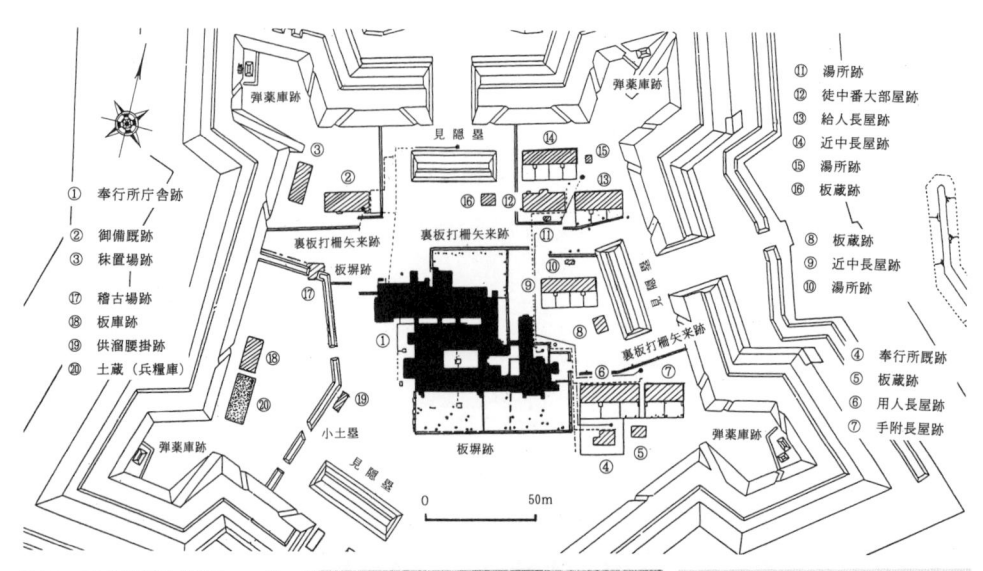

図2　郭内遺構配置図　発掘調査により確認された建物などの遺構配置状況で，「五稜郭平面図」との整合性も高い。

写真4　弾薬庫跡全景　五稜郭跡郭内北西側隅で調査された弾薬庫跡。五稜郭築造当初の土塁をくり抜いた，桁行約2.7m（9尺），梁間約1.2m（4尺）の長方形状の弾薬庫である。幅約30cmの礎石が巡らされている。箱館戦争時に急造されたものと考えられる（平成8年度発掘調査）。

写真5　箱館戦争時の施条榴弾　平成10年度の土塁石垣（見隠塁）修理工事の際に発見された不発弾。明治2年5月12日の箱館戦争時に，箱館湾内の新政府軍艦甲鉄から五稜郭へ向けて発射されたものとみられる。フランス製の6インチ施条榴弾と推定される。信管が残っていて爆発の危険性があることから，後日爆破処理された（写真提供は陸上自衛隊第11師団）。

融雪などを含めた排水処理的な施設とも考えられる。円形の溜桝は5か所で確認され，径100～120cm，深さ50～70cm程度で，丸桶が使用されたとみられ，いずれも5寸幅の木樋から水圧により上昇した水を受けるような構造となっている。

　f　**井戸跡**：郭内には2か所に井戸跡があり，北西側の一つは井戸枠が地上で確認できる。また，南東側のもう一つも井戸枠の一部が確認されたが，湧水などにより下部構造は不明である。

　g　**排水溝跡**：生活排水用と建物周囲の雨落ち溝などがある。このうち，生活排水用のものは，幅40～45cm，深さ30cmほどで，壁際などに約90cm（3尺）間隔に配置された根切り用の杭跡もあり，板張りが施されていたものとみられる。

F　箱館戦争関係と推定される遺構

　これまでの調査で判明した遺構のなかで，大半は奉行所時代に属するものであり，その後の箱館戦争に直結するものは数少ない。そのなかで，おそらくは箱館戦争時の遺構とみられるものには，轍とみられる溝跡や土塁上への昇降坂，および稜堡の各コーナーに存在する弾薬庫跡などがある。

　＜轍　跡＞　付属棟の手附長屋跡と重複し，幅25～30cm，深さ5cm程度で，ほぼ平行に北西から南東側に延長する2本の溝状遺構である。建物を解体した後に付けられた溝であることや，延長方向に土塁上に通じる坂が存在することなどの状況からみて，箱館戦争時の大砲の台車による轍跡であった可能性が高いと考えられる。

　＜土塁の坂＞　北西側のものは，坂の根元に奉行所時代の塵捨て場となっている。おそらくは，箱館戦争時の明治2年当初頃にこれを埋め立て，その後に土塁の一部を切り崩して大砲設置などのために昇降する坂を急造したものと考えられる。

　＜弾薬庫跡＞　五つの突角の土塁内側で，合計6か所に盛土が存在する場所があり，ここは築造計画時当初の平面図などには記載がないが，明治42年の実測図には弾薬庫と記載されている。このうち，調査された北西側隅の1基は，改造により，築造当初の土塁の途中をくり抜き，桁行約2.7m，梁間約1.2mの長方形状の弾薬置き場を設置したものとみられる。また，この土塁途中の弾薬庫前にある盛土は，被弾避けのものとして造られたようである。なお，残り5か所については未調査であるが，おそらく北西側隅のものと同時期（箱館戦争時：明治2年初め頃？）に土塁上の砲台とともに急造された遺構と考えてよいものと思われる。

G　出土遺物

　郭内の各調査区からは，建物等の遺構に関連した屋根瓦関係や当時の生活用具類が多数出土している。これらの大半は，五稜郭着工時頃の文久年間から箱館戦争時の明治初年頃までのものとみられる。

　①屋根瓦類：出土瓦の大半は桟瓦葺きのものであり，種類としては，桟瓦・軒瓦・角瓦・袖瓦・丸瓦・棟瓦・棟止瓦・鬼瓦・巴瓦・熨斗瓦・文字瓦・面戸瓦などがある。これらは焼成状況から，塩焼瓦・釉薬瓦・素焼瓦に分類され，全体の約7割が塩焼状のものである。産地としては，記録にある北陸能登または越前，越後，石州系など多雪地帯関係が大半と考えられるが，あるいは幕末の蝦夷地で製作された可能性も考えられる。

　瓦の分布は，郭内建物跡軒下周辺が最も多く，これ以外には通路周辺に敷詰めたものや，地業中に栗石の代用品として用いられた例もみられる。

②陶磁器類：生活用具類のなかで最も多いのがこの陶磁器類で，主な産地には肥前・瀬戸美濃・信楽を中心とする関西系のものがある。年代的には幕末期に位置づけられるものが大半で，ほぼ安政年間以降で明治10年代頃までの間に特定できるものとみられる。

器種としては，碗類（湯飲・飯・煎茶），蓋物，段重，鉢類，皿類，瓶類（コンプラなど），火入，小杯，急須，水滴，合子，徳利類（燗・通い），土瓶，焜炉，鍋類（行平など），甕，壺，擂鉢，灯明皿，油注，紅皿，土製品などがある。このなかでは，雑器主体となる瀬戸美濃や信楽などの関西系の製品が多く，これらは主に郭内北西側および北東側の塵捨て場内から大量に採集されている。これに対して，肥前系は種類こそ多くあるが，総体量は少なく奉行所奥向周辺から比較的まとまって出土する程度となっている。最も多い器種としては，瀬戸美濃の湯飲碗と信楽の土瓶であり，奉行所が役所として機能していたことをよく物語っていると思われる。

③金属製品：銅・鉄・鉛・真鍮製品があり，銭貨や煙管などの生活用具，鎹・釘などの建築用具，刀装具・銃弾・砲弾などの武器類に分類される。なかでも特徴的なものでは，箱館戦争に使用されたとみられるエンフィールド銃などの洋式銃弾が数多く，さらには港湾からの艦砲射撃により被弾した施条榴弾片なども出土している。

なお，平成10年度の郭内土塁石垣修理工事の際，見隠塁中から，明治2年5月12日に箱館湾内の明治新政府軍艦甲鉄（ストーンウォール・ジャクソン号）から発射された，フランス製とみられる6インチ施条榴弾（せじょうりゅうだん）が不発弾として発見された。これは，箱館戦争の経緯を示すものとして貴重な資料と考えられたが，信管が残り爆発の危険性があるため，残念ながら後日に爆破処理されている。

④石製品：建築材として越前石様の礎石用切石があり，生活用具としては赤間関産の硯や砥石などが出土している。

⑤ガラス製品：開港あるいは箱館戦争に関係するものでは，ヨーロッパ産（1860年代）のビールやワインなどのアルコール瓶がある。

H　五稜郭の性格

以上のように郭内の発掘調査の結果，箱館奉行所および箱館戦争に関係する遺構および遺物が検出されたが，五稜郭築造にあたっては，おおよそ行政的な役所機能を重視した構造であり，通常いわれているような軍事的要塞として位置づけされたものではなかったことが明確となった。そのため，箱館戦争時には戦闘に際して不都合となる箇所について，建物解体を含めた改造が行なわれ，弾薬庫や土塁上の砲台など軍事的な機能を強化したのではないだろうか。

築造当時は，外国に対する防御の施設を備えた役所ということで計画されたものではあるが，結果として郭内の建物や郭外の役宅などの配置などは，戦闘などの軍事的防備を意識した

ものとは言い難い。

　おそらくは，港湾入口にあって堅牢な要塞としての機能が高い弁天岬台場に比べ，結果的には大砲の設置などの軍事的な機能を強化しないまま完成となったのではないだろうか。構造的には各方向からの攻撃に対して死角が少ないという特徴を有しながらも，戦闘を想定した配備を設置することはなかったようである。周辺地から見ても一段低いという立地条件は，決して戦闘に有利な要害の地とはいえず，19世紀段階の近代的な兵器にはとても対応できないものであったことは確かである。

　その一方で，当初から要塞的な発想は低く，蝦夷地行政の中心地としての象徴的な存在とするために，敢えてこの地を選択したとも言える。築造当初は，諸外国に対する威厳を示すためのもので，実戦的な必要性は必ずしも高くなかったが，皮肉にも内戦の舞台となった際にはそれほど有効な防御形態とはならなかった。16～17世紀段階に流行した防御スタイルと19世紀時点での近代兵器の威力との関係を考えた場合，とても実戦に向くものとは言い難い。やはり，極めてシンボリックなものとしての存在価値が第一であったものと思われる。いずれにしても，ヨーロッパと日本の様式の両方を取り入れた，独特な和洋折衷の五稜郭は，急激に変革して行った近代日本の激動期の象徴の一つでもある。

引用・参考文献

柏谷与市 1988『五稜郭築城の経過』五稜郭築城研究会.
永井秀夫 1990「特別史跡五稜郭跡の史的調査」『特別史跡五稜郭跡保存整備調査報告書』函館市教育委員会.
函館市 1990『特別史跡五稜郭跡－箱館奉行所跡発掘調査報告書』函館市教育委員会.
函館市史編纂室編 1990『函館市史－通説編第二巻』函館市.
函館市 1993～2000『特別史跡五稜郭跡－平成5～11年度環境整備事業に伴う発掘調査概報－』函館市教育委員会.
平井聖 1990「箱館奉行所の復元調査」『特別史跡五稜郭跡保存整備調査報告書』函館市教育委員会.

コラム

松前藩の北海道の砦の遺跡 ── 前 田 正 憲

a　はじめに

　松前藩戸切地陣屋は，松前福山城を本城とする支城で，現上磯町字野崎の地にある。戸切地陣屋は，函館の五稜郭から西に現国道などに沿って約14km，また，本城松前福山城までは同じく約92kmの距離がある。

　さて，江戸時代末期の蝦夷地は，幕府によって奥州諸藩に分割された。そして沿岸を警備するために各藩は，各所に元陣屋・出張陣屋を設けることになった。これらのうち，台場以外で海防を目的とし，大砲戦を意識した構造をもつ城柵砦は，福山城，五稜郭そしてこの戸切地陣屋だけである。さらに，西洋式城郭形態をもつものは五稜郭と戸切地陣屋であり，この陣屋は極めて特異・稀な城郭遺構であるといえる。

b　海防問題と松前藩

　寛政4年（1792）のラクスマンの東蝦夷地への渡来にともなう，南部・津軽両藩の蝦夷地出兵を契機に，幕府は蝦夷地の取り扱いについての検討を始めた。これには，幕府による直轄案のほかに，松前藩による海防強化と幕吏の派遣，西洋流軍艦の建造，そして将来松前藩が疲弊すれば蝦夷地を奥州諸藩に配分し，公領をその間に置いて海防にあたるという案も建議されていた。後者は廃案になるが，その主旨は，後の幕府の蝦夷地管理政策に受け継がれていくのである。

　寛政8年（1796）とその翌年にブロートンの東蝦夷地への来航（津軽藩出兵）があり，同11年（1799）の幕府による東蝦夷地の当分上知を契機として，翌12年（1800）には伊能忠敬による蝦夷地測量を経て，享和2年（1802）に，幕府は東蝦夷地を上知し，箱館奉行（当時は蝦夷地奉行と称した）を設置した。文化元年（1804）から一連のレザノフらの事件（南部・津軽・秋田・庄内各藩の出兵）の後，文化4年（1807）に幕府は西蝦夷地をも上知し，松前藩は奥州梁川に転封となり蝦夷地全域が幕府の直轄となった。これにより，箱館奉行を廃し，松前奉行を福山館（福山城の前身）に置き，同年に南部・津軽・秋田・庄内の各藩に軍役動員し，翌5年（1808）には会津・仙台藩も加わり，南部・津軽両藩とともに，蝦夷地の各地域の警備にあたった。

　文政4年（1821）に，幕府は蝦夷地の安定を理由としながらも，蝦夷地の経営費が幕府の財政を圧迫したことにより，14年ぶりに蝦夷地を松前藩に還付した。このことにより，松前藩は蝦夷地全域の警備を担当することになり，松前奉行が廃止された。天保15年（1844）の松前藩の警備状況は，松前の街中に6台場，箱館に4台場，その他汐首岬から江差にかけて5台場があった。また，東西蝦夷地および北蝦夷地には，勤番所が12カ所あり，このうち7カ所に台場が設けてあった。おりしも日本国中が「内憂外患」のさなかでの海防政策の強化は，財政の困窮した幕藩領主に大きな負担を課すものであった。

　このころ，米国の捕鯨船が松前に漂着するなど蝦夷地周辺に外国船の出没が相次いだ。嘉永

2年（1849）7月に，幕府は松前地方の海防を特旨とし，松前家第16世崇廣に城持ちを許し，福山城の築城が決まった。また，幕府は前年に続き嘉永7年（1854）に再来したペリーと同年3月に日米和親条約を締結し，箱館・下田両港を米国船舶の薪水食料などの供給のために開港することが決まった。6月になると幕府は松前藩に命じ，箱館および近郊を上知し，箱館奉行を置き，ここも直轄とした。そして10月に松前藩の海防の要となる城内三ノ丸に7カ所の台場を持ち，6年の歳月と15万両を費やした福山城が完成したのである。

こうして安政2年（1855）3月に箱館開港を迎えるが，幕府は同年2月に木古内以東・乙部以北の地を松前藩に命じて返上させ直轄地とし，ここを箱館奉行の支配下に置いた。その他の地域は松前藩および南部・津軽・秋田・仙台の各藩に地域を定めて警備させた。その後，箱館が貿易港として開港することになる安政6年（1859）に，幕府は松前藩を除く先の藩と，会津・庄内両藩を加えた6藩に直轄地の一部を分領し，併せて幕領地も警備させたのである。

c 松前藩戸切地陣屋の築造

安政2年（1855）4月，松前藩の幕領内での警備地は箱館七重浜から木古内までとなり，同時に幕府は各藩に持場内の総体を研究し，元陣屋・出張陣屋の増設が必要であれば申し出よと命じた。同年6月に，松前藩は箱館奉行の後備とともに矢不来台場の管理と，所轄する警備地全体の保全のための元陣屋を，戸切地村郊外にある穴平（アナタヒラ）（現上磯郡上磯町字野崎）の台地に造営することを函館奉行に願い出て，ただちに許可を得て着工した。

なお，この付近は，「近国無双の拠地」（『松前志』）として当地を巡検した幕吏や兵学者にも知られていた。

工事は，普請を北見政庸が，作事を橋詰彦右衛門が担当し，戸切地村名主の種田徳左衛門が労働者の世話から資材調達までの一切を取り仕切った。労働者は近隣在住の農民とともに，南部地方の出稼ぎ者が主体となった。そして，6

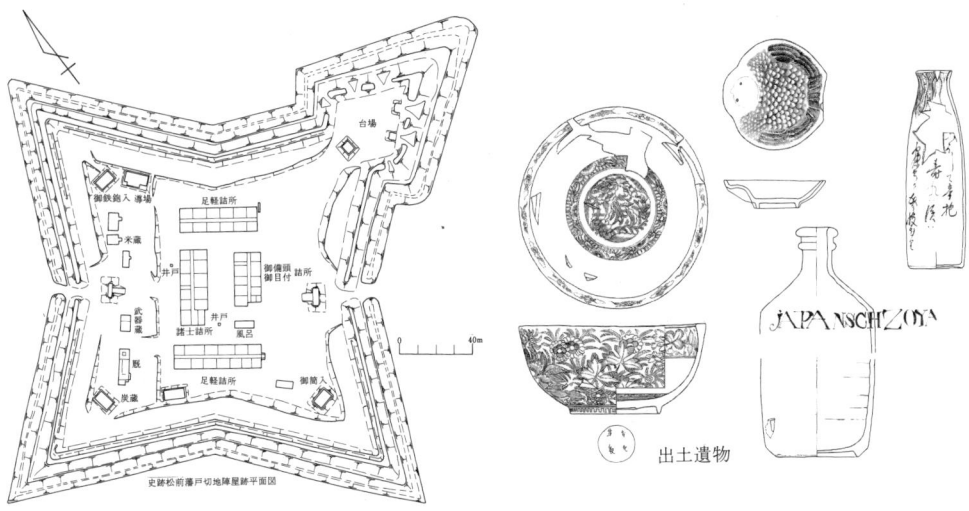

史跡松前藩戸切地陣屋跡

月に着工した工事は，5カ月後の安政2年（1855）10月に完成したのである。

d　四稜郭構造

当時の日本で最も進歩的な城郭構造として紹介された箱館五稜郭のような稜堡式築城法は，西欧では16～17世紀ころにはすでに確立していた。

松前藩戸切地陣屋は，この稜堡式築城により，平面形が星形となるように土塁と空堀を巡らし，各稜頭がほぼ東西南北を向く，四稜郭の構造を呈している。稜堡式築城は，各稜より掃射すると死角を生ぜず，周囲の敵に十字砲火を浴びせ撃滅させることができる。また，この陣屋は東側（箱館方向）の稜堡が，台場となっている。台場部は，稜堡の上端を幅約2間，深さ約4尺ほどのV字形に挟入させ，砲身を出せるようにしており，稜堡の内側に6座の砲台が設置されたことによって，他の稜頭より平面形が大きく張り出すという特色がある。

稜堡の詳細については，稜堡の内側に踏架（ふみあずち）と塁道を配している。稜堡および空堀の規模は，中央75間・堀幅3間・同深さ2間・土手足6間・同高さ2間・同上幅2間（『アナタヒラ松前陣屋絵図面』市立函館図書館蔵）と記されている。また，郭には表門・裏門があり，それぞれの門の内側には独立した一文字の土塁があり，門から郭内が見通せない構造となっている。

郭内の面積は11,200坪（36,960m²）で，御備頭目付詰所・諸士詰所・足軽詰所2カ所・道場・鉄砲入・米蔵・武器蔵・厩・炭蔵・筒入・井戸・便所・風呂などの遺構が発掘調査により発見された。絵図には，このほかに見張所・物見・文庫などが記載されている。各詰所および米蔵・武器蔵は，礎石・束石に建物の柱を立てるが，ほかの建物はすべて地中に礎盤を有す掘立柱である。また，屋根葺き材も，石置き板葺きと，萱葺きであったことが発掘調査の結果から明らかになっており，絵図とも一致している。陣屋とはいえ郭内のこれらの遺構は，非常に短時間に構築されたこともあり，構造も簡素なものであったようである。

e　陣屋の経営とその実態

陣屋が完成した直後の安政2年（1855）11月から備頭竹田忠憲らは，一隊100余名の兵を率いてこの警備にあたった。警備は，半年交代と定めたが，後に一年交代が通例となった。さらに文久元年（1861）5月には，種田惟善の建議により，漸次士卒の家族を移して，守備の傍ら付近の開拓を行なうという屯田の形態をとることになった。そして，陣屋南東側に接して，土塁で囲まれた52,695坪（176,893m²）の広大な屋敷地（半農地）をつくり，自給自足の生活をしていたのである。

さて，勤番者の日常勤務や生活については，厳しく細目にわたって規制されていたが，その実態については，出土した遺物から当時の生活を垣間見ることができる。陣屋内部から日常生活に必要な，碗類・段重・蓋物・皿・鉢・土瓶・行平鍋・摺り鉢・瓶・焜炉・灯明などの陶磁器類や，鉄鍋・硯・碁石・印・煙管が出土している。しかし，本来あるはずのない簪・紅皿・賽子・盃・燗徳利・徳利などもかなり大量に出土している。なぜならば，文久元年（1861）4月の「戸切地御陣屋詰御人数心得向被仰出候軍令書」によれば，婦女子の立ち入りは言うに

及ばず，飲酒・賭博なども禁じられていたからである。

出土した陶磁器は，碗類が最も多く，湯呑み茶碗・蓋付飯碗が主である。行平鍋・土瓶などの出土量も比較的多い。また，蓋物・段重は，出土量が少なく3～4寸の物が主である。さらに，皿の多くは染付の5寸皿で，手塩皿も若干ある。これらの碗・皿類は揃いのものがほとんどなく勤番者の各自が携えて持ち込んだものであろう。しかし，土瓶と鉄瓶については，藩からの支給品のひとつであった。

また，変わった遺物としては，本来輸出用の醤油や酒瓶であるコンプラ瓶が数個体出土している。さらに，箱館戦争に関わる遺物としては，球形榴弾の破片があり，砲台のある東側の稜堡の法面に，着弾によってできたと思われる窪みが数カ所認められた。

f 出土遺物と流通

出土した遺物のなかで，産地のわかる製品としては，近江高島産の硯がある。また，陶磁器では，湯呑み茶碗が瀬戸・美濃系，碗・蓋物・段重・皿は肥前および肥前系が多い。これら陶磁器類のうちには，当時の流通ルートが西回りが主だったことから日本海沿岸で生産された製品が含まれている可能性もある。

肥前産の陶磁器については，安政以降に箱館では，いくつかの藩が自藩物産を売り捌くため，藩士を遣わし店を開かせた。その一つに佐賀藩の陶磁器店があり，ここで買われたものもこれら遺物に含まれているのであろう。

長崎波佐見産のコンプラ瓶については，これまでに福山城・五稜郭・矢不来天満宮跡（近世社寺遺跡：矢不来台場に隣接），そして札幌近郊の厚田村（近世港湾遺跡）などから発掘調査で出土しているし，松前町内の旧家にも伝世品として発見されている。この輸出用の特殊な瓶が，どのようにして出回ったのかは不明であるが，新潟抜荷事件を例に出すまでもなく，道内各地で出土するという事実が，幕府の貿易・流通に対する統制の弱体化を示しているようである。

g 史跡松前藩戸切地陣屋跡の歴史的意義

戸切地陣屋の砦としての意義は，幕府の蝦夷地における海防政策により，当時盛んに提唱された西欧式の築城法による元陣屋であるということと，外国船舶の七重浜上陸を想定した箱館の後備としてであった。

明治元年（1868）5月に函館裁判所（府）が開設された後も，奥州騒乱により諸藩が撤退したことと旧幕府脱走軍の攻撃に備えるために，松前藩兵は府兵とともに函館周辺の警備を余儀なくされた。また，松前藩は藩士によるクーデターが起こり，8月には館城の建設も始まっていた。そして，10月に戸切地陣屋は旧幕府脱走軍の攻撃にあい，自焼・撤退することになった。このように，当陣屋は，わずか14年間の存続期間であったが，焼け跡に残された遺構・遺物が，幕末維新期の混乱した状況を現在に伝えている。

特論

御 台 場

武 藤 康 弘

A　はじめに

　東京の都心と建設中の臨海副都心とを結ぶ連絡橋として新たに建設されたレインボーブリッジは，その優美な姿から湾岸の新名所となっている。この橋の脇に浮かぶ緑に覆われた小さな島が御台場である。御台場とはすなわち大砲を備えた要塞のことで，今から約150年前の嘉永6年（1853），アメリカのペリー提督率いる艦隊が東京湾に入り江戸幕府に開国をせまった際に，兵学者江川太郎左衛門英龍が中心となって設計構築したものである。

B　江戸幕府海防計画の沿革

　江戸幕府は寛永16年（1639）以降鎖国政策を「祖法」として遵守し，頑なに諸外国との交渉を拒んできた。しかし，18世紀後半になるとヨーロッパ諸国の東アジアでの動静が活発化し，しだいに日本近海にも外国艦船が出没するようになり，幕府の外交政策も変更を余儀なくされる事態となった。ここでは寛政年間以降御台場建設までの海防政策の推移を簡単に振り返ってみたい。

　寛政年間にはロシアの東方進出にともない千島列島や樺太方面で紛争が頻発する。この時期の海防計画は老中松平定信によって立案されたが，大部分は実行されないまま次の文化年間を迎える。文化年間には蝦夷地を幕府直轄とするなどの大変革が行なわれる。また，三浦半島および房総半島先端部に砲台を建設し，会津藩，白河藩などの諸藩を湾岸の警備に動員するなど，東京湾の防備体制も強化された。その後，文政年間には幕府保守派の巻返しもあって海防政策は一時後退するが，この間にもイギリス船の来航や船員の常陸大津浜上陸事件などが続発した。また，イギリスによる小笠原領有の動きもあった。しかし，幕府の対応策は混乱し，文政8年（1825）の無二念打払令にみるように本質的な問題の解決を遅らせ，状況を悪化させるばかりであった。

　本格的な海防策と軍事改革が実行されるのは天保年間である。老中水野忠邦はアヘン戦争による清国の軍事的な大敗と南京条約によるイギリスの植民地化を目のあたりにして，天保13年（1843）には薪水供与令を発令し対外強行策からの転換をはかった。さらに，高島秋帆による

志村徳丸ケ原での洋式砲による実射と，江川英龍らの洋式兵制に慣熟した人材の養成などの兵制改革が断行された。また，列島全土の沿岸防衛に先立って，江戸に最も近接した東京湾の砲台を増強し，三浦半島，房総半島および伊豆諸島方面の警護を強化した。

　このような状況のなかで，嘉永6年にペリーの艦隊を迎えることになる。諸外国の軍備をオランダを通して伝え聞いてはいたものの，ペリー艦隊の蒸気船や火砲の威力は幕府を狼狽させ江戸市中を混乱に陥れた。時の老中阿部正弘が江川英龍の建議によって海防策のひとつとして計画実行したのが，御台場の構築だったのである。

C　品川台場

　当初は東京湾を横切る4列の台場を構築することを計画していた。それは，最も外側のものが千葉県の富津と三浦半島の観音崎を結ぶもので，その次は木更津と横浜の本牧を結び，さらにさがって羽田沖に1列，そして最も内側に，南品川猟師町から深川洲崎までを結ぶ台場が計画された。しかし，財政および技術上の問題があり，最も江戸に近接した品川沖に建設されることになった。これも当初は海上に2列11基と陸上に1基の合計12基の台場が建設される予定であった（図1）。しかし，財政難と建設途中で日米和親条約（神奈川条約）が批准されたため，1番，2番，3番台場が安政元年（1854）4月に，5番，6番は同年12月に竣工しただけで，4番は建設途中，7番は埋め立て途中で放棄されてしまった。

　ここでは，保存状態が良く，絵図との対比が可能な3番台場をとり上げ構造を解説してみたい（図2）。平面形は長辺167m，短辺143mの菱形に近似した四角形で，面積は約29,000m^{2}である。構造は外郭に高さ約5mの石垣を巡らせ，その上に盛土をして土塁を築いている。内郭は約5mほど摺り鉢状に窪み，内部は平坦になっている。主要な施設は，外郭の土塁上には砲座が，内郭には前方2カ所に土塁で囲まれた火薬庫が，後方2カ所に玉置所がそれぞれ配置されている。また，内郭中央には陣屋としての休息所が設置されている。さらに，外郭の後方には波戸場とそれに連結した通路が，内郭後方には柵門と番所が設置されている。また，この洋式城郭を特徴づける施設として「一文字堤」が内郭後方に設置されている。この土塁は，敵艦艇に要塞背後に回り込まれた際に，通路となっている堡塁の切れ目から内部施設を狙い打ちされるのを防ぐための一種の掩体である。

　台場の建設は海中の埋め立てと堡塁の構築からなるが，埋め立て用の土砂は御殿山や泉岳寺境内などの品川および高輪の高台を掘り崩したり墨田川河口を浚渫したりして，俵詰めにして埋め立て地点まで船で運搬された。また，枕木，杭木などの木材は関東一円から集められ，石材は三浦半島，伊豆半島および房総半島方面から海上輸送された。建設の期間は嘉永6年8月から安政元年11月までのほぼ1年3カ月である。この間に品川近辺には約5,000人の職人，人

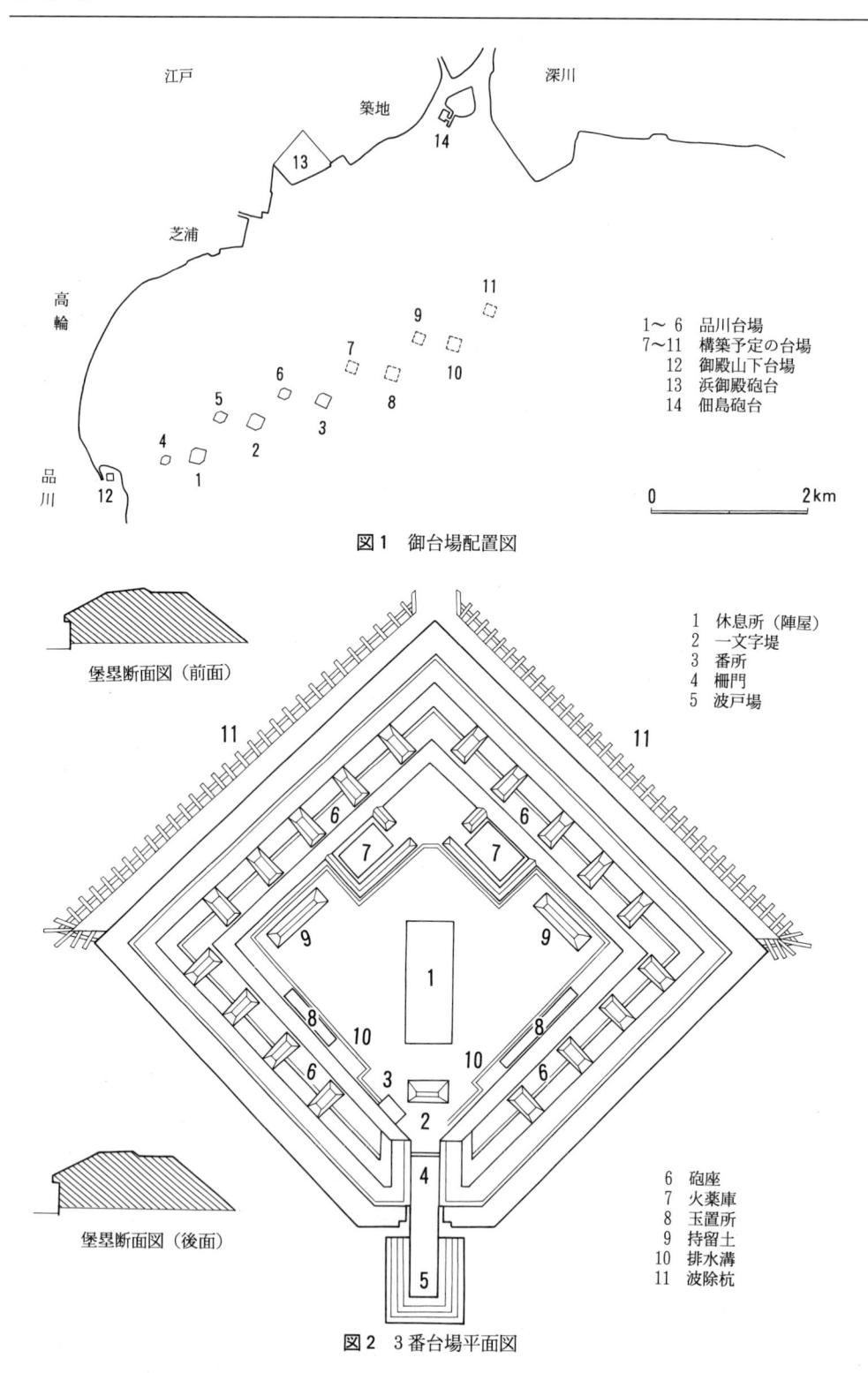

御台場

図1 御台場配置図

1〜6 品川台場
7〜11 構築予定の台場
12 御殿山下台場
13 浜御殿砲台
14 佃島砲台

堡塁断面図（前面）

堡塁断面図（後面）

1 休息所（陣屋）
2 一文字堤
3 番所
4 柵門
5 波戸場
6 砲座
7 火薬庫
8 玉置所
9 持留土
10 排水溝
11 波除杭

図2 3番台場平面図

足が集まり，土砂運搬用の船も2,000艘を越えたという。御殿山から土砂を運搬する通路では家々が取り払われ，東海道も日中は通行止めとなり迂回路が設けられた。また，目黒川の河口も付け替えられた。

　これら台場の建設に関わる費用の総額は75万両をこえる膨大なものとなった。莫大な費用は天領の領民ならびに江戸や大坂の豪商や町民からの献金によってまかなわれた。この他に木綿頭巾，暑気払い薬，米，味噌などの現物の供出や，品川沖回船の運送方や相撲の雷樹太夫以下200名の土取方の労働奉仕の例もあった。

　台場の備砲は国産の大砲である。日本における洋式砲の生産は，江川英龍が嘉永6年伊豆韮山に大反射炉を建設して本格的に開始された。それ以前は専ら佐賀藩や川口の鋳物工場，浅草新堀端および小伝馬町の鋳物師などで製作されていた。しかし，幕府は大砲の鋳造を一元的に行なうために，嘉永6年に湯島櫻ノ馬場に鋳砲場を建設した。ここで製造された大砲が各台場に据え付けられた。また，韮山で鋳造された大砲も一部加えられた。しかし，湯島の幕府鋳砲場でも原材料の不足が甚だしく，安政元年には全国の寺社の梵鐘を供出する旨の通達が発令されたが，寺社の猛反発にあい撤回している。その翌月には安政大地震がおきたため，幕府の梵鐘供出の通達を天罰と揶揄する都々逸が読まれたりもした。

　台場の警備は嘉永6年11月に発令され，1番台場を松平誠丸（川越藩），2番台場を松平肥後守（会津藩），3番台場を松平下総守（忍藩），5番台場を酒井左衛門尉（庄内藩），6番台場を真田信濃守（松代藩）が守備することになった。この配置は安政6年に変更されるまで続いた。各藩は高輪および品川宿の海岸に補給基地的な陣屋を設置して，そこから船で台場に出動して警備する体制をとっていた。緊急事態の際には幕府の海防掛からの司令が海岸の陣屋に伝達され，そこから，早船を出して台場の警備部隊に連絡される体制となっていた。台場相互の連絡には緊急信号としてノロシが用いられた。

D　廃用後の品川台場

　御台場は安政元年末までに1〜6番台場と品川猟師町台場が完成したが，工事途中にアメリカと日米和親条約（神奈川条約）が締結され，引き続きイギリス，ロシア，オランダ，フランスとも通商条約が締結されたため，結局実戦には一度も使用されることがなかった。しかし，文久2年（1862）の生麦事件後，幕府はさらに沿岸の防衛を強固にするために，文久3年に4番台場と浜御殿砲台を増築補強し，浅間谷へ4番台場の附属火薬庫が建設された。さらに元治元年（1864）には佃島にも砲台が建設された（図1）。しかし，幕末の動乱期にも一度も砲門を開くことなく，そのまま明治維新を迎えることになる。

　明治6年（1873）には陸軍に編入され東京鎮台の海岸砲隊に所属し，明治18年からは一部が

陸軍省の造船所として利用された。その後，4番台場と1番台場は民間に払い下げられ造船所となった。これらの台場は東京港の埋め立ての進行と航路の整備にともなって，しだいに消滅していったが，保存状態の良好な3番台場と6番台場は大正15年(1926)に史蹟の指定をうけ，昭和3年(1928)から東京市(都)の管理下で御台場公園として公開されている。

E　おわりに

外国艦船の砲撃から江戸を防衛するために建設された御台場は，わが国海防上の一大記念物である。しかし，結果的に一度も実戦に使用されなかったことで，江戸は戦火から免れ，御台場もその旧姿を止めているのである。

湾岸の開発が進むなかで，多くの近世，近代の遺跡が失われてしまったが，数少ない幕末期の海防遺跡である御台場を，内部施設を復元するなどして史跡公園として整備し，教育的効果を高めていくことが求められている。

参考文献

北島正元　1973「江戸湾防備体制の強化と上地令」『東京百年史』第1巻，東京都.
品川台場調査委員会　1968『品川台場調査報告書』品川区教育委員会.
芝区役所　1938『芝区誌』.
東京市役所　1926『東京市史稿―港湾編第2』.
南和男　1973「安政の幕政改革」『東京百年史』第1巻，東京都.

補　注

本文にも記したように，台場とは品川台場に限定されるわけではなく，江戸後期から幕末にかけて，全国各地の主要な港湾の周辺にも建設されていた。この時期の海防政策について，各地の台場に関する基礎資料を集成し実証的に研究した論文が，防衛庁戦史室の原剛氏の『幕末海防史の研究』(1988年，名著出版刊行)である。原氏は専門の軍事史の視座から，史料に記された備砲の射程距離を考慮して，台場の配置のあり方などを解明している。

本稿をまとめた時点では，全国各地に所在する台場の史料は，考古学資料も含めてほとんど得られなかったが，ここ数年の間に海防遺跡の発掘調査が活発に行なわれるようになってきている。発掘調査報告書が刊行されているだけでも，北海道松前町福山城跡，函館市五稜郭跡，千葉県富津市富津陣屋跡，福井県大飯町松ケ瀬台場跡などがあげられる。発掘調査によって，史料と対比しながら，台場や陣屋の構造および建物配置の変遷が解明され，海防遺跡の全体像が明らかにされてきている。

このように，近世海防遺跡の研究はその緒についたといえるのである。一刻も早い遺跡の保存・整備・活用が望まれる。

特論

世界の戦争考古学

――― 佐 原 真 ―――

A はじめに

　日本，アフリカ，西アジア，ヨーロッパ，インド亜大陸，オセアニア，北・南アメリカ，東シベリア，中国，朝鮮半島における戦争の起源については，さきに概観したことがある〔佐原 1999〕。ここでは，ヨーロッパと北アメリカの最近の研究を紹介しよう。

　考古学の証拠(エヴィデンス)（考古資料）によって，過去の集団同士の武力的対立が認められたとき，それを戦争とよび，証拠としてA守りの村，B武器，C殺傷（のあとを留める）人骨，C武器の副葬，D武器形祭器，E戦士・戦闘場面の造形をあげたい。これらがいくつもそろっていれば，過去の戦争を認めたい。証拠が少なければ，それによって戦争を知っていたか，戦争と無縁だったか判定したい〔佐原 1999〕。

　文章をすすめるにあたって訳語を整理する。

　foodgatherers, huntergatherers, gathererhunters, foragers は，採集民とも略称する。war, warfare の差がよくわからない。war and warfare と両者をよびわける人もいる〔VENCL 1984〕。ここでは，war も warfare も戦争と訳す。

　アメリカの文化人類学のエムバーさんたちは，世界の民族誌の記載を集計した HRAF (Human Relations Area Files 日本では国立民族学博物館にある）にもとづいて横断文化的(クロスカルチャー)に数値的に戦争の民族学的事実をあげ，生業を問わず人はいつでもどこでも戦っている，という。統計のわかる人に解説してほしい。さらに，植民地化すると暴力をとりしまるから平和になる。それより前は，もっと暴力があったろう，とも書いている〔EMBER and EMBER 1997〕。一方，植民地化によって暴力が増したという事実の指摘もある〔FERGUSON 1997〕。そう簡単ではない。

　農耕社会が出現すると，耕地に適した土地から採集で暮す人びとは追いやられる。さらに産業社会が地球上をおおっていくにしたがって採集民は不便なところへ，そしてついには極限の地に追いやられて現在にいたっている。そして周囲の農民や産業社会はますます採集民の生活環境を悪化させ，採集民は暴力をふるわざるをえなくなる，とも説明できる。

　エムバーさんは「領域を異にしてすむ集団間（共同体間(コミュニティズ)，集合共同体間(アグリゲーツ オブ コミュニティズ)）の社会的に組織化された武力的闘争(コムバット)」と戦争を定義する。ある範囲に継続的に住み共通の言葉を使う集団を

187

社会(ソサイエティ)とよび,社会と社会の戦争を外戦(エクスターナルウォー),社会の中にある共同体間,集合共同体間の戦争を内戦(インターナルウォー)とよびわける。これにしたがうと魏志倭人伝にいう倭国乱も内戦だろう。

おもしろいのはエムバーさんを初めとして何人かの研究者が,夫方居住婚と内戦を,妻方居住婚と外戦とを結びつけている解釈だ〔EMBER and EMBER 1997, 9・10〕。エムバーさんは,内戦が夫方居住婚をうながす,とも書いている。夫の家に妻が住む暮しでは,万一の敵の攻撃にそなえて息子を家においておきたいから内戦と結びつくのだ,という。

B 戦争定住起源説

暴力によって人が人を殺し傷つける歴史は,更新世にさかのぼる。5万年前に槍で倒された人がいる(イラクのシャニダール洞窟Ⅲ,とSkhulⅨ)〔ROPER 1969, 439～441〕。ただし,事故によったものでないとすれば,と彼女は断わっている。14000～12000年前にアフリカのナイル上流,ジェベル=サハバ117の墓地で,幼児から老人までの58体(男21,女20,不明7)中24体(全体の44%)の頭・胸・背・腹に116個の石器(細石器)が残っていた。骨に突き刺っているものも多い〔WENDORF 1968〕〔高橋 1993〕。オーストラリアでは弓矢による戦い(オーストラリアで弓矢!)が4万年前の絵にのこっているという〔FERGUSON 1997, 325〕。

現代においても(現代だからこそ?),信じがたいほどの残虐な暴力事件がときに起きている。

それを現代人だけではなく人類に普遍的な行動と認める立場にたつと,過去の殺傷(のあとをとどめる)人骨をもって,人類の歴史とともに暴力がある,あるいは戦争の歴史は遠く人類の起源(近く)にまでさかのぼる,という解釈にいたる。更新世人類に殺傷人骨が少ない事実については「証拠(エヴィデンス)の不在(アブセンス)は,不在の証拠にはならない」とう応えがある〔FERGUSON 1997, 322〕。さらに19世紀の原住(ネイティブ)アメリカ人の戦い,現代パプアニューギニアの戦いの死者についての医学報告は,戦死者の致命傷は,胸と腹に最も多く受けており,それは骨にはたっしていない〔LAMBERT 1997, 92〕,という。欠けるところなく全身そろって残っている人骨だからといって平和な病死者とはいいきれないことになる。

極端かつ非情な暴力が,たとえ更新世人類にあった,としても,それはあくまでも特殊な例外的なことだったという立場にたつと,殺傷人骨や,攻める守るの考古学的証拠が数多く広く認められる時代以来,とくに集団暴力が頻発し,戦争が始まったという解釈にいたる。

その時代とは,最近まで,農耕社会の誕生と成熟の時代だ,という解釈があり〔山田 1960〕〔LEAKY and LEWIN 1977〕,私もその立場をとってきた。

しかし,アメリカの文化人類学のファガーソンさんは,北アメリカの太平洋に面した北西海岸に住んだ人びとだけが定住する「複雑(コンプレックス)(な社会・文化をもつ)狩猟採集民」だとかつては,学界は認識していた。ところが現在では,定住する複雑狩猟採集民の存在が世界各地で知られ

ている。農耕社会ではなく，定住の暮しこそが平和をやぶったのだ，という〔FURGUSON 1997, 334～5〕。移住する採集民の集団は，他の集団との間がらが危くなると「敵」からすばやく離れることによって「ほとんど戦争」の緊張状態を解消できる。「この平和な選択を定住は取り去ってしまう」と。

アフリカのジェベル＝サハバは墓地である。定住すればこそである。更新世としてはまれにみる定住漁撈民だったからこそ集団暴力もおきた，と説明できる。農耕の暮しは，定住の暮しである。だから戦争定住起源説は戦争農耕起源説をもふくみこむことになる。

C　ヨーロッパ中石器文化の定住採集民の集団暴力

ヨーロッパの中石器文化，つまり完新世に入ってから漁猟採集を基本とした生活では，暴力沙汰が，そして集団暴力が各地で起きている。ウクライナの VasylivkaⅡ の中石器時代墓地で矢尻がささった骨，打ちわられた頭骨などの殺傷人骨4，ウクライナの Volos'ke の殺傷人骨，ルーマニアの Schela，デンマークの Skateholm I の殺傷人骨，Vedbaek の，のどに骨の矢尻が刺った男〔VENCL 1984〕。デンマークでは新石器・鉄器・バイキング時代とくらべても中石器人に殺傷人骨の実例が多い〔BENNIKE 1985〕〔佐原 1999〕。下顎が骨折し，これは治ったものの矢（複数）で射殺されたフランスの Téviec の若い男〔ARIAS 1999, 422〕，ポルトガルの大西洋海岸の貝塚をのこした定住中石器人の殺傷人骨〔ARIAS 1999, 470〕がある。

このような殺傷人骨をもってヨーロッパでは戦争が中石器時代に始まった，と主張したのがチェコ（あるいはスロヴァキア）のヴェンクルさんである〔VENCL 1984〕。

寒く乾いた更新世から暖く湿った完新世に入ると，草原だったヨーロッパ〔藤本 1999〕に森がひろがった。季節によって遠くへ移動する動物にしたがって，大きく移動しなくてもすむようになった。生物量はふえ，安定した。中石器人は，ある一定の範囲で暮すことが出来た。フランスでは，中石器時代の人口が後期旧石器時代の3～5倍になったという積算もある。人がふえ，旧石器時代とは違って集団と集団がかなり接近して住むことになったので，食料資源をめぐって，生活圏の領域をめぐって戦争が起こった。男だけでなく女子供まで殺すことが，アフリカ（ジェベル＝サハバ。これは旧石器時代）からヨーロッパまでひろくみとめられている事実は，こう解釈するほかないではないか，という議論である。定住という表現はみないものの，先にあげたファガーソンさんの戦争定住起源論ともあう。ドイツのミュラーカルペさんもヨーロッパの中石器人を「狩猟民戦士」とよんでいる〔MÜLLER=KARPE 1968, 257～8〕。ヨーロッパ中石器時代には，人を殺してその頭骨を集めて埋める風習もあった。南ドイツ，バイエルン州のオフネット洞窟の中の大小2つの穴に整然と並べてあった合計38個の男女（成人の2/3が女）子供をふくむ頭骨〔FRAYER 1997〕，バーデン＝ヴュルテムベルク州のホールシュタインのおとな

の男女ひとりずつと子ども1人の頭骨である〔PROBST 1991, 293・296〕。これらは戦争と結びつけず，むしろ儀礼的な処理とみなしている〔GRONFNBORN 1999, 134〕。

D 北アメリカの先史採集民の戦争

「いつ，どの程度，農耕が生業の中心的基盤になったかも，(時と所で)さまざまに違っている。採集と農耕の違いが近年ますます不明確になってきている。日本の縄紋文化ではなく，北アメリカの先史時代の話である〔CANNON 1999〕。キャノンさんによると，ホープウエル文化などアメリカ東部のウッドランズ地方の初期園耕（園芸的農耕 horticalture）文化は，主に野生植物にたよっていた，と最近まで研究者はみてきた。しかし，人骨の炭素13・窒素15同位体比の研究で，今まで考えてきたより早く，トウモロコシに大きく依存していたことが判明した。またカリフォルニアのドングリ採集民が，下草を燃やしてナラの森を維持していたことも明らかになってきた。

さらに，太平洋の北西海岸に住む人びとが，農耕に入ることなく採集の生活に徹しながら多くの人口をささえ，階層制をもち，そして激しく戦いあっていたことが今ますます明らかになってきている〔MASCHNER 1997〕〔AMES and MASCHNER 1999〕。3500～1800年前の太平洋期（発展期）の中ごろに，近接戦闘(ハンド トウ ハンド コンバット)の証拠があらわれる。石や鯨骨の棍棒(クラブ)でなぐり，頭骨が陥没したり顔や歯が損傷したりである。さらに1800～1500年前に始まる太平洋後期に弓矢がもたらされた結果，革よろいを貫く骨の矢尻が発達して戦争は激化し，防禦集落が急増する。殺傷人骨の数も多い。定住した複雑狩猟採集民として，産卵のためやってくるサケを富として階層が分化し，奴隷をもち，戦ったのである。防禦集落のあり方，よろい・弓矢など北西海岸考古学には学ぶべきことが多い。打製・磨製の矢尻は革よろいを貫かずにこわれるけれど，骨の矢尻は貫くという実験的研究〔MASCHNER 1997, 276〕に私は特に，ひかれている。魏志倭人伝によると倭人は「鉄の矢尻と骨の矢尻」しかもたなかったではないか，北海道・本州・沖縄を通じて，石の矢尻が消えたのちも古墳時代はもちろんのこと北海道・沖縄では十何世紀までも骨の矢尻は残ったではないか。780（宝亀11）年8月18日，政府は鉄よろいに代って革のよろいを採用する方針をとったこと（『続日本紀』）とも重なってくるではないか。

E ヨーロッパ新石器文化農民の戦争

ヨーロッパのうちギリシアでは，農耕社会が成立した新石器時代の初期，農耕社会が成熟していく過程で，石積みの防壁をめぐらせた村が出現している（8500～6300年前のセスクロ，5700～5300年前のディミニ）。それより西（ルーマニア・ポーランド・スイス・オーストリア・ドイツ・フランス・イタリア・スペイン・デンマーク）では，6900～6000年前の新石器時代の後半に環壕集落，高

世界の戦争考古学

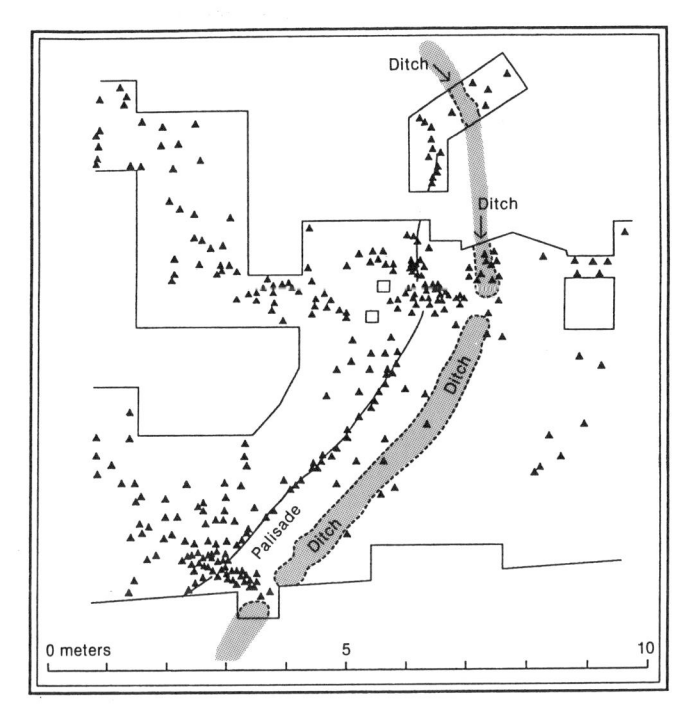

図1 環壕集落の入口付近にのこる戦闘のあと

イングランド，グロウスターシャイヤー州クリックリー＝ヒルの断続環壕の入口付近。攻撃を受け，入口の木の門も，中の建物も防壁上の柵も焼失し，壕内，防壁の内外，特に入口近くに集中して石の矢尻が数多く残っていた。〔KEELY 1996, 19ページの図を一部改変〕

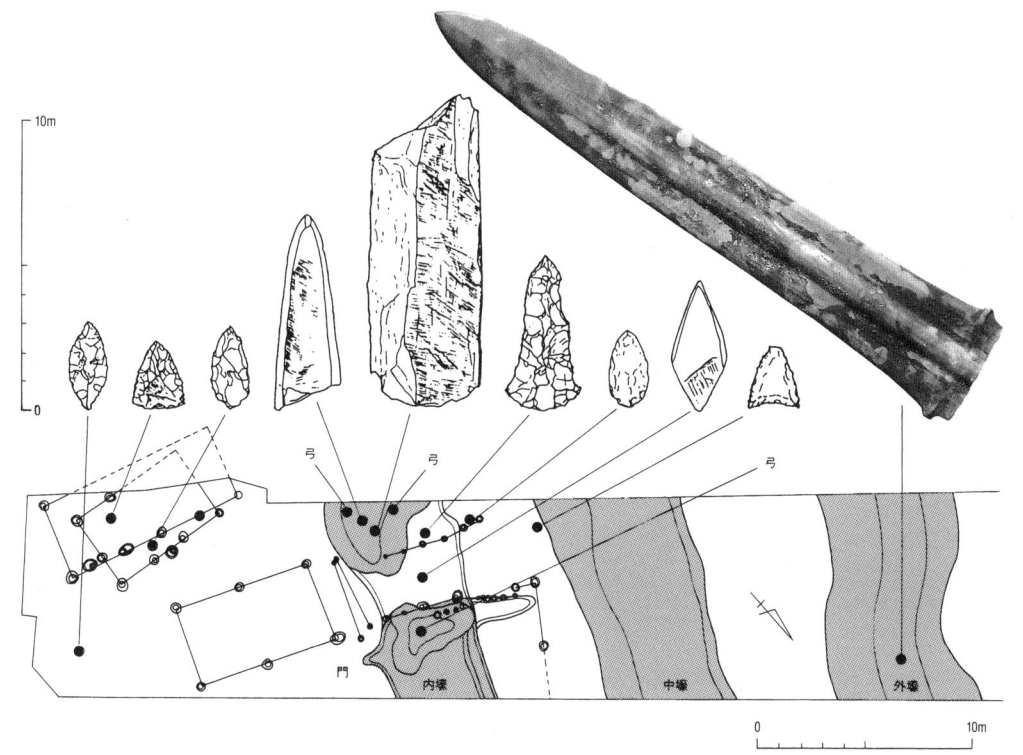

滋賀県守山市下之郷の三重の環壕のうち外壕の入り口付近に銅剣，磨製石剣，磨製・打製の石の矢尻，木の弓などが集中的に残っていた。（守山市教育委員会提供）〔歴博 1996〕

191

地集落，石の武器が発達している〔佐原 1999〕。イギリスでは5700年前，新石器時代初めから，デンマークと同様，断続壕で囲むか丘のつけ根側を直線か弧線で区切り，石積みの防壁もあり，矢尻が発達していて戦争の証拠とみる（図1上）。

　以上がヨーロッパにおける戦争起源の私の認識であった〔佐原 1999〕。

　ところがイギリスのキーリーさんは，ベルギー東部の7000年前の線帯紋土器（Linearband keramik Linearkeramik, Linear Pottery）文化の村あと4カ所をベルギーの研究者とともに発掘した成果にもとづいて，線帯紋文化人と周囲の中石器人とのあいだの戦争を主張している〔KEELY 1996〕〔KEELY 1997〕〔KEELY and CANEN 1989〕。

　かつては，線帯紋文化の生活基盤は焼畑農耕とみていた。東ヨーロッパの研究者は今もそう考える。しかし中ヨーロッパでは，家畜の糞を利用した常畑を基盤として100年以上におよぶ長期にわたって同じところを耕地に使った，という考えに変ってきている。

　ベルギーの黄土地帯で4つの線帯紋文化の守りの村（防禦集落）を調査した結果，横断面がV字形の環壕（深さ2〜3m）をめぐらせ，その背後に柵を一重，二重にめぐらせており，防禦に適した入口の構造になっていることをキーリーさんは，指摘する。そして，中石器人の領域に接する地域だけにこのような防禦集落が存在すること，中石器人の領域と線帯紋人の領域との間に無人地帯が存在することをあげる。

　また，線帯紋文化の道具，つまり矢尻や adzes／axes を武器だ，と主張する。なお，adzes／axes という表現は，キーリーさんだけでなく，現在イギリス考古学が石斧を表わすときによく使う表現であり，横斧か縦斧かどちらか（わからない）という意味である。しかし線帯紋土器の斧はすべて横斧である〔BAKELS 1987〕。

　石斧を武器とみとめる大きな根拠は，ドイツのバーデン＝ヴュルテンベルク州タールハイムの線帯紋文化の墓地で34体の老若男女中20体の殺傷人骨があり，頭骨に打撃による孔があき，その凶器としての靴型状石斧（かつて靴を作るときに使った木製の靴型に似た形の石斧，柱状片刃石斧）も現場に残っていた事実にある。しかし，木工用の斧を凶器に転用した，とみるべきだろう。

　矢尻を武器とみとめる根拠は，ベルギーの4遺跡で数多くの矢尻がみつかったのにかかわらず，出土する動物の骨はウシ・ブタであって野獣骨がないという事実にもとづいている。キーリー説は必ずしも全面的にうけいれられてはいないようである〔ARIA 1999〕。私は最近，オランダのライデン大学で線帯紋文化を専攻する BAKELS, C. C. さんに意見をもとめた。しかし彼女も静かに微笑するだけだった。

F おわりに

　世界各地で考古学は人類学と共同で殺傷人骨のくわしい実態をしらべている〔LARSEN 1997〕〔MARTIN and FRAYER 1997〕。そして殺傷人骨をただちに戦争と結びつける〔VENCL 1984〕のではなく，とりあえずは暴力の被害者としてとらえる傾向がでてきている。さらに家庭内暴力，特に夫の妻への暴行による殺傷，集団内暴力，スポーツや事故による損傷などにも気を配るようになってきている〔WILKINSOU 1997〕〔WALKER 1997〕。

　暴力の起源は，人類の歴史とともにあるだろう。しかし，数多くの人を殺す集団暴力は，定住化がもたらしたものであった。更新世のアフリカで例外的に定住していた採集民のジェベル＝サハバの人びとは，その先駆けである。ヨーロッパでは更新世に入って中石器時代の定住採集民の間に集団暴力がしばしばおきた。戦争に先だつ集団暴力とみるか，「初源的戦争」とよぶか，殺し傷つける目的で作った本来の武器をもたず，狩り用の槍・弓矢，木工用の斧を凶器に転用している。あらかじめ襲う意図をもっていたのか，どうかわからない。計画的ではなく突発的な遇発的な集団暴力と理解したい。

　北アメリカ北西海岸の複雑採集民，そして農耕社会が成立し成熟していく過程での農民は，攻撃の備えとあわせて，守りの備え——守りの施設（守りの壁・柵・壕）や守りの道具（よろい・盾）——をもっている。集団が他の集団を敵と意識しており，攻撃にそなえていたことは疑いない。この段階の集団暴力から本格的な戦争とよぶことにしたい。

　縄紋人は定住する複雑採集民だから，暴力をふるったとしても不思議ではない。しかし現状では，縄紋人の暴力は，私のあげる戦争の条件をみたしてはいない。今のところ私は縄紋人に喧嘩はさせても，戦争をさせたくはない。なお，最近，鳥取県青谷町青谷上寺地遺跡で弥生時代の殺傷人骨が墓に葬っていない状態で多数出土している。

　人類の歴史は500〜450万年，集団暴力の歴史は8000年，例外的なジェベル＝サハバですら14000〜12000年，本格的な戦争は7000〜6000年前以降，人類悠久の歴史のなかでなんと短いことか。戦争は神ではなく人類が創造したものだし，武器は人が作り出したものである。人類が止めると決意すれば，戦争を止めることができる，と信じたい。

　1986年5月16日，各国の生物学者は，スペインのセヴィリアで「暴力についてのセヴィリア宣言」を発表した。その内容を抜き書きして本稿を閉じたい。

　　我々が（人類になる前の）動物の祖先から戦争する性癖を受け継いで来た，というのは，科学的に正しいとはいえない。戦争や他のいかなる暴力的行動が，我々の人間の性質に遺伝的にプログラムされている，というのは，科学的に正しいとはいえない。人類が進化する過程で，他の種類の行動よりも攻撃的行動を選択してきた，というのは科学的に正しいとはいえ

ない。人類が「暴力的な頭脳」をもっている，というのは科学的に正しいとはいえない。戦争は「本能」によって，あるいは唯一の動機によって起る，というのは，科学的に正しいとはいえない。

参考文献

佐原真 1999「日本・世界の戦争の起源」『人類にとって戦いとは』1，東洋書林，59～100．
高橋龍三郎 1993「ナイル河流域における後期旧石器時代の墓制と社会」上，『近畿大学文芸学部論集』文学・芸術・文化，第5巻第1号，137～164．
藤本強 2000「植物利用の再評価―世界的枠組みの再構築を見据えて―」『古代文化』52—1，1～15．
山田隆治 1960「戦士と戦争」『図説世界文化史大系』2，角川書店．
歴博（国立歴史民俗博物館）1996『倭国乱る』展覧会図録，53．

AMES, K. M. and MASCHNER, H. D. G. 1999 PEOPLES OF THE NORTHWEST COAST. THEIR ARCHAEOLOGY AND PREHISTORY, Thames and Hudson, London.
ARIAS, P. 1999 The Origins of the Neolithic along the Atlantic Coast of Continental Europe : A Survey, JOURNAL OF WORLD PREHISTORY Vol. 13 No. 4, 403～464.
BENNIKE, P. 1985 PALAEOPATHOLOGY OF DANISH SKELETONS, Akademik Forlag Copenhagen.
CANNON, A. 1999 Archaeology of North American Hunters and Gatherers, in THE CAMBRIDGE ENCYCLOPEDIA OF HUNTERS AND GATHERERS, Cambridge University Press, 31～35.
EMBER, C. R. and EMBER, M. 1997 Violence in the Ethnographic Record : Results of Cross-Cultural Research on War and Aggression, in MARTIN and FRAYER 1997, 1～20.
FERGUSON, R. B. 1997 Violence and War in Prehistory, in MARTIN and FRAYER 1997, 321～355.
FRAYER, D. W. 1997 Ofnet : Evidence for a Mesolithic Massacre, in MARTIN and FRAYER 1997, 181～216.
GRONENBORN, D. 1999 A Variation on a Basic Theme : The Transition to Farming in Southern Central Europe, JOURNAL OF WORLD PREHISTORY Vol. 13 No. 2, 128～210.
KEELY, L. H. 1996 WAR BEFORE CIVILIZATION, Oxford University Press. New York.
KEELY, L. H. 1997 Frontier Warfare in the Early Neolithic, in MARTIN and FRAYER 1997, 303～319.
KEELY, L. H. and CAHEN, D. 1989 Early Neolithic Forts and Villages in NE Belgium : Preliminary Report, JOURNAL OF FIELD ARCHAEOLOGY 16, 157～176.
LAMBART, P. M. 1997 Patterns of Violence in Preristoric Hunter-Gatherer Societies of Coastal Southern California, in MARTIN and FRAYER 1997, 77 ～109.
LEAKY, R. and LEWIN, R. 1997 ORIGINS, E. P. Dutton, New York.
MARTIN, D. L. 1997 Violence Against Women in the La Plata River Valley (A. D. 1000–

1300), in MARTIN and FRAYER 1997, 45～75.

MARTIN, D. L. and FRAYER, D. W. (editors) 1997 TROUBLED TIMES――VIOLENCE AND WARFARE IN THE PAST――, Series War and Society Vol. 3, Gordon and Breach Publishers, Amsterdam.

MASCHNER, H. D. G. 1997 The Evolution of Northwest Coast Warfare, in MARTIN and FRAYER 1997, 267～302.

MÜLLER-KARPE 1968 HANDBUCH DER VORGESCHICHTE Band II Text, C. H. Beck'sche Verlag, München.

PROBST, E. 1991 DEUTSCHLAND IN DER STEINZEIT, C. Bertelsman Verlag, München.

ROPER, M. K. 1969 A Survey of the Evidence for Intrahuman Killeng in the Pllestocene, CURRENT ANTHROPOLOGY Vol. 10, No. 4, 427～459.

SMITH, M. O. 1997 Osteological Indications of Warfare in the Archaic Period of the Western Tennessee Valley, in MARTIN and FRAYER 1997, 241～265.

VENCL, S. 1984 War and Warfare in Archaeology, JOURNAL OF ANTHROPOLOGICAL ARCHAEOLOGY 3, 116 ～132.

WALKER, P. L. 1997 Wife Beating, Boxing, and Broken Noses: Skeletal Evidence for Cultural Patterning of Violence, in MARTIN and FRAYER 1997, 145～179.

WILKINSON, R. G. 1997 Violence against Women: Raiding and Abduction in Prehistoric Michigan, in MARTIN and FRAYER 1975, 21～43.

執筆者紹介 （五十音順　①生年　②現職　③著作論文）

東潮（あずま　うしお）
①1946年12月22日　②徳島大学総合科学部教授　③『高句麗考古学研究』（吉川弘文館），『古代東アジアの鉄と倭』（渓水社）

河野眞知郎（かわの　しんぢろう）
①1948年5月21日　②鶴見大学文学部文化財学科教授　③『中世都市鎌倉を掘る』（共著）（日本エディタースクール出版部），『中世都市鎌倉―遺跡が語る武士の都』（講談社）

工藤雅樹（くどう　まさき）
①1937年12月18日　②福島大学行政社会学部教授　③『古代蝦夷の考古学』（吉川弘文館），『蝦夷と東北古代史』（吉川弘文館）

酒井龍一（さかい　りゅういち）
①1947年4月17日　②奈良大学文学部教授　③『歴史発掘6―弥生の世界』（講談社），『考古学者の考古学』（㈶大阪文化財センター）

佐原真（さはら　まこと）
①1932年5月25日　②国立歴史民俗博物館館長　③『大昔の美に想う』（新潮社），『考古学千夜一夜』（小学館）

沈奉謹（シム　ボンクン）
①1943年10月3日　②東亜大学校教授　③「韓国南海沿岸城址の考古学的研究」（『学研文化史』1995所収），「韓国における日本弥生文化の展開」（『学研文化史』1999所収）

下條信行（しもじょう　のぶゆき）
①1942年5月28日　②愛媛大学文理学部教授　③「遼東形伐採石斧の展開」（『東夷世界の考古学』所収），『日本における石器から鉄器への転換形態の研究』

千田嘉博（せんだ　よしひろ）
①1963年7月19日　②国立歴史民俗博物館考古研究部助手　③『城館調査ハンドブック』（新人物往来社），『織豊系城郭の形成』（東京大学出版会）

高橋信雄（たかはし　のぶお）
①1943年5月30日　②岩手県立博物館学芸部長　③「蝦夷文化の諸相」（『古代蝦夷の世界と交流』所収），『日本の古代遺跡』51岩手（保育社）

田原良信（たはら　よしのぶ）
①1952年9月1日　②函館市教育委員会文化財課主査　③「五稜郭出土の肥前系陶磁器」（『市立函館博物館研究紀要』第1号），「地下に埋蔵された志海苔古銭」（『考古学の世界1』所収）

西田和己（にしだ　かずみ）
①1953年7月18日　②佐賀県教育庁文化財課　③『日本城郭大系』17（共著）（新人物往来社），『佐賀城跡』（共著）（佐賀市教育委員会）

福尾正彦（ふくお　まさひこ）
①1954年7月9日　②宮内庁書陵部陵墓課首席研究官　③「眉庇付冑の系譜―その出現期を中心に―」（『岡崎敬先生退官記念論集　東アジアの考古と歴史』下），「古墳時代　金属器」（『考古学雑

執筆者紹介

誌』第82巻第3号）

前田正憲（まえだ　まさのり）
①1956年5月2日　②松前町教育委員会文化財課調査係長

町田章（まちだ　あきら）
①1939年2月5日　②奈良国立文化財研究所所長　③『古墳時代の装身具』（至文堂），『東アジアにおける装飾墓』（同朋舎出版）

松岡史（まつおか　ひとし）
①1932年6月5日　②日本考古学協会員　③『唐津市史』，『末盧国』（分担執筆）（六興出版）

武藤康弘（むとう　やすひろ）
①1959年3月28日　②奈良女子大学文学部助教授　③「縄文時代の大型住居―長方形大型住居の共時的通時的分析」（『縄文式生活構造』所収），「新井城跡」（『東京大学構内遺跡調査研究年報』1）

森田克行（もりた　かつゆき）
①1950年12月4日　②高槻市立埋蔵文化財調査センター所長　③「'銅鏡百枚'考」（『東アジアの古代文化』99号），「継体大王の陵と筑紫津」（『継体大王とその時代』所収）

柳田純孝（やなぎだ　よしたか）
①1941年10月7日　②福岡市教育委員会文化財部長　③「元寇防塁と博多湾の地形」（『古代の博多』所収），「元寇と考古学」（『季刊考古学』第39号）

図版目録〈図版番号，図版遺跡名，提供機関・提供者（敬称略）の順に記載〉

1　渡来した武装農民　鳥栖市柚比本村遺跡出土　佐賀県教育委員会
2　東アジア世界の倭人　長持山古墳出土　京都大学総合博物館『王者の武装』1997年
3　鉄は力なり　①恵解山古墳武器出土状況　長岡京市教育委員会　②野毛大塚古墳第1主体部副葬品出土状況　世田谷区教育委員会
4　兵站基地　①鳴滝遺跡倉庫群　和歌山県教育委員会　②難波宮下層遺跡倉庫跡　大阪市文化財協会
5　戦う弥生人　吉野ヶ里遺跡　佐賀県教育委員会
6　要塞化する弥生集落　吉野ヶ里遺跡の環濠集落　佐賀県教育委員会　②田和山遺跡　松江市教育委員会
7　金属武器の製作　①須玖坂本遺跡出土広形銅矛鋳型　岡本熊野神社蔵　春日市教育委員会　②八田遺跡出土細形銅剣鋳型　福岡市埋蔵文化財センター　③多田羅遺跡出土広形銅戈鋳型　九州歴史資料館　④穂積遺跡出土連鋳式銅鏃　豊中市教育委員会　⑤須玖坂本遺跡出土銅鏃鋳型　春日市教育委員会　⑥栗東町新開2号墳出土鉄鋌　滋賀県教育委員会　⑦奈良県五条猫塚古墳出土鉄鉗など　奈良国立博物館　⑧原の辻遺跡出土鉄鎚　長崎県教育庁原の辻遺跡調査事務所
8　青銅と石の武器　①吉野ヶ里遺跡出土銅剣　佐賀県教育委員会　②吉武高木遺跡出土銅武器　福岡市埋蔵文化財センター　③巨摩遺跡　大阪府文化財調査研究センター　④唐古・鍵遺跡出土鞘入り石剣　田原本町教育委員会　⑤八日市地方遺跡出土把付き磨製石剣　小松市教育委員会
9　鉄の武器　①吉武樋渡遺跡出土鉄武器　福岡市埋蔵文化財センター　②二塚山遺跡出土鉄剣・鉄刀　佐賀県立博物館　③横田遺跡出土鉄刀　佐賀県立博物館　④道場山遺跡出土　九州歴史資料館　⑤門田遺跡出土鉄剣　九州歴史資料館
10　木の武器と武具　①下之郷遺跡出土木盾　守山市教育委員会　②雀居遺跡出土楯　福岡市埋蔵文化財センター　③宮ケ久保遺跡出土武器形木器　山口県埋蔵文化財センター　④南方遺跡出土戈の柄（全体）　岡山市教育委員会　⑤南方遺跡出土戈の柄（孔部分）　岡山市教育委員会　⑥伊場遺跡出土木甲　浜松市博物館　⑦惣川遺跡出土木甲　福岡県夜須町教育委員会　⑧原の辻遺跡出土木甲　長崎県教育庁原の辻遺跡調査事務所　⑨雀居遺跡出土木甲　福岡市埋蔵文化財センター
11　スケッチされた弥生武人　①清水風遺跡出土篦描き土器　田原本町教育委員会　②大県遺跡出土土器　柏原市教育委員会　③川寄吉原遺跡出土土製品　佐賀県教育委員会　④⑤神岡5号銅鐸A面　神戸市立博物館
12　海洋の民　①大阪府久宝寺南遺跡の準構造船　大阪府文化財調査研究センター　②井向1号銅鐸　辰馬考古資料館　③唐古遺跡出土土器『大和唐古弥生遺跡の研究』1943年
13　武人群舞　狩猟文鏡　東京国立博物館
14　王者の武装　①紫金山古墳　京都大学文学部博物館『紫金山古墳と石山古墳』　②メスリ山古墳出土鉄製矢　奈良県立橿原考古学研究所附属博物館　③メスリ山古墳出土弓　奈良県立橿原考古学研究所附属博物館　④石上神宮伝世鉄盾　石上神社蔵　東京国立博物館
15　倭式の甲冑　①紫金山古墳出土革綴短甲　②安土瓢簞山古墳出土革綴短甲　③紫金山古墳

出土籠手　④石山古墳出土革綴冑　すべて京都大学文学部博物館『紫金山古墳と石山古墳』

16　量産化の武器　①五条市猫塚出土蒙古型眉庇付冑　奈良国立博物館　②福岡県塚堂古墳出土甲　東京国立博物館　③豊中大塚古墳出土甲冑　豊中市教育委員会　④安久路2号墳出土甲冑　磐田市埋蔵文化財センター

17　新兵器の登場　①江田船山出土轡　東京国立博物館　②大谷古墳出土馬冑　和歌山市立博物館　③大谷古墳出土杏葉　和歌山市立博物館　④応神陵陪冢丸山古墳出土鞍金具　誉田八幡宮蔵　東京国立博物館　⑤藤ノ木古墳出土鞍金具　奈良国立文化財研究所　⑥宮地嶽古墳出土鐙　宮地嶽神社蔵　東京国立博物館　⑦⑧飯田市新井原4号土壙　飯田市教育委員会　⑨⑩諸田仮塚遺跡　福岡県教育委員会　⑪布留遺跡出土刀剣木柄　埋蔵文化財天理教調査団　⑫塚山古墳出土鹿角装鉄剣　奈良県立橿原考古学研究所附属博物館　⑬石光山46号墳出土飾り金具付き鉄刀　⑭池殿奥4号墳出土銀象嵌環頭大刀　⑫⑬⑭奈良県立橿原考古学研究所附属博物館蔵　大阪府立近つ飛鳥博物館　⑮市原市山王山古墳出土銀装環頭大刀　千葉県立上総博物館（『上総山王山古墳』市原市教育委員会刊　1980年より転写）　⑯藤ノ木古墳出土装飾大刀と装飾剣　奈良国立文化財研究所

18　武装する埴輪　①②池田遺跡出土　大和高田市教育委員会　③蕃上山古墳出土　大阪府教育委員会　④今城塚古墳出土　高槻市教育委員会　⑤栃木鶏塚古墳出土　東京国立博物館　⑥群馬飯塚古墳出土　東京国立博物館　⑦高崎市八幡原町出土　天理大学付属天理参考館　⑧太田市塚廻り3号墳出土　文化庁蔵　群馬県立歴史博物館保管　⑨生出山塚窯跡出土　鴻巣市教育委員会　⑩生出山塚窯跡出土　鴻巣市教育委員会　⑪高崎市綿貫観音山古墳出土　群馬県立歴史博物館

19　海を渡る兵士　①宝塚1号墳出土船形埴輪　松阪市文化財センター　②東殿塚古墳出土埴輪船　天理市教育委員会　③黄金塚2号墳出土埴輪　花園大学考古学研究室　④島内5号地下式横穴墓および出土品　えびの市教育委員会　⑤～⑧永浦4号墳　古賀市教育委員会

20　国土防衛の策略　①鬼ノ城角楼　総社市教育委員会　②鞠智城跡　熊本県教育委員会　③大野城城門　九州歴史資料館　④水城　九州歴史資料館　⑤水城木樋　九州歴史資料館

21　中央集権下の軍隊　①平城宮兵部省の敷地　奈良国立文化財研究所　②兵士関係の木簡　奈良国立文化財研究所　③多賀城政庁復元模型　東北歴史博物館　④払田柵南門の復原　秋田県埋蔵文化財センター

22　軍備拡張　①鹿子遺跡　茨城県教育財団　②鉄鏃　石岡市教育委員会　③小札　石岡市教育委員会　④羽口　石岡市教育委員会　⑤伊治城跡出土弩機　宮城県築館町教育委員会　⑥⑦⑧岩野山1号墳出土鉄刀　秋田県五城目町教育委員会　⑨国府台遺跡第3地点出土鉄小札　市川市教育委員会　⑩⑪成田3号墳　北浦町教育委員会蔵　玉里村立史料館　⑫市川橋遺跡出土鐙　多賀城市教育委員会　⑬市川橋遺跡出土刀　多賀城市教育委員会

23　戦争の時代　①元寇防塁遺構　福岡市教育委員会　②木製の碇　福岡市教育委員会　③管軍総把印　鷹島町教育委員会　④尾崎前山遺跡復元模型　茨城県八千代町教育委員会　⑤横浜市西ノ谷遺跡出土鉄製品　横浜市ふるさと歴史財団　⑥横浜市西ノ谷遺跡出土鉄鏃　横浜市ふるさと歴史財団　⑦鎌倉の集骨埋葬　由比ヶ浜南遺跡発掘調査団

24　進化する山城　①②大坂城石垣　大阪市文化財協会　③青葉城の石垣修理状況　仙台市教育委員会

●編者紹介（※印 本巻責任編集）●
大塚初重（おおつか はつしげ）
　明治大学名誉教授
白石太一郎（しらいし たいちろう）
　国立歴史民俗博物館副館長
西谷　正（にしたに ただし）
　九州大学教授
※町田　章（まちだ あきら）
　奈良国立文化財研究所所長

（全）ISBN4-639-01340-X

考古学による日本歴史 6

戦　争

2000年9月5日発行

編　者　　大塚　初重
　　　　　白石太一郎
　　　　　西谷　　正
　　　　　町田　　章
発行者　　長坂　慶子
発行所　　雄山閣出版株式会社
　　〒102-0071 東京都千代田区富士見2-6-9
　　Tel 03-3262-3231　Fax 03-3262-6938
　　振替 00130-5-1685

装　幀　　熊谷　博人
印　刷　　株式会社熊谷印刷
　　　　　株式会社公和美術
製　本　　協栄製本株式会社
　　　　　　　　　　　printed in japan

著作権法上での例外を除き、本書からのコピー（複写）を禁じます.

ISBN4-639-01567-4 C0321